药品试验数据知识产权

起源、全球化和影响

Intellectual Property Rights in Pharmaceutical Test Data

Origins, Globalisation and Impact

[英] 亚当·别克 (Adam Buick)　著

邹　杨　译

知识产权出版社

全国百佳图书出版单位

——北京——

First published in English under the title

Intellectual Property Rights in Pharmaceutical Test Data：Origins，Globalisation and Impact

by Adam Buick

Copyright © Adam Buick，under exclusive license to Springer Nature Switzerland AG，2023

This edition has been translated and published under licence from Springer Nature Switzerland AG

本书中文简体翻译版授权由知识产权出版社有限责任公司在中国境内以图书形式独家印刷、出版与发行（不包括香港特别行政区、澳门特别行政区及台湾地区）。

图书在版编目（CIP）数据

药品试验数据知识产权：起源、全球化和影响／（英）亚当·别克（Adam Buick）著；邹杨译. —北京：知识产权出版社，2024.12. —ISBN 978 – 7 – 5130 – 9695 – 9

Ⅰ. D913.404

中国国家版本馆 CIP 数据核字第 2024JR9518 号

责任编辑：王海霞　高　超　　　　　　　责任校对：潘凤越

封面设计：王洪卫　　　　　　　　　　　责任印制：孙婷婷

药品试验数据知识产权：起源、全球化和影响

［英］ 亚当·别克（Adam Buick）◎著

邹　杨◎译

出版发行：	知识产权出版社 有限责任公司	网　　址：	http：//www. ipph. cn
社　　址：	北京市海淀区气象路 50 号院	邮　　编：	100081
责编电话：	010 – 82000860 转 8790	责编邮箱：	93760636@ qq. com
发行电话：	010 – 82000860 转 8101/8102	发行传真：	010 – 82000893/82005070/82000270
印　　刷：	北京九州迅驰传媒文化有限公司	经　　销：	新华书店、各大网上书店及相关专业书店
开　　本：	787mm×1092mm　1/16	印　　张：	15.25
版　　次：	2024 年 12 月第 1 版	印　　次：	2024 年 12 月第 1 次印刷
字　　数：	274 千字	定　　价：	88.00 元

ISBN 978 – 7 – 5130 – 9695 – 9

京权图字：01 – 2024 – 6550

亚当·别克（Adam Buick）

阿尔斯特大学法学院

贝尔法斯特，英国

ISBN 978 – 3 –031 – 29435 – 8

ISBN 978 – 3 –031 – 29436 – 5（电子书）

https：//doi. org/10. 1007/978 – 3 –031 – 29436 – 5

施普林格的这本出版物由注册公司施普林格·自然瑞士股份公司出版

注册公司地址：瑞士卡姆 6330 商业街 11 号

致　谢

　　和所有课题研究一样，如果没有许多同仁的热情投入和大力支持，本书的完成会很困难，它读起来也就没那么有趣了。需要感谢的人实在太多，无法在此一一列出，但是，我要特别感谢格雷厄姆·达特菲尔德（Graham Dutfield）教授、塞萨尔·拉米雷斯－蒙特斯（César Ramírez－Montes）博士、彼得·德拉霍斯（Peter Drahos）教授和苏巴吉特·巴苏（Subhajit Basu）博士，他们在本书创作过程中做出了特别重要的贡献。

　　此外，我还要感谢所有朋友和家人对我工作的支持，特别要感谢我的妻子塞西尔（Cécile）以及我的父母布莱恩（Brian）和林恩（Lynn）在我创作本书过程中提供的支持。

缩略语

AIDS	获得性免疫缺陷综合征（艾滋病）
ARV	抗逆转录病毒
ANDA	简略新药申请
AGCM	意大利反垄断监管机构（竞争和市场管理局；意大利竞争管理机构）
BIO	美国生物技术工业组织
BLA	生物制品许可申请
BPCIA	《生物制剂价格竞争与创新法案》
CAFTA – DR	（美国与几个中美洲国家和多米尼加共和国签署的）《中美洲自由贸易协定》
CETA	《欧盟 – 加拿大全面经济与贸易协定》
COVID – 19	新冠病毒（新型冠状病毒）
CPTPP	《全面与进步跨太平洋伙伴关系协定》
DSB	争端解决机构
EC	欧洲共同体
EEA	欧洲经济区
EFPIA	欧洲制药工业协会联合会
EFTA	欧洲自由贸易联盟
EGA	欧洲仿制药协会
EMA	欧洲药品管理局
EMEA	欧洲药品评审局
EPA	美国国家环境保护局
EPO	欧洲专利局
EU	欧洲联盟（简称"欧盟"）
FDA	美国食品药品监督管理局

FDCA	《食品、药品和化妆品法案》
FTA	《自由贸易协定》
GATT	《关税与贸易总协定》
HIV	人类免疫缺陷病毒（艾滋病病毒）
HWA	《哈奇－韦克斯曼法案》（《Hatch－Waxman 法案》）
ICTSD	国际贸易和可持续发展中心
IFPMA	国际药品制造商协会联合会
KEI	知识生态国际组织
LDC	最不发达国家
MFN	最惠国（最惠国待遇）
MPAA	美国电影协会
MSD	默沙东（美国默克公司）
MSF	无国界医生组织
NAFTA	《北美自由贸易协定》
NCE	新化学实体
NCI	新化学适应证
NDA	新药申请
NG11	第 11 谈判小组
NIH	美国国立卫生研究院
NME	新分子实体
NTP	新贸易政策
OECD	经济合作与发展组织
PCT	《专利合作条约》
PhRMA	美国药品研究与制造商协会
R&D	科学研究与试验发展
TPA	贸易促进协定
TPP	《跨太平洋伙伴关系协定》
TRIPS	《与贸易有关的知识产权协定》
UNCTAD	联合国贸易和发展会议
US（A）	美利坚合众国（简称"美国"）
USC	《美国法典》
USD	美元
USMCA	《美国－墨西哥－加拿大协定》

USTR	美国贸易代表办公室
UK	英国
VCLT	《维也纳条约法公约》
WHO	世界卫生组织
WIPO	世界知识产权组织
WTO	世界贸易组织

CONTENTS

目 录

图目录

表目录

1　绪　论

摘　要　本章是介绍性章节，将阐述本书探讨的基本问题（关于提交的药品试验数据的知识产权），[1]以及本书的理论框架、范围、目的和方法。

1.1　引　言

药物开发过程漫长且成本高昂。对药物开发真实成本的估算存在争议并且差异很大，❶但可以肯定的是，药物开发成本极其昂贵，相当重要的原因是绝大多数潜在的药品未能进入市场。因此，只有相对少数的制药公司（通常称之为"研究型"制药公司）参与这一过程。这些公司之所以愿意花费如此大量的资金开发新药，是因为它们通过获得新药品专利权，可以获得可观的投资回报。专利权持有人不受直接竞争的影响，因而可以将其药品价格设定得远远超过这些药品的制造成本。对某些人来说，能否获取这些药品很可能是生死攸关的事情，因此购买者（无论是个人还是医疗保健提供者）可能要准备支付极高的价格。

当然，专利的目的不仅仅是提高药品价格。专利旨在通过允许权利持有人在专利期限内赚取利润来激励包括药品在内的新发明创造，并通过要求发明人在专利申请中披露其发明的实施方式来激励这些发明的传播。当药品专利权终止时，其他制药公司（通常称之为"仿制药"公司）将试图以原研药的"仿制药"形式进入市场。由于这些仿制药在化学上与原研药相同，因此，随着购买者寻找最便宜的卖家，相关药品的价格将迅速下降，这种现象

---

❶　迪玛斯（DiMasi）等在 2016 年发表的一篇颇具争议的文章指出，将一种新药推向市场的成本（考虑到许多未能上市药品的成本）为 26 亿美元。然而，这个数额却遭到了许多批评；参见纳塞兹·吉内亚（Narcyz Ghinea）等（2016），第 1284 页。

有时被称为"专利悬崖"。❶

几乎在所有司法管辖区，药品上市前必须向监管机构提交药品安全性和有效性的证据，这是将新药推向市场的一项相当高的成本。❷ 形成这种证据的费用很高，有人认为这一数额为新药开发总成本的 60%。❸ 仿制药制造商也必须证明其产品的安全性和有效性，但他们自行开展大量的临床试验来证明其产品安全性和有效性并不是一个可行的选择，因为仿制药产品不可能获得专利权保护。为了使仿制药能够进入市场，大多数司法管辖区为仿制药产品提供了"简化"或"简略"的药品审批途径；当通过这种途径申请上市许可时，仿制药申办者只需证明其药品与原研药具有"生物等效性"（实际用途相同），因为原研药公司提交的数据已经证实相关药品的安全性和有效性，因而仿制药可以获得批准。❹ 生物等效性研究可以快速执行，通常只涉及几十名健康受试者，因此，仿制药获得上市批准的费用远远低于原研药的费用。

令研究型制药公司深感愤愤不平的是，它们花费如此大代价获取的数据，随后却被用来帮助其竞争对手有机会进入市场。因此，在 20 世纪 80 年代，美国研究型制药公司成功推动对提交给监管机构的数据采取保护措施，在一定期限内禁止竞争对手使用。这种保护现在被广泛认为是关于提交的试验数据的一种特殊知识产权形式，称为"试验数据独占权"，有时也称为"数据独占权"❺、"数据保护"❻ 或"监管数据保护"❼。从一开始批评家就指责说，从未有人证实过试验数据独占权可以带来更多的药物创新，并且试验数据独占权进一步推迟了仿制药产品进入市场，从而不必要地抬高了药品价格。❽ 与此相反，试验数据独占权支持者却认为，特别是在出于某种原因而无法获得专利权保护的情况下，这些权利是确保新药开发在财务上可行的重要因素。❾

在最终促成世界贸易组织（World Trade Organization，WTO）成立的《关

---

❶ 宋（Song）和韩（Han）（2016），第 692 页。

❷ 达特菲尔德（Dutfield）（2008），第 118 页。

❸ 格拉博夫斯基（Grabowski）（2002），第 95 页。

❹ 进一步参见美国食品药品监督管理局（2003）。

❺ 斯皮纳·阿里（Spina Alì）（2018），第 201 页。

❻ 梅廷格（Meitinger）（2005），第 123 页。

❼ 瓦德洛（Wadlow）（2008），第 355 页。

❽ 进一步参见恩格伯格（Engelberg）（1999）。

❾ 国际药品制造商协会联合会（International Federation of Pharmaceutical Manufacturers and Associations，IFPMA，药品贸易机构）认为，可以获得试验数据独占权可能是制药公司"决定将新的创新药物推向市场的最重要因素"。进一步参见 IFPMA（2011），第 5 页。

税与贸易总协定》（General Agreement on Tariff and Trade，GATT）[2]乌拉圭回合谈判期间，美国、欧盟和瑞士推动在《与贸易有关的知识产权协定》（Agreement on Trade‐Related Aspects of Intellectual Property Rights，TRIPS 协定）中纳入提供试验数据独占权的要求。这遭到了发展中国家的反对，最终，TRIPS 协定没有纳入提供试验数据独占权的明确要求。然而，TRIPS 协定最终版本确实要求对提交的试验数据提供一定的保护；TRIPS 协定第 39.3 条规定，对于作为"使用新化学实体制造的药品或农业化学产品"的上市批准条件而提交的"未披露试验数据或其他数据"，各成员应当予以保护，以防止"不正当的商业使用"。❶ TRIPS 协定生效近 30 年来，"不正当的商业使用"的含义以及 WTO 成员应当采取哪些措施来防止"不正当的商业使用"，仍不清楚。尽管如此，现在许多国家的法律体系中都存在试验数据独占权条款，这种全球化在很大程度上是通过美国、欧盟和欧洲自由贸易联盟（European Free Trade Association，EFTA）谈判达成的贸易协定来实现的，其他"TRIPS +"知识产权也是如此。然而，相较于其他"TRIPS +"措施（如专利链接条款和专利权期限补偿），试验数据独占权全球化明显要更广泛。自 1984 年美国实行药品试验数据独占权以来，已有 50 多个国家通过了某种试验数据独占权法律，尽管这些国家几乎都没有重要的国内研究型制药工业。❷

1.2 监管与全球化

与其他形式的知识产权一样，试验数据独占权是一种监管形式。所有监管都会给社会带来成本；虽然在理想情况下，特定的监管形式给公共利益带来的益处大于这些成本，但这种结果并不能得到保证。如詹姆斯·博伊尔（James Boyle）所评论，就知识产权而言，这些成本和益处是紧密关联的。知识产权之所以能提供激励，是因为它们也提供垄断；如果公共领域得不到重视，知识产权数量过多或范围太广，这种受国家支持的垄断将会为老牌竞争者提供反竞争优势。❸

监管可能设计不当，从而自始至终都有意想不到的后果，会损害整体利益；除此风险外，监管还可能被"控制"，被故意设计为以牺牲公共利

---

❶ 《与贸易有关的知识产权协定》（1994 年）（TRIPS 协定）第 39.3 条。
❷ 谢赫（Shaikh）（2016），第 231 页。
❸ 博伊尔（1996），第 179 页。

益为代价来服务于小部分行为体的利益。即使在民主社会，这也是可能的，因为正如经济学家曼瑟·奥尔森（Mancur Olson）所强调的那样，集体行动的逻辑意味着，小而有组织的团体在影响监管过程方面比大而分散的团体有优势，究其原因，一是它们在管理方面面临的阻力较小，二是参与的行为体将从所创造的利益中获取更大的份额。❶ 这些风险与知识产权尤其相关，知识产权带来了非常明显的成本（例如，消费者必须为专利药品承担更高的价格），使小部分但往往很强大的权利持有者阶层（如获得这些财富的制药公司）受益，带来了通常难以量化的利益（如创新激励）。因此，本书是从知识产权"过多"这种假设出发的。

如标题所示，本书还涉及药品试验数据知识产权的全球化。如苏珊·塞尔（Susan Sell）所评论，考虑到大多数国家是药品知识产权的消费国和进口国，而不是生产国和出口国，从逻辑合理性来看，我们可能会问，为什么它们会选择制定设立知识产权（如试验数据独占权）的措施，致使财富必须从其经济体转移到权利持有人所在的国家呢？❷ 为了理解试验数据独占权是如何实现全球化的，本书借鉴了约翰·布雷思韦特（John Braithwaite）和彼得·德拉霍斯（Peter Drahos）在《全球商业监管》（Global Business Regulation）中提出的框架。❸ 布雷思韦特和德拉霍斯借鉴了十多个探讨不同商业领域（包括知识产权）监管全球化的案例研究，将监管全球化描述为一个过程，在这个过程中，不同类别的行为体使用各种机制来推动或反对各种原则，而详细的规则制定遵循随时间推移而确立的原则。❹

《全球商业监管》所强调的参与全球化进程的主要行为体类型，包括国家、国家组织、商业组织、公司、非政府组织（Non-Governmental Organization，NGO）、大众和认知共同体。❺ 布雷思韦特和德拉霍斯将原则定义为先于规则复杂性的抽象规定❻，指出行为体之间的谈判大多发生在原则层面，特别是在贸易谈判中，因为就每套规则的细节进行谈判将过于复杂。❼ 一些原则因被编纂纳入国际条约而变得极为重要，如国民待遇原则，即国家应在同一套规则下平等对待外国人和国民的规定，以及最惠国待遇原则，即国家给予一

---

❶ 奥尔森（1965），第 9 页。
❷ 塞尔（2003）第 9 页。
❸ 布雷思韦特和德拉霍斯（2000）。
❹ 布雷思韦特和德拉霍斯（2000），第 9 页。
❺ 布雷思韦特和德拉霍斯（2000），第 25 页。
❻ 布雷思韦特和德拉霍斯（2000），第 15 页。
❼ 布雷思韦特和德拉霍斯（2000），第 527 页。

国公民或企业的任何利益均应给予其他国家公民或企业的规定，都在 WTO 条约中得到牢固的确立。❶

　　另一方面，机制是用于提高一个国家的监管条件与其他国家的监管条件相似程度的过程（无论是社会过程、经济过程，还是政治过程）❷，《全球商业监管》特别强调了在监管全球化中较为重要的七项机制：军事胁迫机制、经济胁迫机制、对其他监管行为体的行为进行效仿的机制、奖励制度机制（使用系统化方式来提高顺应全球化趋势的预期价值）、相互协调机制（各方都同意修改其所遵循规则的非强制性谈判）、非互惠协调机制（各方都朝着一套共同规则迈进，但所有各方都不认为其在这一行动中拥有共同利益），以及能力建设机制（帮助其他行为体获取技术能力以满足全球标准）。❸ 虽然原则确定了监管变革的方向，但需要机制才能使原则在监管层面具体化。❹对本书的目的尤为重要的机制是，经济胁迫机制和军事胁迫机制（其重要程度稍小些），以及效仿机制和非互惠协调机制。

　　在美国与发展中国家之间的自由贸易协定中纳入更高标准的知识产权，就是典型的全球化例子，它说明了这一框架。美国药品研究与制造商协会（Pharmaceutical Research and Manufacturers of America，PhMRA）等商业组织和辉瑞（Pfizer）等公司招募美国谈判代表，推动提高基于战略贸易原则的知识标准。美国谈判代表主张美国知识产权是世界最佳标准，而发达国家谈判代表则以国家主权原则为由对其进行抵制。贸易协定涉及多个领域，因此，发展中国家谈判代表可能会去承担知识产权方面的损失，以换取在另一领域的优惠（非互惠协调机制）；如果发展中国家不提高知识产权标准，美国可能会根据1974 年《美国贸易法案》第 301 条威胁对其实施经济制裁，试图从经济上迫使该国达成协定。如果发展中国家是 WTO 成员，WTO 协定中包含的最惠国原则和国民待遇原则意味着，其他 WTO 成员也将能够利用发展中国家更高标准的知识产权。

　　应该牢记的是，正如布雷思韦特和德拉霍斯得出的结论一样，监管全球化从来都不是由任何单一的机制、行为体类型或原则导致的。相反，许多行

---

❶　布雷思韦特和德拉霍斯（2000），第 25 页。国民待遇条款可参见《关税与贸易总协定》（1947 年）第 3 条、《服务贸易总协定》（1994 年）（General Agreement on Trade in Services，GATS）第17 条和 TRIPS 协定第 3 条；最惠国待遇条款可参见 GATT 第 1 条、GATS 第 2 条和 TRIPS 协定第 4 条。

❷　布雷思韦特和德拉霍斯（2000），第 530 页。

❸　布雷思韦特和德拉霍斯（2000），第 26 页。

❹　布雷思韦特和德拉霍斯（2000），第 530 页。

为体会有效地利用多种机制来推动或反对复杂影响网络中的许多原则。❶ 现实主义国际关系的概念只关注国家（单一类型的行为体）的行为及其对自身利益（单一的抽象机制）的追求，因此无法解释全球化。❷ 虽然为简单起见，本书经常谈到国家和国家组织的行为，但应当理解的是，这些类型的行为体也为其他类型的行为体（特别是商业组织、公司和认知共同体）充当施动者。"美国"在贸易谈判中的行为往往反映了成功获得美国贸易代表（United States Trade Representative，USTR）[3]支持的商业组织或企业的行为。同样，中国对有关试验数据保护的法律进行内部修改的行为，可能是中国监管体制内认知共同体为体现中国在全球的地位，推动修改的结果。❸

此外，还应该指出的是，监管全球化可以创造监管"棘轮"（ratchet），从而推动监管标准提高（正向棘轮情况下）或降低（负向棘轮情况下）。为了形成这样的棘轮，必须确立某种最低标准，建立鼓励监管创新的原则，并且必须建立反馈循环，使得每次创新都会导致最低标准提高或降低。❹ TRIPS协定和后续双边贸易协定建立的全球知识产权框架，为知识产权设立了最低标准而非最高标准，正式嵌入了正向知识产权棘轮；这种棘轮过程还延及试验数据独占权。❺

1.3 本书的研究范围和目的

本书涉及药品试验数据知识产权的起源、全球化和影响，特别强调试验数据独占权。试验数据独占权的起源并不久远，其首次出现于1984年。❻ 本书旨在更好地理解美国设立这些权利以及它们随后很快被欧洲共同体采纳的根本原因。

尽管试验数据独占权起源于最近，但其全球化速度很快；赖希曼（Reichman）在2009年表明，试验数据独占权已经变得如此广泛，以致它们可能会在国际层面得到永久认可。❼ 本书还涉及这种全球化是如何发生的。

---

❶ 布雷思韦特和德拉霍斯（2000），第480页。
❷ 布雷思韦特和德拉霍斯（2000），第480页。
❸ 进一步参见 Yu（2020）。
❹ 布雷思韦特和德拉霍斯（2000），第519页。
❺ 布雷思韦特和德拉霍斯（2000），第521页。
❻ 魏斯瓦瑟（Weiswasser）和丹齐斯（Danzis）（2003）。
❼ 赖希曼（2009）。

虽然卡洛斯·科雷亚（Carlos Correa）❶、G. 李·斯基林顿（G. Lee Skillington）和埃里克·M. 索洛维（Eric M. Solovy）❷、英戈·梅廷格（Ingo Meitinger）❸ 和加布里埃尔·斯皮纳·阿里（Gabriele Spina Alì）❹ 等作者详细地阐述了 TRIPS 协定第 39.3 条备受争议的含义，但 TRIPS 协定第 39.3 条在试验数据独占权全球化中的作用仍不清楚，因此，本书旨在进一步理解 TRIPS 协定第 39.3 条与试验数据独占权全球化之间的关系。本书还研究了试验数据独占权全球化的其他方式。关于自 TRIPS 协定以来达成的贸易协定中的试验数据独占权条款是如何发展的，有很多文献进行了阐述。❺ 本书关注贸易协定在试验数据独占权扩张中的作用，同时也力求理解其他机制的作用，如围绕加入 WTO 展开谈判的作用以及强制的作用。

尽管人们普遍认为，在保护提交的试验数据的方法上，不同司法管辖区存在很大差异，但对这些方法所涉及内容的理解却较为有限。奥瓦斯·谢赫（Owais Shaikh）2016 年的研究对已签署自由贸易协定的司法管辖区的试验数据独占权条款展开了分析，该分析主要侧重于评估这些国家的试验数据独占权法律与其实施的贸易协定相比是如何"支持药品获取"的。❻ 本书采用更常规的方法来理解各司法管辖区（包括不提供试验数据独占权的司法管辖区）为提交的药品试验数据提供的保护方式。

药品试验数据知识产权在实践中有何影响显然是一个关键性问题。然而，全面概述试验数据独占权的影响显然是不可能的。现有研究已经从不同方面分析了试验数据独占权在多个司法管辖区的影响。例如，乐施会（Oxfam）2007 年的一项研究发现，约旦引入试验数据独占权后，其药品价格上涨了20%；❼ 埃伦·谢弗（Ellen Schaffer）[4] 和约瑟夫·布伦纳（Joseph Brenner）2009 年的一项研究重点关注危地马拉的试验数据独占权，该项研究发现，即使在美国开放仿制药品竞争后，一些药品仍继续得到试验数据独占权的保

---

❶ 科雷亚（2002）。

❷ 斯基林顿和索洛维（2003）。

❸ 梅廷格（2005）。

❹ 斯皮纳·阿里（2018）。

❺ 奥瓦斯·谢赫撰写的《药品获取与试验数据独占权》（*Access to Medicine Versus Test Data Exclusivity*）一书从药品获取的角度，阐释了许多贸易协定中的试验数据独占权条款是如何随着时间推移发展的，很有启示性；谢赫（2016）。

❻ 谢赫认为，许多国家的法律远不如它们实施的自由贸易协定条款那么"支持药品获取"，这可能是令人惊讶的。谢赫（2016），第 199 页。

❼ 马尔帕尼（Malpani）（2009）。

护；❶ 迈克·帕尔梅多（Mike Palmedo）2012 年的一项研究得出的结论是，医药行业的投资与一个国家是否通过试验数据独占权保护条款没有关系。❷ 本书旨在通过分析美国仿制药的批准数据，进一步阐明试验数据独占权对仿制药进入市场的影响，并进一步阐明特别是在应对新冠疫情的背景下，试验数据独占权与旨在促进公共健康的措施（如强制许可）之间的关系。

通过研究这些问题，本书提出了这样的论点：虽然自 20 世纪 80 年代以来，试验数据独占权全球化一直都是更广泛的知识产权全球化、知识产权持续强化现象的一部分，但它也是一些更为具体的环境的产物。尽管 TRIPS 协定未纳入试验数据独占权，但 TRIPS 协定第 39.3 条在试验数据独占权全球化方面却发挥了重要的作用。各司法管辖区的试验数据独占权法律惊人地相似，但矛盾的是，这可能是 TRIPS 协定第 39.3 条的模糊性所致。由于这些司法管辖区的（经济、社会、政治和流行病学）环境不同，这些文本上相似的条款在实践中可能会产生截然不同的影响。因此，许多司法管辖区的试验数据独占权可能不太适应它们的需求。

1.4　方法论

本书主要采取理论方法对所讨论的条约和国内法加以分析，并参照其历史、政治和经济背景加以补充。对于美国 1999—2009 年批准的新化学实体，试验数据独占权对其仿制竞争对手的上市批准有什么影响？第 7 章将采用实证研究方法予以评估；该实证研究方法的完整方法论将在第 7.3.2 节[5]加以阐述。这些方法论为进一步实现本书的目的，即研究和分析药品试验数据知识产权的起源、全球化和影响，奠定了坚实的基础。

对 TRIPS 协定和包含相关试验数据保护条款的其他条约，以国际法一般原则为指导加以分析，特别参考《维也纳条约法公约》（Vienna Convention on the Law of Treaties，VCLT）的解释原则。❸ 《维也纳条约法公约》第 31 条规定，对条约应"依其用语按其上下文并参照条约之目的及宗旨所具有之通常意义，善意解释之"，❹ 第 32 条规定："为证实第 31 条，或遇依第 31 条作

---

❶ 谢弗和布伦纳（2009）。
❷ 帕尔梅多（2012），第 8 页。
❸ 《维也纳条约法公约》（1969 年）。
❹ 《维也纳条约法公约》，第 31（1）条。

解释而：（a）意义仍属不明或难解；或（b）所获结果显属荒谬时，得使用条约之准备材料。"

1.5　本书的结构

本书其余部分的结构如下：第 2 章将对制药行业以及试验数据的保护问题加以概述；第 3 章将探讨 20 世纪 80 年代药品试验数据独占权在美国的起源，以及欧洲共同体采纳的试验数据独占权法律、试验数据保护在日本的并行发展；第 4 章将分析试验数据独占权在达成 TRIPS 协定的 GATT 乌拉圭回合谈判中的发展历史，以及 TRIPS 协定第 39.3 条的含义；第 5 章着眼于 20 世纪 90 年代以来试验数据独占权的全球化方式，主要聚焦于贸易协定谈判和 WTO 加入过程，但是也将探讨其他全球化方式；第 6 章将探讨保护提交的试验数据的实施方法；第 7 章将分析试验数据独占权对美国简略新药申请的影响；第 8 章将探讨试验数据独占权对公共健康保护措施（如强制许可）的影响；第 9 章将提出本书的结论。

参考文献

Boyle J（1996）Shamans, software and spleens: law and the construction of the information society. Harvard University Press, Cambridge

Braithwaite J, Drahos P（2000）Global business regulation. Cambridge University Press, Cambridge

Correa C（2002）Protection of data submitted for the registration of pharmaceuticals: implementing the standards of the TRIPS agreement. South Centre, Geneva

Dutfield G（2008）Delivering drugs to the poor: will the TRIPS amendment help? Am J Law Med 34: 107 – 124

Engelberg AB（1999）Special patent provisions for pharmaceuticals: have they outlived their usefulness? A political, legislative and legal history of U. S. law and observations for the future. J Law Technol 39: 389 – 426

FDA（2003）Guidance for industry: bioavailability and bioequivalence studies for orally adminis – tered drug products—general considerations

Ghinea N, Lipworth W, Kerridge I（2016）Propaganda or the cost of innovation? Challenging the high price of new drugs. BMJ 352：i1284

Grabowski H（2002）Patents and new product development in the pharmaceutical and biotechnology industries. In：Duca JV, Yücel KM（eds）Science and cents：exploring the economics of biotechnology. Federal Reserve Bank of Dallas, Dallas, pp 87 – 104

IFPMA（2011）Encouraging Development of New Medicines

Malpani R（2009）All costs, no benefits：how the US – Jordan free trade agreement affects access to medicines. J Generic Med 6（3）：206 – 217

Meitinger I（2005）Implementation of test data protection according to Article 39. 3 TRIPS：the search for a fair interpretation of the term unfair commercial use. J World Intellect Prop 8：123

Olson M（1965）The logic of collective action. Harvard University Press, Cambridge

Palmedo M（2012）Do pharmaceutical firms invest more heavily in countries with data exclusivity? Curr Int Trade Law J 21：38

Reichman JH（2009）Rethinking the role of clinical trial data in international intellectual property law：the case for a public goods approach. Marquette Intellect Prop Law Rev 13：1

Sell SK（2003）Private power, public law：the globalization of intellectual property rights. Cambridge University Press, Cambridge

Shaffer ER, Brenner FE（2009）A Trade agreement's impact on access to generic drugs. Health Aff 28：957 – 968

Shaikh OH（2016）Access to medicine versus test data exclusivity：safeguarding flexibilities under international law. Springer, Berlin

Skillington GL, Solovy EM（2003）The protection of test and other data required by article 39. 3 of the TRIPS agreement. Northwest J Int Law Bus 24：1

Song CH, Han JW（2016）Patent cliff and strategic switch：exploring strategic design possibilities in the pharmaceutical industry. SpringerPlus 5：1 – 14

Spina Alì G（2018）The 13th round：Article 39（3）TRIPS and the struggle over "Unfair Commercial Use.". J World Intellect Prop 21（3 – 4）：201 – 242

Wadlow C（2008）Regulatory data protection under TRIPs Article 39（3）and Article 10bis of the Paris Convention：Is there a doctor in the house? Intellect Prop Q 4：355 – 415

Weiswasser ES, Danzis SD（2003）The hatch – waxman act：history, structure, and legacy. Antitrust Law J 71：585

Yu P（2020）China's innovative turn and the changing pharmaceutical landscape. U Pac L Rev 51：593 – 620

译者注

[1] 本书中涉及的试验数据保护均指对"提交的"试验数据的保护，涉及的试验数据知识产权均指关于"提交的"试验数据的知识产权。

［2］原文疑似有误，原文为"…General Agreement on Trade and Tariff…"，与全书其他部分的表述不一致，疑似为"…General Agreement on Tariff and Trade…"。译者按后者翻译。

［3］原文疑似有误，原文为"…the United States Trade Representative（USTR）"，与缩略语部分不一致，疑似为"…Office of the United States Trade Representative（USTR）"。译者按原文翻译。

［4］原文疑似有误，原文为"…Schaffer"，与参考文献及相应脚注中的"…Shaffer"不一致。译者按原文处理。

［5］原文疑似有误，原文为"…at 7.32"，疑似为"…at 7.3.2"。译者按后者翻译。

2　提交的试验数据的保护概述

摘　要　本章提供了一些背景信息，它们与本书其余部分所讨论的对提交的药品试验数据的保护相关。首先，本章将阐述药品试验数据在药物开发过程中的作用。然后，本章将概述关于提交的药品试验数据的保护问题，特别是与试验数据独占权相关的问题。本章从保护提交的试验数据的合理性和批评两方面考虑，将对提出的许多替代保护方法予以详细介绍。最后，本章将对研究试验数据独占权如何影响药品获取的现有文献进行回顾。

2.1　引　言

自 20 世纪 80 年代初美国实行药品试验数据知识产权保护以来，学者、政策制定者、积极分子和制药行业成员，对此类知识产权的合理性和影响产生了很大的争议。本章将概述关于提交的药品试验数据的保护问题，以便为本书其余部分的讨论和分析提供信息。

2.2　药品试验数据与药物开发过程

如第 1 章所述，药物开发过程漫长且成本高昂。其部分原因是，药物发现的科学过程较为复杂，只有小部分被确定为具有潜在治疗作用的分子才能被作为药品推向市场，不过这也是由于几乎所有的司法管辖区都要求在药品上市之前必须证明其安全性和有效性。❶ 证明药品安全性和有效性的试验数

---

❶　布雷思韦特和德拉霍斯（2000），第 393 页。

据必须通过对人类受试者进行的临床试验来产生。❶

　　临床试验传统上分为四个阶段，但实践中个别试验可能包含不同阶段的要素。❷ 经过临床前研究后，有前景的新药进入Ⅰ期研究，旨在确定药物的安全性和剂量；试验通常涉及少数健康成年人。❸ Ⅱ期研究重点关注相关药物的有效性，涉及少数患有特定疾病或病症的患者。❹ 通过这些"早期阶段"试验的药物将继续进行Ⅲ期研究。Ⅲ期研究的规模要大得多，可能涉及数千名患者，旨在确定相关药物的安全性及其治疗相关疾病或病症的功效。这一阶段也是临床试验过程中最昂贵的部分。❺ Ⅳ期研究是公众使用产品后开展的上市后研究，其目的是监测产品效果。❻

　　完成这一过程需要数年时间，只有少数进入Ⅰ期临床试验的药物能获得上市授权；确切数量尚不清楚，但研究表明，9%～14%的化合物能够完成这一过程。❼ 对这一过程的成本估算存在争议，塔夫茨药物开发研究中心（Tufts Center for the Study of Drug Development）对药物开发成本进行了一系列颇具争议的研究，其中最新的一项研究估计，将新化合物推向市场的成本为28.7亿美元，其中包括未成功和废弃的化合物。❽ 值得注意的是，塔夫茨药物开发研究中心得到的很大一部分资金来自研究型制药行业，❾ 一些评论家指责塔夫茨药物开发研究中心的研究为了证明高药品价格的合理性而夸大了药物开发的总成本。批评者指责说，研究使用的数据缺乏透明度（例如，塔夫茨药物开发研究中心最近的研究并未披露样本中参与试验的患者人数；塔夫茨药物开发研究中心早期的研究确实披露了这些数字，但提供的数字明显较低），❿ 研究使用的方法忽略了税收减免和政府资助。⓫ 研究给出的药物开发成本的很大一部分（几乎一半）也是由资本成本决定的，即一家公司因不将该研究资金用于另一目的而产生的机会成本；虽然这种假设并非不合理，

---

❶　弗里德曼（Friedman）等（2010），第4页。

❷　弗里德曼等（2010），第4页。

❸　弗里德曼等（2010），第4页。

❹　弗里德曼等（2010），第6页。

❺　格拉博夫斯基（2002），第95页。

❻　弗里德曼等（2010），第7－10页。

❼　海伊（Hay）等（2014）；黄（Wong）等（2019）。

❽　迪玛斯等（2016），第20－33页。

❾　塔夫茨药物开发研究中心，"财务披露"，https：//csdd. tufts. edu/financial－disclosure（访问日期：2023年1月26日）。

❿　参见迪玛斯等（2003）。

⓫　吉内亚等（2016），第1284页。

但可能将不必要计算的成本计入了总体价格中。❶ 其他研究表明，将一种新药推向市场的价格为数亿美元，这一数额固然很高，但明显低于塔夫茨药物开发研究中心给出的数字。❷

虽然确切数字尚不清楚，但可以肯定的是，将一种新药推向市场的成本极其昂贵；如果不是这样，仿制药公司就不需要依赖原研数据来获得上市批准。如前面所提到，研究型制药公司之所以准备参与这一过程，是因为它们通过获取相关产品的专利权可能会在一定期限内排除直接竞争，从而使定价明显高于制造成本。❸ 证明专利权合理通常有两个理由：首先，专利起到激励技术进步的作用；其次，通过让发明人向公众披露其发明的实施方式，竞争对手将在专利权到期后快速进入市场，推出自己的产品版本，从而平衡奖励创新和鼓励知识传播这两个方面的需求。❹ 然而，就药品而言，必须证明产品的安全性和有效性的要求给产品进入市场造成了额外显著的阻碍。要求相竞争的仿制药公司开展自己的Ⅲ期临床试验来产生安全性和有效性数据，在经济上几乎是不可行的；究其原因是，按定义不具有新颖性的产品，是没有希望获得专利权的，那么，仿制药公司将无法收回产生这些数据的成本。因此，从20世纪60年代起，大多数国家都实施了"简化"或"简略"的仿制药产品审批途径。由于仿制药在化学上与其仿制的原研药相同，因此大多数司法管辖区只要求证明仿制药与原研药具有"生物等效性"（在所有目的和用途上都相同）；如果原研药公司先前提交的试验数据已经证明相关药品既具有安全性，又具有有效性，那么该仿制药就可以获得批准。由于生物等效性研究只需几十名健康志愿者即可进行，因此仿制药进入市场的成本比原研药要低几个数量级。❺

2.3 试验数据独占权

自建立简略药品审批途径以来，研究型制药行业一直深感愤愤不平的是，

---

❶ 埃文（Avorn）（2015），第 1877 页。

❷ 例如，参见普拉萨德（Prasad）和梅兰科迪（Mailankody）（2017）。

❸ 达特菲尔德（2009），第 297 页。

❹ 兰德斯（Landes）和波斯纳（Posner）（2009），第 295 页。当然，许多情况下，这种"披露"故意含糊不清且难以理解，以限制竞争对手对其进行利用。

❺ 兰德斯和波斯纳（2009），第 295 页。

与其相竞争的仿制药公司能够通过引用它们花费如此大代价产生的试验数据进入市场。因此，在 20 世纪 80 年代，研究型制药公司首先成功游说美国，后来又成功游说欧洲共同体制定法律，在一定期限内限制后续申请人引用先前提交的试验数据的能力（进一步参见第 3 章）。这种限制现在通常被认为是一种关于提交的试验数据的知识产权形式，通常称之为试验数据独占权。[1]

与专利权或版权等其他知识产权不同，试验数据独占权并不提供将第三方排除在受保护主题之外的独立、可诉的权利。相反，试验数据独占权是通过自动限制进入司法管辖区简略审批途径的机会来实现的，因此，它自身的存在完全依赖于这种审批途径的存在。[2] 试验数据独占权保护可以限制仿制药申请人引用原研数据来获得批准的能力，是通过以下两种方式之一实现的：（a）它可以禁止监管机构在独占权（数据独占权本身）期限内以任何方式使用提交的试验数据来处理简略审批申请；（b）它可以允许监管机构使用先前提交的试验数据来处理简略审批申请，前提是该申请在独占期（市场独占期）结束之前不会得到正式批准。[3] 一些司法管辖区通过数据独占权来保护提交的某些形式的数据，而通过市场独占权来保护提交的其他形式的试验数据；[4] 其他司法管辖区提供一定期限的数据独占权，同时提供更长期限的市场独占权，仿制药申请将在独占期最后阶段提交和处理，在期满后很快获得批准。[5]

试验数据独占权并非制药行业所独有。理论上，必须提交数据才能获得监管部门批准的任何产品都可以被授予试验数据独占权，[6] 但实际上试验数据独占权法律适用的其他主要产品只是农业化学品和农药。[7] 如第 3 章所述，农药试验数据独占权实际上比药品试验数据独占权要早几年，包括 TRIPS 协定在内的多项国际协定都涉及用类似条款来保护为获得药品和农业化学品上

---

[1] 谢赫（2016），第 3 页。

[2] 赫莱德（Heled）（2015），第 305 页。

[3] 谢赫（2016），第 6 页。

[4] 例如，美国为新化学实体提供 5 年数据独占期，而为新化学适应证提供 3 年市场独占期。

[5] 例如，参见欧盟的试验数据独占权制度，8 年的数据独占权期限与 10 年的市场独占权期限并行，因此，简略申请可以在原研产品获批 8 年后提交和处理，但在最后 2 年内无法获得批准。

[6] 托马斯（Thomas）（2014），第 370 页。

[7] 例如，参见美国《联邦杀虫剂、杀菌剂和灭鼠剂法案》（Federal Insecticide, Fungicide, and Rodenticide Act, FIFRA）对农药的监管。

市批准而提交的试验数据。❶ 虽然药品试验数据是本书的重点，但在许多情况下，出于比较目的而对提交的有关农业化学品试验数据的保护进行讨论也是有意义的。

2.3.1　试验数据独占权和其他知识产权

药品试验数据独占权与一系列其他知识产权同时存在，其中最为常见的是专利权，尽管商业秘密法和其他非专利独占权也与试验数据独占权互相影响。❷ 了解这些重叠的独占权形式之间的关系是理解试验数据独占权的关键。

2.3.1.1　试验数据独占权与专利制度之间的关系

2011 年，国际药品制造商协会联合会（International Federation of Pharmaceutical Manufacturers and Associations，IFPMA，一种研究型制药公司协会）评论说，虽然专利权和试验数据独占权都有助于保护药品免受竞争，但它们在很大程度上是不同的，因为它们保护不同的主题，具有不同的保护条款，产生不同的法律后果。❸ 专利权阻止第三方在未经权利持有人许可的情况下实施一些行为，其中包括制造、使用和销售获得专利权的主题；而试验数据独占权使权利持有人能够阻止后续申请人依据受保护的试验数据获得上市批准。虽然试验数据独占权理论上允许后续申请人通过产生自己的试验数据来获得批准，但这种选择在实践中是不切实际的，因为几乎在所有情况下，临床试验的成本都会构成难以克服的障碍。❹ 从本质上讲，这两种知识产权在实践中产生的结果是相同的，即在保护期内阻止仿制药进入市场。因此，存在这样一个问题：在什么情况下试验数据独占权起到的作用将超过一项或多项专利权通常所提供的保护？通过了解这两种知识产权之间的差异，可以阐明在什么情况下试验数据独占权可能会推迟相竞争的仿制药进入市场。

第一，专利权和试验数据独占权的取得方式不同。获得专利权需要提交申请，申请人必须在申请中向专利审查员证实所涉发明满足包括新颖性、创

---

❶　TRIPS 协定第 39.3 条；另参见 EFTA 国家与黎巴嫩之间的自由贸易协定（《EFTA - 黎巴嫩自由贸易协定》）（2004 年）附件五；《跨太平洋伙伴关系协定》（Trans - Pacific Partnership Agreement，TPP）第 18.47 条。

❷　制药公司还使用商标来保护其产品，绝大多数研究型制药公司以专有品牌名称而非"通用"化学名称销售其产品；但是商标对试验数据独占权的影响不大。

❸　IFPMA（2011），第 5 页。

❹　热维斯（Gervais）（2019），第 367 页。

造性和工业应用性在内的各种标准。❶ 相比之下，试验数据独占权通常在药品获得批准后自动产生；❷ 为了获得试验数据独占权保护而必须满足的标准因司法管辖区而异，但通常仅包括提交的数据应当未披露、与先前未经批准的药品相关、是通过巨大努力取得的。❸ 在未获得专利权保护的情况下，以这种方式可获得试验数据独占权，反之亦然；然而，获得试验数据独占权的要求一般来说比可专利性要求更容易满足，并且专利申请必须积极、主动地进行，而试验数据独占权通常在药品获得批准后自动产生，因此，获得试验数据独占权的可能性会大得多。大多数专利法和试验数据独占权法律所要求的新颖性标准不同，使得试验数据独占权比专利权更容易获得。通常在全世界范围内评审专利新颖性（即如果已在世界任何地方向公众披露发明，则认为发明不具有新颖性)❹，因此，特定发明的专利申请通常必须在潜在的专利持有人希望获得保护的所有司法管辖区同日提交。❺ 然而，药品如果先前未在相关的司法管辖区获得批准，则通常是可获得试验数据独占权的，因此，药品即使在全球首次亮相数年之后，也常常可以获得试验数据独占权。❻

第二，专利权和试验数据独占权的保护期限不同。根据 TRIPS 协定，专利期限为自申请日起 20 年，在某些司法管辖区可能会延长；❼ 相比之下，大多数试验数据独占权期限自药品得到批准之日起约持续 5 年，即使最长的独占权期限也不会超过 11 年。❽ 这种差异使梅尔·普加奇（Meir Pugatch）评论说，大多数药品的专利权期限比其试验数据独占权期限更长，这似乎合乎逻辑。❾ 然而，漫长的药物开发过程和监管审查可能会损耗药品专利权期限的很大一部分时间，因此，必须将普加奇的评论与这一事实进行认真权衡。研究得出的结论是，即使考虑专利权期限延长，美国的主要药品专利在得到上

---

❶ 参见 TRIPS 协定第 27 条。

❷ 例如，参见马来西亚数据独占权指令（2011 年）。

❸ 提交的试验数据要受到 TRIPS 协定第 39.3 条保护，必须满足这些标准。

❹ 例如，参见《欧洲专利公约》（2000 年）第 54（2）条。

❺ 但是《保护工业产权巴黎公约》（1883 年）规定的"公约优先权"为巴黎联盟成员提供了一定的灵活性；参见《保护工业产权巴黎公约》（1883 年）第 4 条。

❻ 但请注意，也有例外；中国似乎只为首次在中国提交的产品提供试验数据独占权，而马来西亚则要求产品在全球首次亮相后应当立即在马来西亚提交审批。另外，俄罗斯似乎根本不要求药品必须是新的。进一步参见第 6 章。

❼ TRIPS 协定第 33 条。

❽ 例如，参见《理事会关于共同体法典有关人用药品的指令》（2001 年第 2001/83/EC 号）第 10 条。

❾ 普加奇（2006），第 118 页。

市批准后通常只剩下 12 年的专利权期限。❶ 试验数据独占权通常从获得上市批准之日开始，因此，如果相关专利申请提交很长时间后才被授予上市批准，则试验数据独占权可能比专利权保护要晚到期。如果试验数据独占权能阻止"其他申请人为了在专利保护终止后立即进入市场，在专利权期限内根据提前实施条款（early - working provisions）（有时称为'Bolar'例外）试图获得批准"，那么，即使试验数据独占权期限在专利权期限之前结束，试验数据独占权也可能推迟仿制药进入市场。❷

第三，专利权和试验数据独占权所面临的挑战方式不同。专利权保护可能会以多种方式受到损害。专利权可能会因所要求保护的发明实际上不符合可专利性要求而受到挑战。此外，大多数司法管辖区都有允许专利强制许可的规定。强制许可，是指准许政府强制专利持有人允许政府或第三方使用专利所涵盖主题的一系列法律权力，这可能是因为处理公共健康危机需要获取大量专利药品。例如，新冠疫情促使许多国家政府采取措施促进强制许可，但是，如第 8 章所述，疫情期间最终授予的此类许可却很少。❸ 强制许可也被用来终止专利引发的反竞争行为。❹ 然而，试验数据独占权通常更难受到挑战，很少有司法管辖区制定具体机制，使试验数据独占权失效或在对相关药品所涉专利授予了强制许可的情况下暂停试验数据独占权。

因此，如果药品的专利权保护以某种方式受到损害，试验数据独占权可以有效阻止相关产品的仿制版本上市，从而继续维持权利持有人的垄断地位。如果意识到这一事实，潜在的挑战者在试验数据独占权期满前可能不敢采取行动。即使在可以挑战或暂停试验数据独占权的司法管辖区，由此带来的额外成本也可能会产生类似的寒蝉效应。

第四，专利权和试验数据独占权阻止竞争对手进入市场的方式有所不同。虽然专利权为相关发明提供了极其广泛的保护，但必须积极地实施才能打击侵权者。这种实施成本可能较为高昂，此外，以专利权无效为由提起反诉是专利侵权被诉方的常见反应，因此这种实施也存在风险。相比之下，试验数据独占权是自行实施的，仿制药申请人在保护期内根本无法根据已提交的试验数据获得批准，因此，无须像专利侵权情况那样识别潜在的侵权者并对他

---

❶ 格拉博夫斯基和弗农（Vernon）（2000），第 116 页；亨普希尔（Hemphill）和桑帕特（Sampat）（2012），第 330 页。

❷ 显然，如果试验数据独占权期限接近专利权终止日届满，会产生更大的影响。

❸ 佩尔胡多夫（Perehudoff）等（2021）。

❹ 达特菲尔德（2008），第 109 - 110 页。

们提起诉讼。因此，即使在药品原创者拥有完全有效专利权的情况下，试验数据独占权也可以产生作用，即降低独占权实施（如勒令停止通知函或正式诉讼）成本。

综上所述，至少在四种情况下，试验数据独占权可能对仿制药进入市场产生影响。第一种情况是，由于选择、疏忽或因为发明不满足可专利性标准而从未获得过专利权。第二种情况是，获得过专利权，但专利权期限在试验数据独占权期满前到期，或者试验数据独占权阻止仿制药申请人在专利权期限最后阶段提交简略申请。第三种情况是，已获得专利权保护但在正常到期日之前受到损害，这种情况要么是因为专利权受到挑战而被成功无效掉，要么是因为已授予强制许可或已出台旨在保护公共健康的类似措施，这种情况下试验数据独占权可能会继续阻止仿制药进入市场。第四种情况是，原研药品上市许可持有人拥有的药品专利未过期且未受到损害，即使是在这种情况下，试验数据独占权也可以带来好处，即降低实施成本。

必须强调的是，这四种情况在某些司法管辖区均比在其他司法管辖区更为常见。还有其他许多因素影响专利权与试验数据独占权之间的关系，其中包括特定管辖范围内与其他司法管辖区普遍不同的经济、政治、社会环境和流行病学状况。因此，即使文本上相似的试验数据独占权法律也可能在司法管辖区之间产生显著不同的效果。然而，一般来说，有理由认为试验数据独占权在较小的医药市场更有可能产生影响，尤其是在发展中国家的医药市场。例如，出于成本效益的考虑，制药公司更有可能不会在较小的医药市场申请专利。[1] 在较小的医药市场中，试验数据独占权也更可能比专利权晚到期，因为制药公司不太可能优先考虑在专利权期限早期在这些司法管辖区推出药品。[2] 近几十年来，发展中国家使用强制许可比发达国家更多;[3] 但是，即使在新冠疫情后，使用强制许可在所有国家中仍然不常见。在起诉侵权者的成本与市场价值不成比例的司法管辖区，以及在由于意识形态、腐败或无能力等原因难以实施专利权的司法管辖区，试验数据独占权可以降低实施成本，这可能对权利持有人最为有利;此外，在缺乏所谓"专利链接"机制（该机制限制国家药品主管部门在原研药品仍受专利保护的情况下批准仿制药的能力）的司法管辖区，试验数据独占权更大程度地降低了实施成本。[4] 另外，

---

[1] 阿塔兰（Attaran）（2004），第 159 页。

[2] 戈德堡（Goldberg）（2010），第 350 页。

[3] 霍恩（'t Hoen）（2016），第 64 页。

[4] 布沙尔（Bouchard）等（2011），第 392 页。

在发达国家以及对药品有大量需求的其他国家，对专利有效性提出挑战可能会更加普遍，因为这些国家以有机会进入利润丰厚的市场作为激励手段，并且通常拥有有能力提出此类挑战的律师（以及有资金为此支付费用的诉讼当事人）。❶

2.3.1.2 试验数据独占权与商业秘密之间的关系

试验数据独占权与商业秘密法密切相关。两者都涉及保护具有商业价值的未披露信息。TRIPS 协定第 39 条属于协定中关于"对未披露信息的保护"的章节，第 39.1 条和第 39.2 条均涉及商业秘密（进一步参见第 2.3.2 节）。❷ 普加奇（Pugatch）评论说，试验数据独占权的根本逻辑是"表明它表达的是商业秘密"。❸

然而，尽管这两种知识产权的主题相似，但它们通常很少相互影响。商业秘密通常会阻止披露受保护的信息，但在简略药品申请中试验数据确实很少被披露给仿制药申办者，因为审批流程是由已向其提交数据的政府机构执行的。❹ 实际上，在许多情况下，政府机构可能根本不会在简略药品申请中直接查阅先前提交的试验数据，而只不过一旦确定仿制药与原研药具有生物等效性，就批准仿制药申请人。因此，虽然试验数据独占权在历史背景和理论上与商业秘密法有联系，而且两者保护的是同一类主题，但试验数据独占权在实践中却扮演着相当独立的角色。

2.3.1.3 试验数据独占权与其他形式非专利独占权之间的关系

除试验数据独占权外，一些司法管辖区（主要是发达国家）在某些情况下还为药品提供其他非专利独占权，这些非专利独占权在美国尤为常见。除试验数据独占权外，美国还为治疗罕见疾病的所谓"孤儿药"提供 7 年期限的独占权，❺ 在某些情况下为首个成功挑战药品专利的仿制药申请人提供 6 个月期限的独占权，对提交了儿科人群药物临床研究的药品，将现有独占权（包括专利权保护和试验数据独占权）延期 6 个月。❻ 药品是否可以获得此类

---

❶ 德拉霍斯（2008），第 168 页。

❷ TRIPS 协定第 39 条。

❸ 普加奇（2006），第 98 页。

❹ 科雷亚（2002），第 80 页。

❺ 美国，21 USC § 360 cc（a）（2）。

❻ 赫莱德（2015），第 314 页。

其他非专利独占权，也将影响试验数据独占权在司法管辖区的作用。

亚尼夫·赫莱德（Yaniv Heled）将包括试验数据独占权在内的非专利独占权视为一种新型行政知识产权的一部分，它们主要与制药行业有关，赫莱德称之为"监管竞争庇护所"，其得以发展是旨在填补知识产权体系中的"空白"。❶ 毫无疑问，试验数据独占权与这些其他非专利独占权具有许多共同特征，例如，运行方式是禁止监管部门批准。然而，试验数据独占权也因其主题独特而有别于其他非专利独占权。试验数据独占权的另一个特征是，在各种国家监管制度中得到发展的所有非专利独占权中，试验数据独占权是迄今为止在全球化方面最为成功的。

2.3.2 国际层面的试验数据独占权

为药品试验数据提供试验数据独占权的第一部法律于 1984 年在美国通过。❷ 20 世纪 80 年代末，欧洲共同体也正式通过了试验数据独占权法律。❸ 如今，试验数据独占权已成为 50 多个国家的国内法的一大特征。❹ 试验数据独占权全球化是发达国家（尤其是美国、欧盟和欧洲自由贸易联盟国家）在国际层面上推动提高对提交的试验数据的保护要求而导致的。

正如已论述的那样，美国和其他发达国家试图在 TRIPS 协定中纳入提供试验数据独占权的要求，但最终未能成功；然而，作为妥协，TRIPS 协定第 39.3 条规定 WTO 成员有义务为"旨在获得药品和农业化学产品批准而向政府提交的试验数据"提供保护，以防止"不正当的商业使用"。TRIPS 协定第 39.3 条全文如下：

各成员如要求，作为使用新化学实体制造的药品或农业化学产品的上市批准条件，需要提交通过巨大努力取得的、未披露的试验数据或其他数据，则应保护该数据，以防止不正当的商业使用。此外，各成员应保护这些数据不被披露，除非属为保护公众所必需，或除非采取措施以保证该数据不被用在不正当的商业使用中。❺

---

❶ 赫莱德（2015），第 300 页。
❷ 美国，《药品价格竞争和专利期限恢复法案》（1984 年）。
❸ 欧洲理事会指令第 87/21/EEC 号，其修订了指令第 65/65/EEC 号关于法律、法规或行政行为所规定的有关专利药品的类似条款［1986］。
❹ 进一步参见第 6 章。
❺ TRIPS 协定第 39.3 条。

即使随意阅读一下 TRIPS 协定第 39.3 条，也会发现其极其含糊。该条款没有明确什么构成"不正当的商业使用"，也没有明确成员应当采取哪些措施来防止"不正当的商业使用"。TRIPS 协定第 39.3 条的准确范围从未得到明确澄清，甚至至今还在学术界和其他评论家中具有相当大的争议，本书第 4 章将更详细地对其进行论述。然而，从 20 世纪 90 年代初起，试验数据独占权条款一直是发达国家达成的贸易协定的一大共同特征。除发展中国家在加入 WTO 期间做出的承诺外，这些也是试验数据独占权扩张到新的司法管辖区的主要方式。

2.4 关于试验数据独占权的争议

与其他知识产权一样，关于试验数据独占权的争议焦点是，为了激励创新，需要在一定期限内防止搭便车到哪种程度。试验数据独占权的支持者认为，对研究型公司为获得上市批准而产生数据并提交给监管机构所付出的投资，有必要进行保护。如前所述，有人认为，药品注册申请的数据产生成本占新药开发成本的 60%。[1] 此外，也有人认为，由于将药品推向市场的原研药公司承担了产生相关数据的全部风险，因此，如果竞争公司能立即使用这些数据将它们自己的竞争产品推向市场，那么原研药公司就没有动力去开发新药品。[2] 虽然在一定期限内阻止竞争对手进入市场的最典型方式是专利权保护，但新药品并不总是可以获得专利权。IFPMA 声称更多化合物正在被开发，但由于各种原因，这些化合物未获得专利权保护，从而使数据独占权是唯一可获得的知识产权保护，因此，有人认为，可以获得试验数据独占权保护可能是决定将新药推向特定市场的一个重要因素。[3] 尽管批评家指责说，"通过后门"向无法证明新颖性或创造性的产品授予垄断权是错误的，[4] 但其他评论家指出，并非所有未能有资格获得专利权保护的新药品或"新适应证"，都被认为完全缺乏社会价值。因此，试验数据独占权等特殊权利提供了一种方法，可以解决专利制度"一刀切"的问题，即相同的保护、可专利性标准和期限同等适用于"所有技术领域"，而不考虑不同行业所面临的商

---

[1] 格拉博夫斯基（2002）。
[2] IFPMA（2000），第 2 页。
[3] IFPMA（2000），第 2 页。
[4] 欧洲仿制药协会（2000），第 6 页。

业现实不同。❶

　　"试验数据独占权对激励药物研究是必要的"这一论点，受到了许多批评。首先，与许多知识产权一样，从未有人证实过试验数据独占权为社会生产性研究实际提供了有针对性的激励。❷ 也有其他人质疑支持试验数据独占权的论点所依据的基本假设。赖希曼指出，制药行业从"上游"医学研究的公共资助（尤其是美国政府提供的资助）中获得了巨大的利益。美国国立卫生研究院（National Institutes of Health，NIH）每年花费约 300 亿美元用于"上游"医学研究。❸ 实际上，赖希曼认为，鉴于如此多的上游药物研究都是由政府资助或补助的，很可能主要原因是下游成本首先证明了为药品提供强有力的专利权是合理的，于是提出了这样一个问题：为什么需要另外设立一套知识产权来进一步支付这些成本？❹

　　其他学者质疑这样一种观点：需要进行临床试验来证明药品安全性和有效性纯粹是研究型制药公司的成本，它们应该为此通过其他保护得到补偿。阿里尔·卡茨（Ariel Katz）表示，"遵守监管要求以证明药品安全性和有效性所花费的成本，会对新药创新激励产生负面影响"这一论点，尽管凭直觉让人赞同，但进行试验以证明新药安全、有效的要求，实际上至少在某种程度上有利于研究型制药公司。❺ 卡茨指出，药品是经济学家所称的"信任品"，也就是说，消费者（通常）在购买前甚至消费后，无法轻易确定药品的质量，实际上也根本无法轻易确定他们是否需要某种特定的药品。❻ 尽管购买和服用的处方药是医生建议的，但医生也无法超出非常基本的水平自行确定药品的安全性和有效性。卡茨评论说，如果市场上的卖家和消费者之间存在严重的信息不对称，往往会导致不可靠的卖家将低质量产品充当高质量产品销售，因为消费者无法轻易地区分它们，这样不利于销售高质量产品的可靠卖家，并可能促使它们离开市场，从而进一步降低了市场产品整体质量。这种恶性循环可能会持续下去，直到市场稳定在产品整体质量明显较低的水平，甚至崩溃，这就是乔治·阿克尔洛夫（George Akerlof）于 1970 年首次描

---

❶ 艾森伯格（Eisenberg）（2006），第 366 页。
❷ 霍恩（2022），第 186 页。
❸ 赖希曼（2009），第 41 页。
❹ 赖希曼（2009），第 41 页。
❺ 卡茨（2007），第 7 页。
❻ 相比之下，"搜寻品"的许多质量可以在购买前轻松确定（如食盐），而"体验品"的许多质量可以在消费后轻松确定（如在餐厅用餐）。卡茨（2007），第 11 页。

述的所谓"柠檬市场"的情景。❶ 卡茨认为，由于上述原因，制药公司要说服消费者购买其产品，临床试验是完全必要的。此外，强制规定向独立政府机构提交此类试验结果，也更有利于研究型制药公司，这种独立审查过程提高了证据的可信度，并且随着所有新药的成本都增加，低成本、低质量创新削弱高质量创新的风险将得以降低。❷

约瑟夫·杜米特（Joseph Dumit）还认识到临床试验在实现研究型制药行业运营方面所发挥的作用。杜米特指出，从研究型制药行业的角度来看，临床试验的基本功能是最大限度地扩大潜在产品的市场，因此，临床试验不仅产生了消费者信任，使高质量药品市场得以存在，还创造了机会让制药公司"发展药品"，使药品适应医疗条件的需要。❸ 这导致的一个结果是，即使政府对临床试验结果进行独立评估增加了可信度，但研究型制药公司产生的数据仍然是出了名地不可靠，在许多案例中，新药的积极作用被夸大，或者有关危险副作用的数据被淡化。❹ 这里作弊的动机是显而易见的，如前所述，药物开发需要花费数年时间并耗资数百万美元，试验不成功可能会使已投入巨资的有前景的产品注定要失败。因此，临床试验是研究型制药公司可以利用的资源，有时会以牺牲整体健康为代价；循证医学的另一方面是，市场是通过证据创造的，证据是通过成功的临床试验获得的，而临床试验是由有经济利益的公司执行的。❺

因此，提供药品安全性和有效性证据的要求提供了质量保证，能说服消费者购买产品，并使制药公司能够在第一时间运营。❻ 事实上，这种要求为制药公司提供了扩大其产品市场的机会。❼ 因此，它们为制药公司创造了巨大的价值，从而削弱了这样的论点：完成临床试验对制药公司来说是一个沉重的负担，必须通过专利权期限延长和试验数据独占权形式的其他独占权得到补偿。

激励竞争公司对人类受试者进行重复临床试验，以产生自己的数据并提交给监管机构而带来的道德后果也令人担忧。《世界医学协会关于涉及人类受试者的医学研究伦理原则的赫尔辛基宣言》（以下简称《赫尔辛基宣言》）

---

❶ 卡茨（2007），第 11 页；阿克尔洛夫（1970）。
❷ 卡茨（2007），第 12 页。
❸ 杜米特（2012），第 12 页。
❹ 赖希曼（2009），第 5 页。
❺ 杜米特（2012），第 95 页。
❻ 卡茨（2007），第 12 页。
❼ 杜米特（2012），第 95 页。

规定，涉及人类的医学研究必须基于对当前科学文献的深入理解，在开展涉及人类的医学研究之前，必须评估对参与研究的个人和群体带来的风险，将风险评估与为他们和其他人创造的潜在利益进行权衡，当发现风险大于利益时，**❶** 或如果有确凿证据表明会产生积极、有益的结果时，应立即停止研究。**❶** 如奥拉苏波·奥维耶（Olasupo Owoeye）所评论，这些规定表明，如果先前的试验已经为正在研究的问题提供了充分的信息，如相关药品化合物安全有效，则不能证明对人类受试者重复进行临床试验是合理的。**❷** 该宣言被广泛认为是医学研究伦理的基石。**❸** 目前尚不清楚试验数据独占权实际上激励重复临床试验到何种程度（同样，目前也不清楚试验数据活动激励任何类型的研究活动到何种程度），但仍然令人忧虑的是，理论上旨在促进医学创新并因此促进人类健康的知识产权，却激励了这种违反医学研究伦理基本原则的行为。

2.4.1 试验数据独占权与专利法逻辑之间的冲突

即使假设通过独占权对提交的试验数据进行保护是适当的，试验数据独占权的某些方面仍有可能与专利法旨在服务公共利益的特征相冲突。这些问题包括刺激药品上市推迟、试验数据独占权可能会破坏旨在保护公共健康的措施（如强制许可）、缺乏与试验数据独占权相关的信息披露，以及缺乏与试验数据独占权相关的问责机制或申诉机制。虽然有许多措施可以缓解或彻底防止其中一些问题，但许多司法管辖区的试验[1]数据独占权法律中并未见到这些措施，如第6章所述。

2.4.1.1 刺激药品上市推迟

如第 2.3.1.1 节所指出，专利制度的基本逻辑是，不仅专利权所赋予的一定期限独占权将鼓励原创者利用其发明，而且在专利说明书中披露发明将允许其他人在专利权期限一旦届满就可以利用该发明。**❹** 然而，试验数据独占权的某些方面可能会刺激药品上市推迟，并为药品"长青化"提供机会，从而破坏这些功能。

---

❶ 世界医学协会（2013），第 12、18 和 20 段。
❷ 奥维耶（2014），第 109 页。
❸ 波斯尼亚克（Bošnjak）（2001），第 179 页。
❹ 兰德斯和波斯纳（2009），第 295 页。

众所周知，有些药品通常在发达国家推出相当长一段时间后才进入发展中国家市场。❶ 从药品获取的角度来看，这种延迟非常不受欢迎，这是因为患者如果根本无法在其司法管辖区获取这些药品，他们将无法受益。之所以会出现这种药品延迟问题，有一部分原因是：研究型制药公司的绝大部分利润来源于发达国家市场，因而它们会优先考虑这些市场。随着发展中国家药品市场的增长，在发达司法管辖区和发展中司法管辖区之间药品上市延迟的时间差已经缩短，但仍可能长达数年。❷ 还有人认为，药品上市在发展中司法管辖区出现延迟，是因为在这些市场供应药品可能会降低在发达司法管辖区药品市场的盈利能力。之所以会出现这种情况，可能是"参考定价"（政府愿意为某种药品支付的价格是参考其他司法管辖区的价格而确定的）和"平行进口"（从售价低得多的市场重新进口品牌药品）的原因。❸

由于专利法新颖性通常采用世界标准，因此，理论上专利法鼓励尽快将新药品推向市场，以最大限度地利用市场垄断期。❹ 用于确定产品是否获得试验数据独占权的新颖性标准通常是本国标准（即如果一种药品先前未在该司法管辖区获得批准，则无论该药品在其他司法管辖区使用了多长时间，都将被视为"新"），因此原研药公司即使选择推迟药品上市，也不会有试验数据独占权保护减弱的不利后果。因此，在某些情况下，为了处理参考定价和平行进口问题，试验数据独占权可能会进一步刺激药品在发展中国家推迟上市，因为原研药公司只要最终在该司法管辖区推出该产品，仍将能够获得一段时间的独占权。试验数据独占权也可能会刺激推迟药品注册，以延长公司对某种疾病最佳治疗形式的垄断，也就是说，公司可能会故意选择更慢地发布其"产品线延伸"，以尽量减少与试验数据独占期的重叠时间。在现有药品"新适应证"有权获得新的独占期的司法管辖区，如美国，这个问题可能会更加严重。❺

知识产权存在的合理性通常在于它们能够促进创新，而以这种方式刺激公司推迟药品上市却与之相矛盾。有人认为，制药公司在发展中国家推出产

---

❶ 威尔曼（Wileman）和米什拉（Mishra）（2010），第 54 页。

❷ 威尔曼和米什拉（2010），第 56 页。

❸ 斯皮纳·阿里（2017），第 184 – 190 页。

❹ 值得注意的是，根据《保护工业产权巴黎公约》第 4 条，发明人有权享有自在巴黎联盟成员国提交专利起多年的期限，在此期间，发明人或其权利继受人可以使用首次申请日作为在该公约其他缔约国的有效申请日（所谓的"公约优先权"）。

❺ 朱诺德（Junod）（2004），第 511 页。

品之所以如此缓慢，有一部分原因是，在较小的医药市场获得专利权不具有成本效益，导致原研药公司难以在这些司法管辖区获利。因此，有人认为，试验数据独占权可以提供一种具有成本效益的机制，使研究型制药公司能够在这些司法管辖区赚取利润，从而激励其尽早在较小的医药市场推出药品。❶虽然对于那些获取专利权合法但不具有成本效益的司法管辖区来说，可能适合采用这种方法，但这种方法不太可能有效缓解因管理参考定价、限制平行进口或"长青化"策略而导致的药品上市推迟问题。在这种情况下，需要建立一种机制，只要让制药公司能获益，它们就不会推迟药品上市。如第 5 章和第 6 章所述，许多司法管辖区建立了这样的机制：要么仅对在国际首次亮相后特定时间内，在该司法管辖区提交审批申请的产品授予试验数据独占权；要么在可能会迅速推出产品的外国司法管辖区（例如美国或欧盟）获得批准时，开始计算独占期。

2.4.1.2 破坏旨在促进公共健康的措施

关于试验数据独占权，另一个被广泛讨论的担忧是，独占权削弱了政府对旨在促进公共健康的措施加以利用的能力。最近，新冠疫情引发了人们对这个问题的关注。评论家们担忧：对各国政府授予的强制许可或根据 2022 年《关于〈TRIPS 协定〉的部长级决定》中规定的 TRIPS 协定有限例外采取的措施，试验数据独占权条款可能会产生阻碍。❷

TRIPS 协定第 31 条（关于"未经权利持有人授权"使用获得专利权的发明）规定了强制许可，只要遵守某些规定（其中包括就自愿许可合理条款事先达成一致、限制许可范围和期限、向权利持有人提供一定报酬等要求），就允许这种强制许可。❸ 强制许可严重地制衡了专利权所赋予的强大垄断。即使假设专利权总体上最终有益，但仍然有必要制定某种措施，在专利垄断会造成可避免的明显危害时，对专利垄断加以限制。此类情况包括：（a）对公众造成威胁，要求以专利持有人不愿意或无法满意的规模使用获得专利权的发明；（b）专利权的使用导致滥用市场支配地位的反竞争行为；（c）出现阻碍技术和科学进步的"专利丛林"。❹

试验数据独占权的存在并不能阻止强制许可的实际授予。然而，如第

---

❶ 斯皮纳·阿里（2017），第 204 页。
❷ 例如，参见钱德勒（Chandler）（2020）。
❸ TRIPS 协定第 31 条。
❹ 达特菲尔德（2008），第 111 页。

2.3.1.1 节所述，试验数据独占权可以阻止根据强制许可生产的仿制药使用简略药品申请获得上市批准，从而使强制许可在药品背景下不起作用。如果被许可人必须提供自己的试验数据，那么，至少会推迟仿制药进入市场（至少可以说，在紧急情况下不希望出现这种情况），并且这可能在经济上完全不可行。一些评论家强调了发生这种情况的可能性。❶ 格雷厄姆·达特菲尔德（Graham Dutfield）表示，试验数据独占权条款能使强制许可毫无价值，这可以解释此类条款如此频繁地出现在自由贸易协定中的原因。❷ 弗雷德里克·阿博特（Frederick Abbott）进一步声称，试验数据独占权条款似乎旨在通过阻止第三方药品获得批准来限制强制许可的有效使用。❸

2006 年，时任欧洲仿制药协会（European Generic Medicines Association, EGA）会长的格雷格·佩里（Greg Perry）致信欧盟委员会企业和工业总司，询问欧盟国家是否能使用强制许可来满足国内对奥司他韦（Oseltamivir，一种流感治疗药物，当时由于担心可能导致数千万人死亡的禽流感疫情即将来临，各国政府花费巨资大量储备这种药物）的需求时，就凸显了试验数据独占权会构成破坏强制许可的威胁。❹ 佩里特别想知道，如果某国政府授予了这种许可，该国政府是否能够基于先前提交的试验数据，批准根据许可生产的奥司他韦仿制药上市。药品部门负责人马丁·特伯格（Martin Terberger）答复，虽然授予强制许可是欧盟成员国国内法的问题，但是，因为欧盟规则没有规定在试验数据独占期内这种保护有任何例外，并且奥司他韦仍然受到保护，因此，在欧盟寻求仿制药上市许可的申请人需要提供自己的临床数据来证明产品的安全性或有效性，或者需要证明上市许可持有人已同意申请人使用他们的证明文件。❺ 因此，如果未进行新的临床试验或未获得权利持有人的许可（当然，如果获得权利持有人的许可，就不需要强制许可了），根据强制许可生产的药品就不能在欧盟被合法销售。欧洲立法中的这一漏洞从未得到解决，如第 6 章所述，许多其他司法管辖区的试验数据独占权法律也属于类似处境。

---

❶ 科雷亚（2014），第 46 页。

❷ 达特菲尔德（2008），第 111 页。

❸ 阿博特（2004），第 12 页。

❹ 洛库格（Lokuge）等（2006），第 16 页。

❺ 欧盟委员会（2006），欧盟委员会就紧急强制许可情况下的达菲（Tamiflu）应用和数据独占权问题，致欧洲仿制药协会格雷格·佩里先生的信函。

2.4.1.3　缺乏信息披露

一些评论家还指出，虽然专利法通过向公众披露发明的细节来激励信息传播，但试验数据独占权旨在激励创造信息，可能会阻止这些信息被披露。❶严格来说，禁止披露提交的试验数据并不是试验数据独占权，但这种禁止通常与试验数据独占权相关联；TRIPS 协定第 39.3 条规定，除保护提交的试验数据不被用在不正当的商业使用中外，还应保护提交的试验数据不被披露，除非"属为保护公众所必需，或除非采取措施以保证数据不被用在不正当的商业使用中"。❷许多包含试验数据独占权条款的自由贸易协定都重复了这种措辞。❸

有令人信服的理由可以证明应该披露提交的试验数据。如上所述，许多临床试验结果是捏造的，因为制药公司需要花费巨额投资来获得试验结果。奥司他韦就是一个臭名昭著的例子，它是引发特伯格信函事件的同一药品。1999—2014 年，各国政府花费了超过 90 亿美元大量储备奥司他韦。❹然而，早在 2006 年，倡导循证医学的英国慈善机构科克伦（Cochrane）就质疑了奥司他韦治疗流感的实际有效性。❺科克伦向对奥司他韦持有权利的制药公司霍夫曼 – 拉罗氏（Hoffman – La Roche）多次请求查阅临床研究报告以进一步调查这些说法，但均遭到拒绝。❻2011 年，科克伦从欧盟药品监管机构，即欧洲药品管理局（European Medicines Agency，EMA），成功获取了关于几项奥司他韦试验的报告。❼罗氏面临的压力不断增加，于 2013 年发布了更多报告。❽2014 年，科克伦根据这些数据发布了关于奥司他韦的评论，得出的结论是，该药品仅将流感样症状缩短了半天左右，没有减少住院人数，几乎没有证据表明它可以减少流感相关并发症，并且该药品有许多显著的副作用，如恶心、呕吐、头痛以及肾脏和精神疾病问题，而这些副作用在原始出版物

---

❶　朱诺德（2004），第 516 页。

❷　TRIPS 协定第 39.3 条。

❸　例如，美国 – 智利自由贸易协定（2003 年），第 17.10 条；欧洲自由贸易联盟 – 土耳其自由贸易协定（2018 年），附件 XX 第 6 条；欧盟 – 韩国自由贸易协定（2010 年），第 10.36 条。

❹　阿巴西（Abbasi）（2014），第 348 页。

❺　杰斐逊（Jefferson）等（2009）。

❻　阿巴西（2014），第 348 页。

❼　英国医学杂志，"达菲运动"。https：//www.bmj.com/tamiflu（访问日期：2023 年 1 月 26 日）。

❽　英国医学杂志，"达菲运动"。https：//www.bmj.com/tamiflu（访问日期：2023 年 1 月 26 日）。

中没有被充分报道。❶ 因此，如果提前披露罗氏提交的试验数据，可能会为各国政府节省数十亿美元。即使试验数据是如实产生的，也可能会出现错误，但是，如果将数据披露，那么第三方就可以进行验证。此外，披露科学研究将会丰富一般科学知识，从而有助于科学进步。❷

2.4.1.4 缺乏申诉机制

在许多司法管辖区对试验数据独占权难以提出异议，一些评论家对此表示担忧。虽然专利权很强大，但只有当申请人能够使专利审查员确信他们的发明满足可专利性标准时，才会被授予专利权。❸ 即使专利申请确实满足这些标准，但如果竞争对手认为相关发明被不当授予了专利权，专利也可能会受到挑战。试验数据独占权通常是被自动授予的，即使试验数据独占权被误认为是满足特定要求（如试验数据通过巨大努力取得）而被授予的，在许多司法管辖区中它也不能轻易受到挑战。❹ 因此，对专利局认为不值得保护的药品，试验数据独占权可以提供独占权保护；即使专利权被宣告无效，试验数据独占权也能阻止专利药品的仿制药进入市场，从而减小了挑战低稳定性专利的动力。

2.5 试验数据独占权与生物药物

生物药物通常被称为"生物制剂"，是由生物体组成或从生物体中提取的药物。❺ 生物制剂的例子包括单克隆抗体、生长激素和基因疗法。❻ 所有疫苗，包括针对新型冠状病毒的疫苗，都是生物制剂，生物药物标志着一个日益重要的医学领域，其为各种癌症、神经系统疾病和自身免疫性疾病等提供了许多最有希望的治疗方法。生物制剂在许多重要方面不同于传统的"小分子"药物；小分子药物可能由 20 ~ 100 个原子组成，而生物制剂通常由

---

❶ 杰斐逊（2014）。
❷ 斯皮纳·阿里（2017），第 232 页。
❸ TRIPS 协定第 27 条。
❹ 朱诺德（2004），第 516 页。
❺ 马修斯（Matthews）（2017），第 104 页。
❻ 世界卫生组织（2017）。

200～50000个原子组成，❶ 并且涉及更为复杂的制备方法。❷ 这些差异带来的结果是，实际上不可能精确地复制生物制剂，相比之下，小分子药物可以被容易地廉价复制。❸ 旨在仿制原研产品的生物制剂充其量只能与原研产品"高度相似"。此类后续生物制剂被称为"生物类似药品"（similar biological medicinal products）❹、"生物类似治疗产品"（similar biotherapeutic products）❺、"随后进入的生物制剂"（subsequent entry biologics）❻，或简称为"生物仿制药（biosimilars）"。

生物制剂和小分子药物之间的这些化学差异，导致了对其监管方式的不同，特别是在简略审批流程方面。此外，关于对提交的与生物药物相关的试验数据应如何保护（在提供保护的情况下），也存在争议。一些人指出，生物制剂的开发过程据说更为昂贵，而且鉴于生物仿制药并没有精确地复制原研产品，专利权在保护生物制剂方面可能不太有效，以此证明生物制剂试验数据比小分子药物试验数据需要得到更多的保护。❼ 其他人则认为生物制剂试验数据应该通过现有的试验数据独占权法律来得到保护。❽ 要理解这场争论，需要对生物制剂和生物仿制药的历史有一定的了解。

2.5.1 生物仿制药简略审批途径的起源和发展

虽然小分子药物简略审批途径于 20 世纪 70 年代末和 20 世纪 80 年代初首次出现（请参见第 3 章），但生物仿制药简略审批途径最近才产生。其部分原因是现代生物制剂本身相对较新，美国首个生物制剂新药直到 20 世纪 80 年代初才获得批准；[2] 还有一个原因是，小分子药物和生物制剂之间在化学上存在根本差异。❾ 尤其是小分子药物的化学结构通常较为简单，因此确定两种小分子产品的化学结构是否相同相当容易。而确定两个生物实体是否

---

❶ 马修斯（2017），第 105 页。
❷ 马修斯（2017），第 105 页。
❸ 马修斯（2017），第 107 页。
❹ 欧洲药品管理局（2014）。
❺ 世界卫生组织（2009）。
❻ 加拿大卫生部（2016），第 6 页。
❼ 格拉博夫斯基（2008），第 480 页。
❽ 例如，参见联邦贸易委员会（2009）。
❾ 格拉博夫斯基（2008），第 480 页。

足够相似以致在临床上不会在患者中产生显著差异，要复杂得多。❶

尽管存在这些困难，但许多司法管辖区现已制定了生物仿制药的简略审批途径。欧盟是第一个实施此类途径的司法管辖区；在 21 世纪 00 年代中期一波生物制品专利到期之后，欧盟修改了其现有的简略审批途径，允许在另外提交补充数据的情况下，根据先前提交的试验数据批准生物药品。❷ 欧洲药品管理局制定的标准极其严格，需要进行大量试验才能证实高度相似性，从而提高了潜在生物仿制药制造商的进入成本。2010 年的一篇文章指出，生物仿制药在欧洲上市的成本为 20 万 ~ 3000 万美元，主要是因为欧洲药品管理局的监管要求严格。❸

欧盟的指南对其他司法管辖区处理生物仿制药问题的方式产生了极大的影响。澳大利亚、加拿大、日本、韩国、新加坡、马来西亚和南非都效仿了欧盟的标准来制定本国的审批途径。❹ 2009 年，世界卫生组织发布了更多指南，这些指南主要是基于欧盟指南的原则，因此也影响了各国药品监管部门的政策。❺ 美国于 2009 年通过《生物制剂价格竞争与创新法案》（Biologics Price Competition and Innovation Act，BPCIA）建立了自己的生物仿制药审批途径。虽然美国的做法没有直接效仿欧盟的指南，但两者在概念上相似；申办者可以提交申请，为使其产品获得批准，要基于分析研究、动物研究和临床研究来证明产品与参比生物制剂具有"生物相似性"，其中，分析研究证明产品与参比产品高度相似，临床研究证明产品安全性、纯度和效力与原研产品一致。❻ 因此，提交的生物制剂试验数据的试验数据独占权现在是一个有着重要意义的问题。

2.5.2 提交的生物制剂相关数据的试验数据独占权保护方法

对于先前就已制定了试验数据独占权法律的司法管辖区，❼ 颁布的生物仿

---

❶ 麦克唐纳（Macdonald）等（2015），第 665 页。
❷ 理事会指令第 2001/83/EC 号，第 10 条。
❸ 莫迪（Mody）等（2010），第 28 页。
❹ 克里希南（Krishnan）等（2015），第 21 页。
❺ 麦克唐纳等（2015），第 655 页。
❻ 美国，42 USC § 262（i）（2）。
❼ 理论上讲，没有为小分子药物提供试验数据独占权的司法管辖区（如阿根廷），可能会决定针对生物制剂单独建立一项试验数据独占权制度，但毫不夸张地说，这似乎极不可能。

制药简略审批途径表明可以采用以下三种方法之一：（a）将现有的试验数据独占权规则扩展至生物制剂；（b）针对生物制剂建立一项单独的（可能更强大的）试验数据独占权制度；（c）仅将提交的生物制剂相关试验数据完全排除在试验数据独占权范围之外。第一种方法以相同方式处理小分子药物和生物制剂，而第二种和第三种方法表明，在保护提交的试验数据方面，有理由将小分子药物和生物制剂区分开来。

对于小分子药物和生物制剂，它们的试验数据独占权保护之间没有区别的理由是，两者之间的差异不足以有必要将它们区别对待。由于没有证据能够证明生物制剂和小分子药物之间存在的差异使得需要将它们区别对待，因此有人认为，确实应该将现有的试验数据独占权扩展至生物制剂。

有人支持对生物制剂采用一套不同的试验数据独占权规则，其主要理由是，生物仿制药与创新生物制剂完全不相同，并且它们可以使用不同的配制方法和制备方法，因此，生物仿制药可以更容易避开侵犯原研药品专利权的问题，同时仍然可以利用简略审批途径。[1] 此外，据说生物制剂的平均开发成本比小分子药物的开发成本更昂贵[2]，但是由于药物开发成本普遍缺乏透明度，这一说法难以评估。2008 年（在美国实行生物制剂简略审批途径之前），格拉博夫斯基发表了一篇文章，其得出的结论是：生物制剂的盈亏平衡寿命在 12.9～16.2 年。[3] 格拉博夫斯基认为，对于生物制剂，12 年的试验数据独占期是在专利保护受到一定损害时，预期能获得的最低程度独占权保护的适当"下限"。[4]

有人反对将生物制剂的试验数据独占权期限设定得更长，他们评论说，由于生物制剂分子较为复杂、制备工艺难度大，因此生物制剂即使在专利到期后也很少面临仿制药竞争；他们指出，即使使用简略审批途径，生物仿制药在欧盟获得批准的成本也很高，并且相较于小分子仿制药竞争，生物仿制药竞争带来的降价幅度也更小。[5] 美国联邦贸易委员会（Federal Trade Commission，FTC）2009 年关于后续生物制剂竞争的一份报告指出：没有证据表明对生物制剂提供的专利保护弱于对小分子药物提供的专利保护，

---

[1] 格拉博夫斯基（2008），第 479 页。

[2] 曾（Tzeng）（2010），第 136 页。

[3] 格拉博夫斯基（2008），第 487 页。

[4] 格拉博夫斯基等（2011），第 16 页。

[5] 恩格伯格（Engelberg）等（2009）。

也没有证据表明许多生物制剂药品不具备可专利性。❶ 人们还注意到，即使假设格拉博夫斯基的盈亏平衡期正确，整个盈亏平衡期也将是一段过长的独占期，因为即使在后续竞争对手进入市场之后，原研者通常仍会继续拥有相当大的市场份额和盈利能力。❷

对"生物制剂应得到更大力度的试验数据独占权保护"持反驳意见的这些观点，也表明了这样的论点：相较于小分子药物，生物制剂不太值得获得试验数据独占权保护。美国联邦贸易委员会 2009 年的这份报告得出的结论是，这些障碍意味着，生物仿制药与原研生物制剂的竞争"更有可能类似于品牌之间的竞争，而不是品牌产品与仿制产品相竞争的方式"。❸ 因此，即使没有"限制竞争的特殊立法激励措施（即试验数据独占权）"，专利权保护和基于市场的定价机制也可能足以支持生物仿制药竞争和激励生物创新，而试验数据独占权却可能会损害消费者利益。❹

值得注意的是，自 BPCIA 通过以来，并没有出现大量生物仿制药与仍处于专利权保护期的创新生物制剂相竞争，而且即使在试验数据独占权条款规定的保护期远短于 12 年的司法管辖区，生物仿制药仍然很少见。2019 年的一项研究发现，2007—2016 年 FDA 批准的小分子药物和生物制剂的平均总开发时间均约为 12 年，这表明生物制剂独占期明显更长可能不合理。❺ 此外，世界上许多最昂贵的药物都是生物制剂，即使在专利权保护终止后，大多数药物也没有面临竞争。即使假设小分子药物试验数据独占权的一般公共政策是合理的，但根据当今的市场状况似乎也很难得出这样的结论：生物制剂行业特别容易受到竞争的影响，因此值得给予更大程度的保护。

2.6 试验数据独占权的替代措施

虽然试验数据独占权一直受到很多批评，但许多评论家承认，据称试验数据独占权要解决的问题，即需要激励创造有关药品安全性和有效性信息形式的公共产品，是实际存在的。赖希曼承认，临床试验成本不断飙升，需要

---

❶ 美国联邦贸易委员会（2009），第 viii 页。
❷ 曾（2016），第 156 页。
❸ 美国联邦贸易委员会（2009），第 iii 页。
❹ 美国联邦贸易委员会（2009），第 vi 页。
❺ 比尔（Beall）等（2019），第 708 页。

找到某种解决办法来确保可持续地推出新药。❶ 然而，赖希曼进一步认为，如果临床试验产生的数据是一种重要的公共产品，以致作为一个社会，我们必须使用知识产权这最后一招来激励创造这些数据，那么，我们应该直接通过共同承担产生数据的成本来消除投资减少的风险。❷ 许多评论家提出了一系列替代措施，来鼓励产生提交的试验数据。

对于所创造的公共产品的搭便车问题，最简单的解决方案之一就是通过公共部门创造这种产品。就药品安全性和有效性数据而言，这将涉及政府的直接资助，并可能涉及临床试验监督，从而避免因产生此类数据而需要补偿私营公司的问题。❸ 这种方法还有利于减少制药公司暗中操纵或伪造临床试验数据的动机和机会。❹ 此外，尽管私人资助的研究可能会受到相关公司的严密保护，以保持它们相对于竞争对手的优势，但公共资助的研究可以在科学家之间更广泛地共享。这种方法很显然成本高昂，尽管如此，许多政府实际上仍然通过 "以基于将产品推向市场的高昂成本而确定的合理价格，购买这些产品" 这种方式，资助了临床试验费用。事实上，政府带给这个过程的规模经济甚至可能会进一步减少支出，同时这种方法增加的透明度将有助于确保药品价格更准确地反映产品开发成本。❺

药物开发资助的这种根本性转变并非没有困难；本杰明·罗因（Benjamin Roin）认为，政府将无法正确识别最有益的药物来开发，并且政府历来对临床研究的资助严重不足。❻ 当然，不能认为，能够提供足够资金或能够有效地分配这些资金。各国政府，特别是发达国家政府，还需要在资金方面进行协调，否则搭便车问题只会从私营部门转移到公共部门。❼ 尽管如此，许多药物研究仍然得到了政府的资助或补贴，❽ 通过 WHO 等组织也存在合作途径。❾ 近年来，特别是在新冠疫情之后，加强公共资助医学研究的国际合作再次受到关注。

其他评论家提出了一种方法，即通过某种强制责任制度让竞争对手共同

---

❶ 赖希曼（2009），第 45 页。
❷ 赖希曼（2009），第 45 页。
❸ 赖希曼（2009），第 58 页；贝克（Baker）（2008），第 731 页。
❹ 赖希曼（2009），第 732 页。
❺ 赖希曼（2009），第 64 页。
❻ 罗因（2008），第 560 页。
❼ 赖希曼（2009），第 63 页。
❽ 赖希曼（2009），第 63 页。
❾ 赖希曼（2009），第 63 页。

承担产生数据的成本。❶ 在这种体制下，原研者无权阻止竞争对手使用他们产生的数据，但是如果竞争对手希望在一定期限内依赖他们的数据，则需要在一定程度上补偿原研者。在一些司法管辖区，对于为获得农业化学产品批准而提交的试验数据，强制责任制度已经用于分摊它们所涉及的数据产生成本，例如，美国《联邦杀虫剂、杀菌剂和灭鼠剂法案》（Federal Insecticide，Fungicide and Rodenticide Act，FIFRA）规定了某些数据15年的期限，从数据提交之日起算，在此期间，其他申请人可以引用该数据，前提是他们向原始申请人支付"足够报酬"（根据FIFRA提交的某些类型原研数据也可以有资格获得10年的试验数据独占期，从批准之日起算；只要该期限对提交的数据同样适用，就不能引用此数据）。❷ 欧洲自由贸易联盟在21世纪00年代中期达成的许多自由贸易协定中，明确允许各签署方提供保护药品试验数据的强制责任制度来替代试验数据独占权，但是尚不清楚这些协定的任何一方是否实际施行了这样的制度。❸ 价格分摊体制无疑有许多复杂的细节需要处理，但现有的典型强制责任模式提供了一种典范。亚伦·费尔梅斯（Aaron Fellmeth）和拉兹万·丁卡（Razvan Dinca）都针对这种模式中的成本计算提出了建议，但较为复杂。❹

斯皮纳·阿里还建议将征税作为分摊临床试验成本的一种可能的替代方法。❺ 根据原研公司产生相关数据的花费，在固定时期内按比例对仿制药品征收附加税，这将提高仿制药品的价格，从而使原研公司可以在此期间赚取溢价。❻ 这种方法与强制责任制度的区别在于，税收收入将由政府而不是原研公司收取，因此这种税收收入可能会用来进一步资助或补贴另外的临床研究。❼

这类非垄断方法将防止对所授予的垄断权造成无谓损失（即资源未得到有效分配时给社会带来的累积损失），但是应该指出的是，补贴、征税和课

---

❶ 例如，参见赖希曼（2009）；丁卡（Dinca）（2005）；桑胡安（Sanjuan）等（2006）；费尔梅斯（Fellmeth）（2004）。

❷ 美国，7 USC § 136a。

❸ 欧洲自由贸易联盟－黎巴嫩自由贸易协定（2004年），附件V第4条；欧洲自由贸易联盟－突尼斯自由贸易协定（2004年），附件V第4条；欧洲自由贸易联盟－韩国自由贸易协定（2005年），附件XⅢ第3条。

❹ 费尔梅斯（2004），第448页；丁卡（2005），第520页。

❺ 斯皮纳·阿里（2018），第228页。

❻ 斯皮纳·阿里（2018），第228页。

❼ 斯皮纳·阿里（2018），第229页。

税在一定程度上也会引起无谓损失。❶ 这些体制还会避免上面讨论的许多问题，例如造成重复试验、刺激药物上市推迟、破坏强制许可以及阻止数据披露。这些体制也可能符合 TRIPS 协定第 39.3 条，如第 4.4.3 节所述。

2.7 试验数据独占权对药品获取的影响

试验数据独占权的影响尚不确定。与许多知识产权制度一样，试验数据独占权的益处从未得到确凿的证明。但是，已开展的许多研究都旨在评估试验数据独占权在某些情况下的一些影响。

2007 年，乐施会就试验数据独占权在约旦的影响开展了一项研究。❷ 约旦在加入 WTO 并结束了促成《美国 – 约旦自由贸易协定》的谈判后，于 2001 年对新化学实体实行了为期五年的试验数据独占权。❸ 乐施会的这项研究发现，在研究期间没有面临仿制药品竞争的 108 种药品中，只有 5 种受到专利权保护；此外，对没有获得相关专利权的 103 种药品的分析发现，至少有 79% 的药品由于试验数据独占权而没有面临竞争。❹ 对当地行业和政府的采访显示，大多数跨国公司尚未在约旦提交专利申请，之所以出现这种情况，有两个原因：第一，约旦不是《专利合作条约》（PCT）的成员，这意味着许多药品由于申请日期的原因而没有资格在约旦获得专利权保护；第二，制药公司对试验数据独占权所提供的 5 年有效市场垄断感到满意。该研究确实指出，各公司在临近研究期结束时开始申请专利，这意味着专利权保护可能会在未来产生更大的影响。❺

乐施会的这项研究还发现，2001—2006 年，约旦的药品价格上涨了 20%，❻ 而约旦的新产品上市量仍只是美国的一小部分（对多家研究型制药公司完整产品组合的分析结果表明，82 种产品中只有 33 种在约旦市场注册）。❼ 此外，寻求与约旦公司合作合成或制备药品的制药公司，似乎没有直

---

❶ 斯皮纳·阿里（2018），第 229 页，
❷ 马尔帕尼（Malpani）（2009）。
❸ 《美国 –约旦自由贸易协定》（2000 年），第 4 条；马尔帕尼（2009），第 207 页。
❹ 马尔帕尼（2009），第 209 页。
❺ 马尔帕尼（2009），第 8 页。（注：原文疑似有误，原文为"Ibid 8."）
❻ 马尔帕尼（2009），第 206 页。
❼ 马尔帕尼（2009），第 215 页。

接在外国进行任何重大投资。❶ 约旦以外的地区似乎也是如此；帕尔梅多在 2013 年对 45 个国家的制药行业的分析显示，制药行业的投资与一个国家是否通过试验数据独占权保护条款没有关系。❷

瑞安·阿博特（Ryan Abbott）等在 2012 年开展的一项研究也探讨了试验数据独占权在约旦的影响。❸ 该研究发现，实施试验数据独占权导致 2004 年额外支出了 1800 万美元，此估值高于乐施会报告的估值，乐施会的报告估计 2002—2006 年的支出为 630 万～2204 万美元。❹ 总体而言，阿博特的研究得出的结论是，在约旦现有的任何形式的知识产权中，试验数据独占权对药品价格的影响最大；❺ 但该研究也指出，这至少部分源于约旦专利对药品价格的影响有限（这本身是因为约旦不是 PCT 签署国，2001 年之后申请的专利可能要在 1999—2004 年研究期之后才开始对约旦市场产生重要的影响）。❻

2009 年，谢弗（Shaffer）和布伦纳（Brenner）对美国、几个中美洲国家和多米尼加共和国之间的中美洲自由贸易协定（CAFTA‑DR）生效后，试验数据独占权在危地马拉的影响进行了研究。他们发现，在美国开放仿制药品竞争后，受试验数据独占权保护的几种药品仍将在危地马拉得到保护，不受到仿制药竞争，但是，他们没有详细说明独占权将于多久后在危地马拉终止。❼ 谢弗和布伦纳还评论说，受试验数据独占权保护的所有药品价格均高于同一治疗类别中未受保护的药品价格。❽

2011 年，LAC‑全球药品获取联盟、米森·萨鲁德（Misión Salud）和 IFARMA 开展的一项研究，评估了 10 年期限的试验数据独占权保护在哥伦比亚的影响。该研究发现，2001—2011 年在哥伦比亚注册的 122 种新化学实体中，全部都请求数据独占权保护，只有 4.1% 未获得保护；所有案例中，请求试验数据独占权保护的产品均属于外国公司。❾ 相竞争的仿制药品注册日期平均在数据独占权期满后 11.5 个月，这表明试验数据独占权在很多情况下

---

❶ 马尔帕尼（2009），第 207 页。
❷ 帕尔梅多（2012）。
❸ 阿博特等（2012）。
❹ 阿博特等（2012），第 81 页。
❺ 阿博特等（2012），第 82 页。
❻ 阿博特等（2012），第 82 页。
❼ 谢弗和布伦纳（2009），第 958 页。
❽ 谢弗和布伦纳（2009），第 962 页。
❾ 科尔特斯·甘巴（Cortés Gamba）等（2012），第 33–36 页。

推迟了仿制药进入市场。❶ 该研究还发现，新化学实体更有可能在阿根廷或委内瑞拉这些缺乏试验数据独占权规则的司法管辖区注册之后，再在哥伦比亚注册。❷ 该研究还得出结论，试验数据独占权在 10 年期间内让哥伦比亚人额外花费了 4.12 亿美元。❸

这些研究表明，在发展中国家实施试验数据独占权会减少药品获取机会。这本身并不能证明此类知识产权最终是不利的，试验数据独占权可能带来的益处会大于这些损失，如研究型行业的研发增加。然而，仍然缺乏明确的证据来证明这些益处，而似乎有明确的证据表明试验数据独占权至少会带来一些损失。

2.8 结 论

如本章讨论所示，药品试验数据保护是一个备受争议的领域。提交给监管机构的试验数据作为新药品批准过程的一部分，其产生成本无疑很高，但是，关于期望如何保护这些数据以及期望保护到多大程度这些重要问题，仍未得到解答。试验数据独占权的益处仍不清楚，而批评家则指出了对这种知识产权潜在负面影响的广泛担忧，包括造成对人类受试者进行重复实验、破坏专利制度内各种保障措施的风险以及药品价格上涨。重要的是，试验数据独占权的影响可能在不同的司法管辖区存在显著差异。

参考文献

Abbasi K（2014）The missing data that cost ＄20 bn. BMJ 348：g2695

Abbott FM（2004）The Doha Declaration on the TRIPS Agreement and Public Health and the contradictory trend in bilateral and regional free trade agreements. Quaker United Nations Office（QUNO），Occasional Paper 14

Abbott RB，Bader R，Bajjali L，ElSamen TA，Obeidat T，Sboul H，Shwayat M，Alabbadi I（2012）The price of medicines in Jordan：the cost of trade – based intellectual property. J Generic Med 9（2）：75 – 85

Akerlof GA（1970）The market for "Lemons"：quality uncertainty and the market mechanism.

---

❶ 科尔特斯・甘巴等（2012），第39页。
❷ 科尔特斯・甘巴等（2012），第42页。
❸ 科尔特斯・甘巴等（2012），第9页。

Q J Econ 84 （3）：488 – 500

Attaran A （2004） How do patents and economic policies affect access to essential medicines in developing countries? Health Aff 23 （3）：155 – 166

Avorn J （2015） The ＄2. 6 billion pill—methodologic and policy considerations. N Engl J Med 372 （20）：1877 – 1879

Baker D （2008） The benefits and savings from publicly funded clinical trials of prescription drugs. Int J Health Serv 38 （4）：731 – 750

Beall RF, Hwang TJ, Kesselheim AS （2019） Pre – market development times for biologic versus small – molecule drugs. Nat Biotechnol 37 （7）：708 – 711

Bošnjak S （2001） The declaration of Helsinki：the cornerstone of research ethics. Arch Oncol 9 （3）：179 – 184

Bouchard RA, Cahoy D, Domeij B, Dutfield G （2011） Structure – function analysis of global pharmaceutical linkage regulations. Minnesota J Law Sci Technol 12：391

Braithwaite J, Drahos P （2000） Global business regulation. Cambridge University Press, Cambridge

Chandler DC （2020） Uh – oh we are in trouble！Compulsory licences v data exclusivity in the EU：one more challenge to overcome in the race to find a COVID – 19 vaccine? Eur Intellect Prop Rev 42 （9）：539 – 547

Correa C （2002） Protection of data submitted for the registration of pharmaceuticals：implementing the standards of the TRIPS agreement. South Centre, Geneva

Correa C （2014） The use of compulsory licensing in Latin America. In：Hilty R, Liu KC （eds） Compulsory licensing. Springer, Berlin, pp 43 – 60

Cortés Gamba ME, Francisco FR, Mayra Damaris VS （2012） Impacto de 10 años de protección de datos en medicamentos en Colombia. IFARMA

DiMasi JA, Hansen RW, Grabowski H （2003） The price of innovation：new estimates of drug development costs. J Health Econ 22 （2）：151 – 185

DiMasi JA, Grabowski HG, Hansen RW （2016） Innovation in the pharmaceutical industry：new estimates of R&D costs. J Health Econ 47：20 – 33

Dinca R （2005） The Bermuda triangle of pharmaceutical law：is data protection a lost ship? J World Intellect Prop 8：517

Drahos P （2008） "Trust me"：patent offices in developing countries. Am J Law Med 34 （2 – 3）：151 – 174

Dumit J （2012） Drugs for life：how pharmaceutical companies define our health. Duke University Press, Durham

Dutfield G （2008） Delivering drugs to the poor：will the TRIPS amendment help? Am J Law Med 34：107 – 124

Dutfield G (2009) Intellectual property rights and the life science industries: past, present and future. World Scientific, Singapore

Eisenberg RS (2006) The role of the FDA in innovation policy. Mich Telecommun Technol Law Rev 13: 345

Engelberg AB, Kesselheim AS, Avorn J (2009) Balancing innovation, access, and profits— market exclusivity for biologics. N Engl J Med 361 (20): 1917 – 1919

European Commission (2006) Letter from the European Commission to Mr. Greg Perry, EGA – European Generic Medicines Association on the subject of Tamiflu application and data exclusivity in an emergency compulsory license situation

European Generic Medicines Association (2000) EGA Position Paper: Data Exclusivity: A major obstacle to innovation and competition in the EU pharmaceutical sector

European Medicines Agency (2014) Guideline on similar biological medicinal products

Federal Trade Commission (2009) Emerging health care issues: follow – on biologic drug competition

Fellmeth AX (2004) Secrecy, monopoly, and access to pharmaceuticals in international trade law: protection of marketing approval data under the TRIPs agreement. Harv Int Law J 45: 443

Friedman LM, Furberg CD, DeMets DL (2010) Fundamentals of clinical trials. Springer, New York

Gervais D (2019) The patent option. North Carolina J Law Technol 20: 357

Ghinea N, Lipworth W, Kerridge I (2016) Propaganda or the cost of innovation? Challenging the high price of new drugs. BMJ 352: i1284

Goldberg PK (2010) Intellectual property rights protection in developing countries: the case of pharmaceuticals. J Eur Econ Assoc 8 (2 – 3): 326 – 353

Grabowski H (2002) Patents and new product development in the pharmaceutical and biotechnology industries. In: Duca JV, Yücel KM (eds) Science and cents: exploring the economics of biotechnology. Federal Reserve Bank of Dallas, Dallas, pp 87 – 104

Grabowski H (2008) Follow – on biologics: data exclusivity and the balance between innovation and competition. Nat Rev Drug Discov 7 (6): 479 – 488

Grabowski H, Vernon JM (2000) Effective patent life in pharmaceuticals. Int J Technol Manag 19 (1 – 2): 98 – 120

Grabowski H, Long G, Mortimer R (2011) Data exclusivity for biologics. Nat Rev Drug Discov 10 (1): 15

Hay M, Thomas DW, Craighead JL, Economides C, Rosenthal J (2014) Clinical development success rates for investigational drugs. Nat Biotechnol 32 (1): 40 – 51

Health Canada (2016) Guidance document: information and submission requirements for biosimilar biologic drugs

Heled Y (2015) Regulatory competitive shelters. Ohio State Law J 76: 299

Hemphill CS, Sampat BN (2012) Evergreening, patent challenges, and effective market life in pharmaceuticals. J Health Econ 31 (2): 327 – 339

IFPMA (2000) Encouragement of new clinical drug development: the role of data exclusivity

IFPMA (2011) Encouraging Development of New Medicines

Jefferson T, Jones M, Doshi P, Del Mar C (2009) Neuraminidase inhibitors for preventing and treating influenza in healthy adults: systematic review and meta – analysis. BMJ 339: b5106

Jefferson T, Jones M, Doshi P, Spencer EA, Onakpoya I, Henegah C (2014) Oseltamivir for influenza in adults and children: systematic review of clinical study reports and summary of regulatory comments. BMJ 348

Junod V (2004) Drug marketing exclusivity under United States and European Union law. Food Drug Law J 59 (4): 479 – 518

Katz A (2007) Pharmaceutical lemons: innovation and regulation in the drug industry. Mich Telecommun Technol Law Rev 14: 1

Krishnan A, Mody R, Malhotra H (2015) Global regulatory landscape of biosimilars: emerging and established market perspectives. Biosimilars 5: 19 – 32

Landes WM, Posner RA (2009) The economic structure of intellectual property law. Harvard University Press, Cambridge

Lokuge B, Drahos P, Neville W (2006) Pandemics, antiviral stockpiles and biosecurity in Australia: what about the generic option? Med J Aust 184 (1): 16 – 20

Macdonald JC, Hartman H, Jacobs IA (2015) Regulatory considerations in oncologic biosimilar drug development. MAbs 7 (4): 653 – 661

Malpani R (2009) All costs, no benefits: how the US – Jordan free trade agreement affects access to medicines. J Gen Med 6 (3): 206 – 217

Matthews D (2017) Exclusivity for biologics. In: Matthews D, Zech H (eds) Research handbook on intellectual property and the life sciences. Edward Elgar Publishing, Cheltenham, pp 104 – 121

Mody R, Varshney B, Patankar D (2010) Understanding variations in biosimilars: correlation with risk and regulatory implications. Int J Risk Safety Med 22 (1): 27 – 40

Owoeye OA (2014) Data exclusivity and public health under the TRIPS agreement. J Law Inf Sci 23 (2): 106 – 133

Palmedo M (2012) Do pharmaceutical firms invest more heavily in countries with data exclusivity? Curr Int Trade Law J 21: 38

Perehudoff K, 't Hoen E, Boulet P (2021) Overriding drug and medical technology patents for pandemic recovery: a legitimate move for high – income countries, too. BMJ Glob Health 6 (4): e005518

Prasad V, Mailankody S (2017) Research and development spending to bring a single cancer drug to market and revenues after approval. JAMA Intern Med 177: 1569 – 1575

Pugatch M (2006) Intellectual property, data exclusivity, innovation and market access. In: Roffe P, Tansey G, Vivas – Eugui D (eds) Negotiating health: intellectual property and access to medicine. Earthscan, London, pp 97 – 132

Reichman JH (2009) Rethinking the role of clinical trial data in international intellectual property law: the case for a public goods approach. Marq Intellect Prop Law Rev 13 (1): 1

Roin BN (2008) Unpatentable drugs and the standards of patentability. Texas Law Rev 87: 503

Sanjuan JR, Love J, Weissman R (2006) Protection of pharmaceutical test data: a policy proposal. KEI Research Paper: 1

Shaffer ER, Brenner FE (2009) A trade agreement's impact on access to generic drugs. Health Aff 28: 957 – 968

Shaikh OH (2016) Access to medicine versus test data exclusivity: safeguarding flexibilities under international law. Springer, Berlin

Spina Ali G (2017) Article 39 (3) TRIPS: understanding the obligations, exploiting the flexibilities. The University of Hong Kong

Spina Alì G (2018) The 13th round: Article 39 (3) TRIPS and the struggle over "Unfair Commercial Use." . J World Intellect Prop 21 (3 – 4): 201 – 242

' t Hoen E (2016) Private patents and public health: changing intellectual property rules for access to medicines. Health Action International, Amsterdam

' t Hoen E (2022) Protection of clinical test data and public health: a proposal to end the stronghold of data exclusivity. In: Correa C, Hilty RM (eds) Access to medicines and vaccines. Springer, Cham, pp 183 – 200

Thomas JR (2014) Toward a theory of regulatory exclusivities. In: Okediji RL, Bagley MA (eds) Patent law in global perspective. Oxford University Press, Oxford, pp 345 – 376

Tzeng L (2010) Follow – on biologics, data exclusivity, and the FDA. Berkeley Technol Law J 25: 135

Wileman H, Mishra A (2010) Drug lag and key regulatory barriers in the emerging markets. Perspect Clin Res 1 (2): 51

Wong CH, Siah KW, Lo AW (2019) Estimation of clinical trial success rates and related parameters. Biostatistics 20 (2): 273 – 286

World Health Organization (2009) Expert committee on biological standardization: guidelines on evaluation of similar biotherapeutic products (SBPs)

World Health Organization (2017) Report on the expert consultation on improving access to and use of similar biotherapeutic products

World Medical Association (2013) World medical association declaration of Helsinki: ethical principles for medical research involving human subjects. JAMA 310 (20)：2191 – 2195

译者注

［1］原文疑似有误，原文为"…text data exclusivity laws…"，疑似为"…test data exclusivity laws…"。译者按后者翻译。

［2］原文疑似有误，原文为"the first new drug approvals for biologics in the US were made only in the early 1980s"与本节接下来的两段内容相矛盾。译者按原文翻译。

3 试验数据独占权的起源

摘　要　本章将阐述药品试验数据知识产权如何在 20 世纪 80 年代首次出现的历史。对试验数据独占权起源的分析表明，这些知识产权在美国出现是出于政治权宜之计，而非出于针对公共利益的合理论证或其他根据。这种方法很快就被欧洲共同体采纳，但几乎没有考虑其可能产生的影响，加之类似制度在日本的并行发展，导致几乎所有的研究型制药行业中心都加入了谈判，最终建立了世界贸易组织，从而达成了对药品试验数据保护持有类似观点的 TRIPS 协定。

3.1　引　言

与 20 世纪药品监管的其他重大改革一样，试验数据独占权起源于美国政府对其感知到的危机做出的应对以及随后这种应对方法的全球化。如下所述，现在所谓的药品"数据独占权"或"试验数据独占权"最初之所以会出现，是因为针对这种特定危机的特殊性，在政治上采取了一项权宜解决方案，而不是因为有任何证据表明它是一项有利于公共利益的合理政策。此外，首次将试验数据独占权传输到新的司法管辖区（欧洲共同体于 1986 年采纳试验数据独占权），并不是立法者仔细考虑的结果，也不是因为有新证据表明这种政策有好处，而是欧洲共同体效仿美国的简略审批途径制度的结果，但几乎没有考虑欧洲环境或根据欧洲环境做出调整。这两个事实都让人对试验数据独占权的益处，以及试验数据独占权在全世界适用的说法产生了怀疑。

巧合的是，日本于同一时期制定了一项制度，即在应对沙利度胺（thalidomide）灾难的原研药获得批准后数年内，禁止其他申请人进入市场。虽然日本的该项制度是出于公共安全考虑，而不是期望保护提交的试验数据，但是它产生的效果类似于试验数据独占权。结果是，大多数主要研究型制药工业中心在 1986 年加入 GATT 乌拉圭回合谈判时，都设立了限制仿制药进入市场的国内非专利权独占期，但瑞士是个明显的例外。❶ 如下一章所述，事实证明，这些情况对最终达成 TRIPS 协定的谈判产生了重要的影响。

3.2 美国药品监管历史与试验数据独占权起源

在对导致美国建立药品试验数据独占权的具体情况进行探讨之前，本节将先总结现代药品监管制度的总体发展。从本质上讲，这种发展与试验数据独占权的起源密切相关，原因有两点：第一，试验数据独占权的运行是药品监管制度的一部分；第二，药品监管历史有助于解释试验数据独占权本身是如何产生的。

现代药品监管制度是 20 世纪在美国发展起来的，随后几乎所有其他司法管辖区都或多或少地效仿了这种制度。❷ 这种发展及其随后的全球化受到三大危机的严重影响。第一个危机是 20 世纪 30 年代美国发生的大规模中毒事件，此次事件导致美国颁布了第一个上市前安全审查要求的法规。第二个危机是 20 世纪 50 年代末和 20 世纪 60 年代初发生的沙利度胺悲剧，此次悲剧导致其他大多数国家采用了美国式上市前审批法规，并促使美国管理机构提高了上市审批标准。第三个危机是 20 世纪 70 年代和 20 世纪 80 年代初爆发在美国研究型制药行业和仿制药行业的一场危机，这场危机引发了一场改革，既扩展了仿制药的简略审批途径，又为原研药构建了试验数据独占权。危机在促使监管行动方面的作用已有完备记载，例如，布雷思韦特和德拉霍斯评论说，危机"引起媒体狂热，导致大众要求做出响应"，从而创造了行为体可以提供监管解决方案的机会。❸ 当然，这并非一定不可取，因为许多危机都有必须要解决的系统性原因，但遗憾的是，往往需要一场悲剧才能将政治精英的注意力集中到这些问题上。然而，按照定义，危机是社会正常运行条

---

❶ 事实上，瑞士直到 2002 年才在联邦层面采纳试验数据独占权。在此之前，瑞士各州于 1998 年签订了《州际治疗产品管制协议》（Intercantonal Convention on the Control of Therapeutic Products），以实施 TRIPS 协定第 39.3 条。进一步参见霍尔泽（Holzer）（2012）。

❷ 这可能是在整个 20 世纪，特别是第二次世界大战后，美国主导制药行业的结果。特别是在下述沙利度胺悲剧之后，美国凭借这种工业能力带来了世界领先的监管专业知识；一位 FDA 官员在 20 世纪 90 年代接受布雷思韦特和德拉霍斯的采访时评论道，直到最近，FDA 才停止"他们制定法规，世界其他国家效仿"这种期望；布雷思韦特和德拉霍斯（2000），第 72 页。

❸ 布雷思韦特和德拉霍斯（2000），第 257 页。

件的例外。监管细节可能会过多地受到一些因素的影响，而这些因素无法类推到监管所应对的危机之外；危机会迫使国家迅速采取行动，从而导致仓促立法，而没有充分考虑潜在的后果。一些国家仓促效仿监管模式，而未在本土做出充分的调整，因而可能会面临引入不适合其国情的监管模式的风险。❶就试验数据独占权的起源而言，这两种倾向至少在某种程度上都很明显。

3.2.1 磺胺酏剂（Elixir Sulfanilamide）、沙利度胺及上市前审批

现代药品监管制度始于 1937 年。那一年，美国各地有 100 多人在服用一种名为磺胺酏剂的有毒"药品"后死亡。❷这场危机促使 1938 年《食品、药品和化妆品法案》（Food，Drug and Cosmetic Act，FDCA）获得通过，这是美国第一部要求基于科学证据进行上市前监管审查，以确定药品安全性的立法。❸虽然美国拥有较旧的药品监管法律，如 1906 年通过的《纯净食品和药品法案》，但这些法律都侧重于虚假广告或生产过程中的卫生标准。该项新制度要求新药制造商向美国食品药品监督管理局（Food and Drug Administration，FDA）提交新药申请（New Drug Application，NDA），其中包含他们将新药推向市场之前"为证明该药品是否可以安全使用而开展的科学研究的完整报告"，换句话说，要求他们提交试验数据。❹为了证明药品安全性而需要开展"科学研究"，这显然给制造商带来了成本，但这些成本不算高。公司可以通过商业秘密和合同法保护这些数据，这种做法是通过 FDA 的一项政策——将 NDA 中提交的所有未披露数据视为机密得以实现的。❺

FDCA 的实施标志着现代药品监管制度的开始，该制度要求上市前授权才能销售药品。然而，此阶段该制度仅要求安全性证据，而非安全性和有效性证据，并且主要仅限于美国。推动美国上市前安全审查制度大规模全球化的是，发生在 20 世纪 50 年代末和 20 世纪 60 年代初的沙利度胺灾难，一种未经试验的所谓"特效药"——沙利度胺导致数千名儿童（其中大多数在欧

---

❶ 布雷思韦特和德拉霍斯（2000），第 591 页。

❷ 巴伦坦（Ballentine）（1981），第 15 页。

❸ 卡彭特（Carpenter）和辛（Sin）（2007）；卡弗斯（Cavers）（1939），第 22 页。

❹ 美国，21 USC § 355（b）（1）。

❺ 弗兰纳里（Flannery）和赫特（Hutt）（1985），第 275 页。

洲）出现出生缺陷，因为这些儿童的母亲在怀孕期间服用该药来缓解孕吐。❶
这一事件促使美国药品监管制度开始大规模全球化。灾难发生时，除美国外，
很少有国家拥有严格的上市前安全审查制度，而美国基本上没有受到此危机
的影响，从而有助于推动美国的该项制度被广泛效仿。如今，几乎所有国家
都拥有药品上市前授权制度，几乎所有这类制度都是在沙利度胺事件之后被
采纳的。❷

在美国国内，沙利度胺悲剧促使人们呼吁提高上市批准的证据标准。尽
管这场灾难主要发生在欧洲，并且是安全性问题而非有效性问题，但参议员
埃斯蒂斯·科沃夫（Estes Kefauver）和众议员奥伦·哈里斯（Oren Harris）
提议对 FDCA 进行改革，要求制药商证实新药具有其所声明用途的功效。❸
自 1959 年以来，科沃夫一直试图改革美国药品监管制度，但遭到国会强烈反
对，❹ 然而，沙利度胺悲剧引发了媒体炒作，也使公众要求在监管方面做出
响应，从而导致国会的反对以失败告终，1962 年《Kefauver - Harris 法案》
在国会顺利通过，尽管人们担心该法案会对制药行业产生影响。❺

上市前要求提供药品的有效性证据，是保护公众免受庸医和江湖骗子侵
害的重要措施，应该承认，1962 年的修正案是第一部将此类要求写入法律的
立法。然而，该修正案的条款却无意中存在缺陷。虽然证明药品安全性可以
相对快速且廉价地完成，但证明有效性需要进行多年试验。试验成本使原研
者的利润降低，完成临床试验所花费的时间也损耗了专利期限，而在专利期
限内，原研者是最有可能收回药物开发成本的。❻ 这也给美国年轻的仿制药
行业带来了不利后果：在这种新制度下，即使仿制药公司的药品与市场上现
有的药品在化学上相同，它们也必须提交与新化学实体相同水平的安全性和
有效性证据。即使可以收回药物开发成本的专利期限被损耗，大多数仿制药
公司也无力开展大量试验来产生自己的数据；而 FDA "将未发表的研究视为
不可披露的商业秘密"这一政策，也意味着仿制药公司不能依赖原研数据。

虽然《Kefauver - Harris 修正案》没有包含针对仿制药产品的具体途径，
但有两项条款有利于仿制药在某些情况下进入市场。仿制药制造商可以利用

所谓的"文献新药申请（paper NDAs）"，即申请人依靠已发表的科学数据来证明其药品的安全性和有效性，但是对于大多数产品而言，此类数据是无法获得的。❶ 此外，1962 年之前批准的药品受益于"祖父条款"，因而不必证明安全性和有效性；这些药品的仿制药不具备"新药"的资格，因此也不需要提交完整的 NDA。❷ 此外，无论参比产品是在 1962 年之前还是之后提交的，抗生素仿制药也都不需要提交 NDA。❸

3.2.2　20 世纪 70 年代末的危机与《药品价格竞争和专利期限恢复法案》

1962 年修正案的全面影响并没有立即显现。然而，到 20 世纪 70 年代末，毋庸置疑的是，《Kefauver - Harris 修正案》使美国研究型制药行业和仿制药行业出现了严重问题。FDA 审查过程造成的延迟越来越长。尽管美国研究型公司在全球占据着主导地位（这一时期推出的所有主要新药物中，约有一半是在美国开发的），❹ 但 1977 年的一项研究发现，2/3 的美国原产药品先在英国上市，然后在美国本土上市。❺ 除此之外，将新药推向市场的成本（包括临床试验成本）急剧增加。到 1973 年，开发一种新药的成本比 1962 年的成本增加了 12 倍。❻ 一些人指出，20 世纪 50 年代初至 70 年代末批准的新化学实体数量减少了 81%，这表明《Kefauver - Harris 修正案》造成了"创新危机"；但其他人反驳说，这主要是由于要排除几乎没有治疗价值的药物以及剔除药物发现中"唾手可得的果实"。❼ 仿制药行业也遭受重创。《Kefauver - Harris 修正案》对仿制药制造商的影响有所延迟，其原因是，在该修正案生效后许多年，专利权到期的药品几乎都是在 1962 年之前获得批准的，这意味着这些药品的仿制药无须提交完整的新药申请即可获得批准。但是，到 20 世纪 70 年代末，大多数专利权到期的药品是在 1962 年之后获得批准的，这意味着相互竞争的潜在仿制药将需要提交完整的新药申请。因此，

---

❶ 恩格伯格（1999）［n 12］，第 396 页。（注：原文疑似有误，原文为"Engelberg（1999）［n 12］396."）

❷ 莱文（Levine）（1973），第 770 页。

❸ 桑胡安（Sanjuan）等（2006），第 3 页。

❹ 达特菲尔德（2009），第 153 页。

❺ 格拉博夫斯基和弗农（1977），第 359 页。

❻ 惠顿（Wheaton）（1985），第 450 页。

❼ 惠顿（1985），第 450 页。

尽管许多重要药品的相关专利权已到期，但基本上没有面临任何仿制药竞争，这对它们的价格产生了明显的影响。❶

相较于磺胺酏剂事件和沙利度胺事件引发的危机，解决这场危机所花费的时间要长得多。造成这种情况的原因之一是，这场危机与之前发生的两场危机有所不同。FDCA 和《Kefauver – Harris 修正案》都是由广为人知、令人震惊的悲剧促成的，都很快就获得通过，并且促成这两个法案的灾难仍然占据着新闻头条，这是一种经典的监管"响应次序"，即灾难引起媒体炒作并使大众要求在监管方面做出响应，于是，监管创新者们就"从办公桌上"抽出现有的监管创新（如 FDCA 和《Kefauver – Harris 修正案》），从而满足公众需求。❷ 20 世纪 70 年代末制药行业面临的危机虽然并不那么引人注目，但是，由于缺乏药物创新和没有负担得起的药品而造成的潜在死亡和痛苦，远远超过磺胺酏剂或沙利度胺造成的悲剧，这样就需要采取积极、主动的监管方法，未来监管者需要力图让组织力量加入。❸ 对此不利的是，美国立法程序在本质上难以控制，并且制药行业内部的研究型分支和仿制药分支之间存在分歧。解决这场危机意味着要调和两个看似矛盾的目标：提高研究型制药行业的利润率，以及让仿制药更容易进入市场。

从 20 世纪 70 年代中期起，美国为了解决这场危机提出了多项法案，但均未成功。看来这个时期就是，首次提议采用我们现在所公认的试验数据独占权之时。美国于 1975 年提出的一项法案本来是要改革上市审批流程，允许仿制药在一段时间的数据独占期后采用简略审批流程，但众议院未通过该法案。1978 年，美国提出了另外两项包含试验数据独占权条款的法案，其中一项法案提议采用简略审批流程换取药品试验数据独占期，另一项法案是《联邦杀虫剂、杀菌剂和灭鼠剂法案》（FIFRA）修正案。FIFRA 修正案授权美国国家环境保护局（Environmental Protection Agency，EPA）使用申请人为注册杀虫剂而提交的数据，来评估 10 年独占期和/或 15 年强制责任期后的仿制产品申请。药品法案再次未能在众议院获得通过，但 FIFRA 修正案成了法律。❹ 如第 5 章所述，对为获得批准而提交的农业化学产品数据和药品数据提供的保护之间的这种联系，一直存续于接下来几十年的贸易协定中。

由于在 20 世纪 70 年代折中法案未获得通过，于是研究型制药行业和仿

---

❶ 恩格伯格（1999），第 397 页。

❷ 布雷思韦特和德拉霍斯（2000），第 33 页。

❸ 布雷思韦特和德拉霍斯（2000），第 33 页。

❹ 甘农（Gannon）（1979），第 599 页。

制药行业都单方面努力解决 1962[1]年修正案给各自行业带来的问题，但均未成功。1982 年，美国提出了一项法案，允许将专利权期限最多延长 7 年，以补偿审批过程中据称损耗的时间，但该项法案仅以 5 票之差在众议院未获得通过。❶ 1983 年，美国尝试在新一届国会重新提出专利权期限延长提案，但是，国会的态度发生改变，开始支持确保获取负担得起的药品，因此，专利权期限延长提案遭到强烈反对。❷ 即便如此，僵持局面仍在继续；1983 年，众议员亨利·韦克斯曼（Henry Waxman）提出了第三项法案，拟议提供药品简略申请程序，但未获得所需的支持，众议院没有通过该法案。❸

当时，美国国会中支持药物研究的议员和支持药物仿制的议员之间，很明显必须达成某种妥协。韦克斯曼于 1983 年开始在药品制造商协会（Pharmaceutical Manufacturers' Association，PMA，现称为 PhRMA，是研究型制药行业的主要贸易团体）和仿制药行业协会（Generic Pharmaceutical Industry Association，GPIA）之间进行谈判，试图达成这种妥协。到 1984 年 1 月，两个团体之间原则上达成了协议：就研究型制药行业而言，可以延长专利权期限；就仿制药行业而言，在满足一定条件的情况下，可以让更多类别的药品通过简略审批途径寻求批准。❹

起初的计划是，类似于 1975 年和 1978 年提出的法案，这项折中法案以试验数据独占权条款为主。众议院草案最初包含的条款规定，如果药品是新化学实体并且未获得专利权，那么，在提交原研数据后 4 年内，FDA 不得根据原研数据批准简略申请。但是，该条款被众议院司法委员会的专利小组委员会从该法案中删除，理由是"第二类专利权"并非必需，那么就没有必要创造它。❺ 委员会还指出，实际授予独占权的权力应保留在美国专利商标局（United States Patent and Trademark Office，USPTO）内部，而不是委托给FDA。相对而言，这似乎无可争议，谈判继续围绕更紧迫的问题进行，例如，针对专利权尚未到期的药品提交的简略申请。❻

若不是联邦巡回上诉法院意外做出了一项判决，试验数据独占权可能仍

---

❶ 恩格伯格（1999），第 398 页。
❷ 恩格伯格（1999），第 398 页。
❸ 惠顿（1985），第 457 页。
❹ 恩格伯格（1999），第 400 页。
❺ 卡斯坦迈尔（Kastenmeier）（1984），第 7 页。
❻ 卡斯坦迈尔（1984），第 7 页。

会从该法案中被删除。1983 年，地区法院在 *Roche v Bolar* 案中做出判决，为获得提交给 FDA 的科学证据，对受专利权保护的药品的"提前实施行为"不构成专利侵权。❶ 当时，该案被上诉，但人们普遍认为会维持一审判决，因此，该法案草案中编入了 Bolar 例外。然而，1983 年 4 月 23 日，就在众议院司法委员会将试验数据独占权从该法案中删除几周后，出人意料的是，联邦巡回法院认为"提前实施行为"确实构成专利侵权，于是裁定撤销地区法院的判决，发回重审。❷ 联邦巡回法院撤销原判意味着，该法案草案中的提前实施例外现在是对仿制药行业做出的重大让步，不只是将现状编入法典。该项拟议的折中法案突然变得很不利于 PMA 及其成员。通过韦克斯曼达成的共识被打破，于是 PMA 内一批实力雄厚的制药公司［包括默克（Merck）、强生（Johnson & Johnson）和霍夫曼－拉罗氏等重量级制药公司］基本上都违背了协议。谈判再次陷入僵局。共和党参议员奥林·哈奇（Orin Hatch）是该法案的共同发起人，也是研究型制药行业的长期盟友，他在整个夏天采取了各种"胡萝卜加大棒"措施，但未能让他们赞同拟议的立法。情况恶化到这样的地步：到 1984 年 8 月，该项立法似乎不太可能在第 98 届国会结束之前获得通过。

正是在这一阶段，试验数据独占权重新进入谈判。1984 年 8 月 10 日，哈奇提出了新的折中法案，该项立法允许通过简略新药申请（ANDA）批准仿制药，前提是该仿制药能证明与先前批准的药品具有生物等效性，但此类申请在原研药获得批准后 5 年内不得提交（需要声明的是，如果申请人成功挑战参比产品的专利，参比产品的独占期将缩短至 4 年）。❸ 此外，该法案还将授予已获批药品的新临床研究（生物利用度研究除外）3 年独占权。最终各方达成妥协，《药品价格竞争和专利期限恢复法案》［通常称为《Hatch－Waxman 法案》（Hatch－Waxman Act，HWA）］于 1984 年 9 月 24 日获得总统签署。

与早期药品监管改革一样，HWA 的条款也受其所应对危机的具体情况影

---

❶ *Roche Products v Bolar Pharmaceutical* 案 572 F Supp 255（地区法院，1983 年）。

❷ *Roche Products v Bolar Pharmaceutical* 案 733 F2d 858（联邦巡回法院，1984 年）。

❸ 根据 HWA，仿制药申请人应当列举与所涉产品有关的专利，并应当就其药品不侵犯这些专利权的理由做出四段申明之一。第 I 段申明，声明未向 FDA 提交过此类专利；第 II 段申明，声明所列专利已到期；第 III 段申明，说明所列专利的到期日期，并声明仿制药产品在专利到期前不会上市；第 IV 段申明，声明所列专利无效，不能实施，或制造、使用或销售"提交的 ANDA 所涉及的药品"不会侵犯所列专利的权利。如果第 IV 段申明取得成功，则试验数据独占期将缩短至 4 年。21 USC § 314. 94（a）（12）（i）（A）（1）～（4）。

响。试验数据独占权并不是简略审批制度的重要延伸部分（事实上，它几乎根本就不是该制度的一部分），当然也不是因为有任何证据表明这种独占权会促进更高水平的创新。更确切地说，试验数据独占权是对研究型行业做出的让步，目的是让它们更容易接受一项会削弱其市场主导地位的改革。

3.3　试验数据独占权在欧洲和日本的起源

如果不是欧洲共同体迅速采用了将简略药品审批和原研产品试验数据独占权相结合的做法，就像美国药品监管制度的许多其他怪象一样，试验数据独占权可能仍然仅限于美国。加之日本建立的一项制度以类似于试验数据独占权的方式运行（但基于完全不同的理由），因而随着 GATT 乌拉圭回合谈判的开始，大多数主要研究型制药行业中心在此问题上有类似的国内政策，因此它们将更容易达成共识。

1984 年 9 月 25 日，即罗纳德·里根（Ronald Reagan）总统将 HWA 签署成为美国法律的第二天，欧盟委员会提出了一项提案，它最终成为第 87/21/EEC 号指令。❶ 这种效仿的速度表明，欧盟委员会对 HWA 在美国建立的制度并没有经过太多审慎的思考。欧盟委员会在该提案随附的解释备忘录中提出的理由只有一个段落，其简单指出，实施 10 年独占期可以在无法获得专利权等其他形式保护的情况下收回一部分研究投资，这似乎是"明智的"。❷ 序言（其在提案和最终指令中的内容相同）进一步指出，虽然"更准确地规定在药品审批过程中不必提供临床试验结果是明智的"，但还需要确保"创新型企业不会处于不利地位"。❸ 有人认为，纳入独占期的动机是希望在欧洲共同体成员国，如意大利、西班牙和葡萄牙实施某种新药品保护，因为这些成员国当时并没有为药品提供专利权保护。❹ 一位官员曾参与起草最终取代 87/21/EEC 的 2001 年指令，他随后表示，10 年期限并非基于任何数学公式，纯粹只是政治决定。❺

---

❶　欧盟委员会（1984）。

❷　欧盟委员会（1984）。

❸　理事会指令第 87/21/EEC 号，其修订了指令第 65/65/EEC 号关于法律、法规或行政行为所规定的有关专利药品的类似条款［1986］。

❹　朱诺德（Junod）（2004），第 502 页。

❺　阿达米尼（Adamini）等（2009），第 993 页。

欧盟委员会的提案不到两页，比 HWA 短得多，仅侧重于建立简略审批途径和试验数据独占权。除独占权本身的期限外，该提案所有实质性部分均与最终指令相同。❶ 该提案修改了欧洲共同体当时已有的药品审批制度，允许药品通过以下两种方式之一获得批准：（a）"详细引用已发表的科学文献"（该条款大致相当于 HWA 中的"文献新药申请"）；（b）申请人能证明相关药品与该申请在所涉国家的已授权产品"本质上相似"，前提是药品原研者已同意在申请审查过程中使用该数据或者该产品已在相关成员国上市超过 10年。这近似于美国 ANDA 流程和试验数据独占权。❷

该提案在接下来的两年内通过欧洲共同体的立法程序时，几乎没有受到进一步的审查。经济社会委员会仅提出建议，为了保障公共利益，应当缩短试验数据独占权的 10 年期限。❸ 欧洲议会确实表示，允许成员国用"强制许可制度"（大概是第 2.6 节所述的一种基于责任的成本分摊体制形式）取代试验数据独占权要求，但这似乎未被理会。❹ 该指令于 1986 年 12 月 22 日通过，成为法律，与最初的提案相比，唯一的变化是成员国可以选择 6 年或 10年的独占期，可以选择将试验数据独占期限定在与药品相关的专利权有效期内。❺

现在普遍认为，日本的政策是一种事实上的试验数据独占权形式，实际上它的发展与美国和欧洲制度完全不同，比 HWA 要早几年。日本的制度规定了药品再审查期，它本质上是上市后监督期。该制度自 1980 年 4 月起施行，目前再审查期为 4～10 年。❻ 在此期间，禁止该药品的其他形式（即仿制药）获批，因此，该制度在药品上市后为药品提供了一段时间的独占权，但其理由是保护公共健康，而不是因原研者产生数据所付出的努力而给予补偿。关于保护原研公司产生试验数据所付出的投资与上市后监督期之间的联系，在 20 世纪 80 年代中后期似乎并不明确，但在 TRIPS 协定中得到了充分的明确。现在普遍认为，日本的政策符合其在保护提交的试验数据方面做出的国际承诺。❼

---

❶ 最初的提案统一规定了 10 年独占期；最终指令允许成员国可以选择 10 年独占期限中的 6 年，再选择将数据独占权限定在专利期限有效期内。

❷ 理事会指令第 87/21/EEC 号。

❸ OJ No C160, 01/07/1985, 18。

❹ OJ No C36 17/02/1986, 156。

❺ 理事会指令第 87/21/EEC 号。

❻ 日本药品制造商协会（2019），第 131 页。

❼ 知识产权政策总部（2005），第 51 页。

有趣的是，这些政策现在被视为试验数据独占权，但当时似乎并未被广泛认为是知识产权。就日本而言，这一点尤为明显，日本对仿制药简略审批制度的使用加以限制，显然是出于公共安全考虑，而并非考虑提交试验数据的原研者的权利。在欧洲共同体，这一问题似乎也被视为监管问题，而不是知识产权问题；事实上，许多评论家认为，直至1991年软件指令颁布，欧洲共同体才在立法层面上涉足知识产权问题。❶ 在美国和欧洲共同体立法中，独占期意味着，简略审批途径只能在原研药获得批准一段时间后由仿制药使用，它并不是针对提交的试验数据本身所制定的一项明确的权利。在仿制药简略申请中参考先前提交的试验数据是知识产权问题，而不是一般性卫生政策问题，这一原则仍然没有得到充分的阐明，即使在那些大力倡导试验数据独占权的司法管辖区也是如此。

3.4 结 论

试验数据独占权起源于美国以及其扩张到欧洲的这段历史，应该使我们对有关试验数据独占权在对社会有用的创新方面起到激励作用的说法，以及试验数据独占权在全世界适用的说法保持警惕。HWA 中试验数据独占权的目的是打破美国特有的政治僵局，而不是履行基本的监管职能。当时并没有证据表明试验数据独占权会更广泛地服务于公共利益。尽管缺乏这种证据，也没有进一步深思或进行本土化调整，但欧洲共同体却很快就效仿了试验数据独占权。由于这种效仿以及日本制度的并行发展，研究型制药行业集中的国家在进入 GATT 乌拉圭回合谈判时，都采用了类似的仿制药简略审批流程方法。如下一章所探讨，这将对 TRIPS 协定中的试验数据保护产生重要的影响。

参考文献

Adamini S, Maarse H, Versluis E, Light DW（2009）Policy making on data exclusivity in the European Union：from industrial interests to legal realities. J Health Polit Policy Law 34（6）：979 – 1010

Ballentine C（1981）Taste of raspberries, taste of death：the 1937 elixir sulfanilamide incident. FDA Consumer Magazine

---

❶ 例如，参见休特（Huet）和金斯伯格（Ginsburg）（1992）。

Braithwaite J, Drahos P (2000) Global business regulation. Cambridge University Press, Cambridge

Carpenter D, Sin G (2007) Policy tragedy and the emergence of regulation: the food, drug, and cosmetic act of 1938. Stud Am Polit Dev 21 (2): 149 – 180

Cavers DF (1939) The food, drug, and cosmetic act of 1938: its legislative history and its substantive provisions. Law Contemp Probs 6: 2

Dutfield G (2009) Intellectual property rights and the life science industries: past, present and future. World Scientific, Singapore

Engelberg AB (1999) Special patent provisions for pharmaceuticals: have they outlived their usefulness? A political, legislative and legal history of U. S. law and observations for the future. J Law Technol 39: 389 – 426

European Commission (1984) Proposal for a Council Directive on the approximation of national measures relating to the placing on the market of high – technology medicinal products, particularly those derived from biotechnology. COM 1984: 437

Flannery EJ, Hutt PB (1985) Balancing competition and patent protection in the drug industry: the drug price competition and patent term restoration act of 1984. Food Drug Cosmetic Law J 40: 269

Gannon JF (1979) FIFRA and the taking of trade secrets. Boston Coll Environ Aff Law Rev 8: 593

Grabowski HG, Vernon JM (1977) Consumer protection regulation in ethical drugs. Am Econ Rev 67 (1): 359 – 364

Holzer S (2012) Regulatory data protection of medicinal products from a Swiss perspective. Bio – Sci Law Rev 12 (5): 184 – 191

Huet J, Ginsburg JC (1992) Computer programs in Europe: a comparative analysis of the 1991 EC software directive. Columbia J Transnatl Law 30: 327

Intellectual Property Policy Headquarters (2005) Intellectual Property Strategic Program

Japan Pharmaceutical Manufacturers Association (2019) Pharmaceutical Administration and Regulations in Japan

Junod V (2004) Drug marketing exclusivity under United States and European Union law. Food Drug Law J 59 (4): 479 – 518

Kastenmeier R (1984) Report together with additional news. US House of Representatives

Levine SM (1973) Recent "New Drug" litigation involving the "Grandfather Clause" and hearing rights. Bus Lawyer, pp 769 – 784

Robert BS, Bodenheimer DZ (1982) The Drug Amendments of 1962: the anatomy of a regulatory failure. Ariz State Law J: 581

Sanjuan JR, Love J, Weissman R (2006) Protection of pharmaceutical test data: a policy proposal. KEI Research Paper：1

Weiswasser ES, Danzis SD（2003）The Hatch – Waxman act：history, structure, and legacy. Antitrust Law J 71：585

Wheaton JJ（1985）Generic competition and pharmaceutical innovation：the drug price competition and patent term restoration act of 1984. Catholic Univ Law Rev 35：433

译者注

［1］原文疑似有误，原文为"…the 1968 Amendment…"，与上文不一致，疑似为"…the 1962 Amendment…"。译者按后者翻译。

4 保护提交的试验数据与 TRIPS 协定

摘 要 本章将探讨 TRIPS 协定第 39.3 条以及其与试验数据独占权之间的关系。首先将研究 GATT 乌拉圭回合谈判期间就 TRIPS 协定第 39.3 条的谈判历史，然后分析 TRIPS 协定第 39.3 条本身的术语。根据分析，本章认为，TRIPS 协定第 39.3 条并不要求 WTO 成员实施数据独占权法律。关于如何保护提交的试验数据以及应给予多大程度的保护，WTO 成员有较大的自由裁量权。

本章还将讨论在解释 TRIPS 协定第 39.3 条方面存在的困难是如何影响试验数据独占权全球化的。本章认为，TRIPS 协定第 39.3 条虽然没有要求提供试验数据独占权，但它在试验数据独占权全球化方面发挥了关键作用，之所以这样，是因为该条款缺乏明确的解释，导致难以制定符合 TRIPS 协定的替代措施来保护提交的试验数据，因而各国受到鼓励，纷纷效仿履行 TRIPS 协定第 39.3 条的义务所采取的盛行方式，即试验数据独占权。

4.1 引 言

1986 年，GATT 第八轮国际贸易谈判在乌拉圭埃斯特角城启动。乌拉圭回合最初的目的是，集中改革农业等敏感领域的贸易，将贸易体制扩展到服务业等新领域，但它最终促成了 WTO 的成立并达成相关协定，其中包括《与贸易有关的知识产权协定》（Agreement on Trade – Related Aspects of Intellectual Property Rights，TRIPS 协定），该协定目前仍然是最全面的多边知识产权协定。虽然 TRIPS 协定没有明确要求提供试验数据独占权，但其第 39.3 条要求各成员保护为获得药品和农业化学产品上市批准而提交的试验数据。

自 TRIPS 协定签署以来近 30 年，各成员应当如何根据 TRIPS 协定第 39.3 条保护提交的试验数据，仍然是评论家争论的话题。本章得出的结论是，TRIPS 协定第 39.3 条在保护提交的试验数据方面赋予了 WTO 成员较大的自由裁量权，没有要求各成员实施试验数据独占权。然而，这种解释只是众多解释之一。鉴于对 TRIPS 协定第 39.3 条的解释缺乏共识，关于该条款在试验数据独占权全球化中发挥了什么作用并不确定。本章认为，尽管关于 TRIPS 协定第 39.3 条的含义存在争议，但它在试验数据独占权全球化中发挥了关键作用。正是因为没有对 TRIPS 协定第 39.3 条做出明确的解释，导致难以制定符合 TRIPS 协定的替代方法来保护提交的试验数据，因而各国受到鼓励，效仿现有的方式，即以试验数据独占权法律的形式来履行 TRIPS 协定第39.3 条的义务。因此，TRIPS 协定第 39.3 条的模糊性导致各国在保护提交的试验数据方面的法律相似程度更高，而不是更低，但这似乎又很矛盾。

4.2　TRIPS 协定第 39.3 条

TRIPS 协定第 39 条全文如下：

第 39 条

1. 在保证针对《巴黎公约》（1967）第 10 条之二规定的不正当竞争而采取有效保护的过程中，各成员应依照第 2 款对未披露信息和依照第 3 款对提交给政府或政府机构的数据予以保护。

2. 自然人和法人应有可能防止其合法控制的信息在未经其同意的情况下以违反诚实商业行为的方式向他人披露，或被他人取得或使用，只要此类信息：

（a）属秘密，即作为一个整体或就其各部分的精确排列和组合而言，该信息尚不为通常处理所涉信息范围内的人所普遍知道，或不易被他们获得；

（b）因属秘密而具有商业价值；

（c）由该信息的合法控制人，在此种情况下采取合理的步骤以保持其保密性。

3. 各成员如要求，作为使用新化学实体制造的药品或农业化学产品的上市批准条件，需提交通过巨大努力取得的、未披露的试验数据或其他数据，则应保护该数据，以防止不正当的商业使用。此外，各成员应保护这些数据不被披露，除非属为保护公众所必需，或除非采取措施以保证该数据不被用在不正当的商业使用中。❶

---

❶　TRIPS 协定第 39 条。

TRIPS 协定第 39.3 条要求，对于为证明药品或农业化学产品的安全性和有效性而向政府提交的某些形式的临床数据，各成员应当予以保护，以防止"不正当的商业使用"。TRIPS 协定第 39.2 条中用脚注对"诚实的商业行为"进行了详细的定义，但并未对"不正当的商业使用"做出定义。关于"不正当的商业使用"这一术语的含义以及各成员如何按该条款规定防止"不正当的商业使用"，存在很大争议。

WTO 各成员对该条款的含义做出了截然不同的解释。1995 年，TRIPS 协定生效几个月后，美国贸易代表办公室（Office of the United States Trade Representative，USTR）就 TRIPS 协定第 39.3 条发表了一份新闻声明宣称，为遵守该条款，要求在一定期限内不得将试验数据用于批准其他申请，换句话说，要求提供试验数据独占权。美国贸易代表办公室的该声明如下：

……TRIPS 协定谈判代表将"不正当的商业使用"理解为，除非得到数据原始提交者的授权，**否则在一段固定的时间内，数据不得用于支持、批准或以其他方式审查其他上市审批申请。**该术语的任何其他定义都将**与该条款的逻辑和谈判历史不一致。**❶【强调标记是后加的】

这种观点缺乏可信度，正如我们将看到的那样，TRIPS 协定的谈判历史表明，应当提供试验数据独占权的要求遭到明确的拒绝。然而，已经有人提出关于将试验数据独占权与 TRIPS 协定第 39.3 条相联系的更复杂的观点。尽管欧盟委员会承认，至少在理论上，其他方式可能会为提交的试验数据提供保护，但在 2001 年，欧盟委员会就 TRIPS 协定第 39.3 条发表了自己的声明，声称 TRIPS 协定谈判代表打算将试验数据独占权作为防止不正当商业使用的"预期方式"：

TRIPS 协定第 39.3 条的**逻辑和谈判历史都**毫无疑问地表明，在一定期限**内提供数据独占权，是根据第 39.3 条规定保护数据不被用在不正当商业使用中的预期方式**……除合理期限内的数据独占权外，任何其他制度是否满足 TRIPS 协定第 39.3 条的要求，应根据具体情况进行评估，但似乎没有例子能证明 WTO 成员在一定期限内实际应用了遵守 TRIPS 协定但不依赖数据独占权的替代制度。❷【强调标记是后加的】

其他国家，主要是发展中国家，对 TRIPS 协定第 39.3 条的解释则是另一种极端情况。2001 年，一些发展中国家发表声明表示，TRIPS 协定第 39.3 条

---

❶ 美国贸易代表办公室（1995）。

❷ 欧盟委员会（2001）。

仅要求 WTO 成员保护提交的试验数据不被盗用:

该保护旨在防止机密数据的"不正当商业使用"。这意味着,如果数据是通过不诚实的商业行为获取的,则可以阻止第三方使用另一家公司进行的试验结果作为独立提交上市审批申请的背景资料。然而,**第39.3条确实允许国家主管机构依靠其拥有的数据来评估涉及同一药物的其他申请,因为这并不意味着不正当的商业使用。**❶【强调标记是后加的】

签署国对国际条约含义的争议并不少见。正是出于这个原因,WTO 建立了 WTO 规则争端解决机制,该机制的明确目的是根据国际公法解释的习惯规则来澄清 WTO 协定的条款。❷ 1999 年 5 月,美国开始针对阿根廷提起争端解决程序,除其他理由外,一项特别的理由是阿根廷未能根据 TRIPS 协定第39.3 条充分保护提交的试验数据〔阿根廷只保护提交的试验数据不被披露和免受"不诚实的"商业使用(如盗用);进一步参见第 6.2.2 节〕。❸ 如果此事通过 WTO 争端解决机制继续下去,可能就会对 TRIPS 协定第 39.3 条的要求做出权威解释,然而,该争端解决程序于 2002 年结束,当时美国和阿根廷就该问题达成了相互谅解。❹ 在向 WTO 通报其解决方案的文件中,两国解释说,它们已经解决了关于专利商品平行进口限制的大部分争端,例如,两国都一致认为阿根廷法律实际上遵守了 TRIPS 协定,同时阿根廷政府同意实施立法,修改有关专利案件举证责任的法律。❺ 然而,在保护提交的试验数据方面,美国和阿根廷只是同意它们可以持不同意见,即对于根据 TRIPS 协定第 39.3 条为上市批准而提交的未披露试验数据,在 DSB 澄清与其相关的权利之前,阿根廷将继续执行其在提交的试验数据方面的政策,而美国将放弃这个问题。如果 DSB 进行了澄清,那么两国都会接受裁决。❻ 但这种澄清始终没有出现,迄今为止,WTO 争端解决专家小组尚未试图澄清 TRIPS 协定第39.3 条的含义。在 TRIPS 协定第 39.3 条含义不明确的情况下,律师和学者们就该条款的解释争论了近 30 年。

---

❶ 与贸易有关的知识产权委员会(2001)。

❷《关于争端解决规则与程序的谅解》(1994 年)第 3.2 条。

❸ 阿根廷 – 关于保护专利和试验数据的某些措施,WT/DS196/1(2000 年 6 月 6 日)。

❹ 阿根廷 – 关于保护专利和试验数据的某些措施,WT/DS196/4(2002 年 5 月 31 日)。

❺ 阿根廷 – 关于保护专利和试验数据的某些措施,WT/DS196/4(2002 年 5 月 31 日),第 3 段和第 5 段。

❻ 阿根廷 – 关于保护专利和试验数据的某些措施,WT/DS196/4(2002 年 5 月 31 日),第 9 段。

4.3　TRIPS 协定中对提交的试验数据的保护历史

4.3.1　知识产权与乌拉圭回合

在乌拉圭回合之前，知识产权在 GATT 谈判中并未受到太多关注。1979年 GATT 东京回合（乌拉圭回合的前一轮回合）谈判快要结束时，美国曾推动纳入一些知识产权措施，但这些措施仅限于反假冒商品措施，无论如何都未能达成实质性协议。❶ 然而，到 20 世纪 80 年代，知识产权对美国经济的重要性日益增强。按价值计算，当时美国出口的商品中有 1/4 是依赖知识产权的商品，如化学品、科学设备和娱乐品，这一比例是第二次世界大战结束时的 2 倍。❷ 知识产权之所以受到越来越多的关注，一部分原因是，20 世纪 70年代出现的经济动荡以及人们对于美国经济是否能长期持续保持主导地位的担忧。❸ 美国的经济状况与日本等国家比起来相形见绌，这部分归咎于外国搭美国研发的便车"作弊"。❹ 依赖知识产权的行业，特别是娱乐、软件和制药行业发出呼声，坚持认为更高的知识产权标准是经济增长和创造美国就业机会的关键。❺ 这些群体的发声越来越多地强调：知识产权是一种"权利"，他人未经授权的使用行为是"盗窃"或"非法复制"；所强调的这些特征掩盖了知识产权法律的偶然性，将知识产权视为不可侵犯的绝对权利，认为侵犯知识产权构成道德错误，而不仅仅是竞争行为。❻

美国政府接受了这些提议。1982 年，里根政府设立了美国联邦巡回上诉法院，除其他权利外，该上诉法院对地区法院涉及专利的最终裁决拥有专属管辖权，但一些评论家认为上诉法院过于支持权利持有人。❼ 1984 年，时任商务部助理部长兼美国专利商标局局长的杰拉尔德·莫辛霍夫（Gerald Moss-

---

❶　布拉德利（Bradley）（1987），第 65 页。
❷　塞尔（Sell）（1995），第 163 页。
❸　德拉霍斯和布雷思韦特（2002），第 85 页。
❹　塞尔（2003），第 80 页。
❺　德拉霍斯和布雷思韦特（2002），第 85 页。
❻　韦斯曼（Weissman）（1996），第 1088 页。
❼　帕隆比（Palombi）（2015），第 58 页。

inghoff）发表正式声明，强调美国政府将致力于加强全球知识产权保护。❶ 同年，国会通过了《1984年贸易法》，该法案授权美国对知识产权标准被认为不高的国家采取单方面行动。❷ 如果有国家采取的政策对美国贸易施加了"不正当、不合理或歧视性负担"，《1974年贸易法》第301条允许美国总统暂停向这些国家提供福利或向这些国家征收关税。❸ 1984年，法案将知识产权纳入这一结构，将"未能提供充分的知识产权保护"定义为不合理行为，规定某些关税取消特权取决于充分的知识产权保护。❹ 1984年，法案还规定私营企业在新体制中承担重要职能，使它们能够向美国贸易代表办公室（USTR）请愿，调查各国的此类"不合理行为"。❺ 美国贸易代表办公室本来已经是一个对行业问题持开放态度的组织，但是由于20世纪80年代贸易政策发生变化，美国贸易代表办公室成为了美国商业利益的官方内阁级说客。❻

新的"一般301条款"很快就投入使用。根据美国电影协会（Motion Picture Association of America，MPAA）的投诉，韩国因版权保护不充分而受到一般301条款制裁的威胁，因而，韩国很快就默然接受了美国对提高版权保护标准的要求。❼ 制裁的威胁并非空穴来风，1988年，由于巴西未能为药品提供专利权保护，美国利用一般301条款对巴西一系列进口产品征收100%的关税（当时巴西才摆脱军事统治不久，深陷恶性通货膨胀危机，因此很快就崩溃了）。❽ 这些成功只会让基于知识产权的行业（以及美国政府内部对这些行业的支持者）更加坚定其观点，即美国施加的单边贸易压力可以带来它们所期望的全球知识产权秩序。1988年，《综合贸易和关税法》增强了一般301条款赋予USTR的权力，引入了所谓的"特别301条款"。特别301条款将总统先前拥有的许多一般301条款权力移交给了USTR，要求USTR对全球知识产权进行年度审查（实际上，该年度报告主要根据行业提交的材料编写）。❾ USTR的报告将"违反"程度最严重的国家列为"重点外国国家"（对于面临制裁的国家来说，这种称号被称为"死囚牢房"），将违反程度较

---

❶ 莫辛霍夫（1984）。

❷ 马修斯（Matthews）（2003），第15页。

❸ 美国，19 USC § 2101。

❹ 美国，19 USC § 2101。

❺ 塞尔（2003），第86页。

❻ 塞尔（2003），第36页。

❼ 德拉霍斯和布雷思韦特（2002），第71页。

❽ 马修斯（2003），第16页。

❾ 马修斯（2003），第26页。

轻的国家列入"重点观察国家名单"和"观察国家名单"。❶

到 20 世纪 80 年代末，美国已将知识产权视为其贸易政策的核心支柱，这一核心支柱至今仍然存在。美国还实施了正式的法律机制，使企业和商业组织能够利用美国政府的权力，在经济上迫使其他国家提高知识产权保护标准，并取得了成功。正是在这一背景下，美国加入 GATT 乌拉圭回合谈判。

1985 年，GATT 筹备委员会召开会议，确定乌拉圭回合要解决的问题。美国提议讨论所有知识产权问题，而发展中国家（以巴西和印度为首）则坚持认为 GATT 不是讨论知识产权问题的合适论坛。❷ 美国在其他发达国家的支持下保持坚定立场："没有知识产权，就没有回合"。❸ 1986 年 9 月，乌拉圭回合正式启动，宣布了《埃斯特角部长宣言》，列出了需要讨论的问题清单，其中包括"与贸易有关的知识产权方面（包括假冒商品）"。该清单含糊不清，其具体内容并不清楚。然而，它并没有明确将谈判限定在特定的知识产权领域，这意味着该回合将讨论的不仅仅是假冒商品。❹

实质性谈判于 1987 年开始。1987 年 2 月发布了总体谈判计划，其中包括"与贸易有关的知识产权方面（包括假冒商品谈判计划）"。❺ 然而，关于具体将讨论哪些知识产权以及每份协议将达到哪种协调程度，知识产权谈判计划与《埃斯特角部长宣言》一样含糊不清，该计划的目标是，澄清现有的 GATT 规则，"酌情"制定新的规则，以减少对国际贸易的扭曲和阻碍，促进对知识产权的充分和有效保护，同时确保实施知识产权的措施本身并不会成为贸易壁垒。❻ 关于纳入协定中的知识产权保护力度应有多大，发达国家（特别是由美国、欧洲共同体、日本和加拿大组成的"四国集团"）和发展中国家（特别是以印度和巴西为首的"十国集团"）之间存在分歧。❼

从 1987 年起，"与贸易有关的知识产权（包括假冒商品）谈判小组"，即由 GATT 各国代表组成、由瑞典拉尔斯·阿内尔（Lars Anell）担任主席的

---

❶ 德拉霍斯和布雷思韦特（2002），第 90 页。

❷ 马修斯（2003），第 16 – 17 页。

❸ 布雷思韦特和德拉霍斯（2000），第 56 页。

❹ GATT，《埃斯特角部长宣言》（1986 年 9 月 20 日），第 1D 部分。

❺ GATT，信息 – 乌拉圭回合 – 1987 年 1 月 28 日决定，GATT/1405（1987 年 2 月 5 日），第 21 页。

❻ GATT，信息 – 乌拉圭回合 – 1987 年 1 月 28 日决定，GATT/1405（1987 年 2 月 5 日），第 21 页。

❼ 德拉霍斯和布雷思韦特（2002）［n 302］133，138。（注：原文疑似有误，原文为"Drahos and Braithwaite（2002）［n 302］133，138。"）。四国集团有时还会与其他发达国家（"Quad +"）开会。十国集团由印度、巴西、阿根廷、古巴、埃及、尼加拉瓜、尼日利亚、秘鲁、坦桑尼亚和南斯拉夫组成。

第 11 谈判小组（Negotiating Group 11，NG11），定期举行会议，就知识产权协定进行谈判。❶ 谈判由 GATT 各缔约国政府代表进行，虽然在这些谈判中没有行业代表参加，但各国代表（特别是发达国家的代表）认为，反映跨国企业的利益是谈判的一个重要方面。❷

平行谈判

值得注意的是，NG11 谈判并不是美国在 20 世纪 80 年代末和 90 年代试图输出其知识产权标准的唯一手段。在 GATT 谈判的同时，美国还参与了包括知识产权章节在内的各种贸易协定的谈判，其中许多协定都包含有关保护提交的试验数据的条款。其中最为著名的是 1992 年签署的《北美自由贸易协定》（North American Free Trade Agreement，NAFTA），该协定第 1711 条规定，对于作为药品或农业产品上市批准条件而提交的未披露数据，给予一段合理期限的试验数据独占权（通常"不少于 5 年"）。❸ 然而，截至签署 TRIPS 协定时，美国分别与斯里兰卡❹、保加利亚❺、阿尔巴尼亚❻、厄瓜多尔❼和牙买加❽签订的双边协定中已经出现了类似的试验数据独占权条款，不久之后又缔结了更多这样的协定。第 5 章将对这些协定的条款加以详细的探讨，它们非常接近于下面讨论的 1990 年 7 月《布鲁塞尔草案》的"括号内"版本，这表明围绕 TRIPS 协定中应当如何保护提交的试验数据进行的谈判，只是更大范围地协同实现试验数据独占权全球化的一个方面。

4.3.2　对未披露数据的保护

当然，"对提交的数据提供保护"只是整个 TRIPS 协定的一小部分。然而，在整个谈判过程中，是否将其纳入 TRIPS 协定中引起了强烈的争议，这个因素在很大程度上导致了 TRIPS 协定第 39.3 条最终版本的模糊性和不确定性。起初，争论焦点是 TRIPS 协定中是否应当对未披露数据提供任何形式的

---

❶　马修斯（2003），第 16 页。
❷　布拉德利（1987），第 29 页。
❸　《北美自由贸易协定》（1992 年）第 1711 条。
❹　《美国－斯里兰卡知识产权协定》（1991 年）第 2 条。
❺　《美国－保加利亚贸易关系协定》（1991 年）第 2 条。
❻　《美国－阿尔巴尼亚贸易关系协定》（1992 年）第 9 条。
❼　《美国－厄瓜多尔知识产权协定》（1993 年）第 8 条。
❽　《美国－牙买加知识产权协定》（1994 年）第 11 条。

保护。这场争论不纯粹是南北问题。正如我们所看到的那样，日本在乌拉圭回合时就已建立了类似于试验数据独占权的制度，尽管该制度是基于公共健康的逻辑，而非保护具有商业价值的信息，但是日本代表很早就明确表示，他们不认为商业秘密和其他未披露信息属于知识产权，因此不适合将其纳入TRIPS协定中。❶ 印度和其他国家支持这一观点。❷ 这种分歧并不出人意料，之所以这样，是因为商业秘密是否属于知识产权的问题，在美国直到1984年通过 *Ruckelshaus v Monsanto* 案才得以解决。❸ 然而，随着谈判的继续，发达国家在商业秘密的问题上表现得更加团结，到1990年，日本代表告诉谈判小组，日本政府现在认识到商业秘密保护的重要性，正在"认真考虑"这个问题。❹ 发达国家对商业秘密保护的抵制已经瓦解了。

直到1988年，"对提交的试验数据提供保护"才出现在乌拉圭回合的正式记录中。首次将试验数据保护纳入TRIPS协定中，似乎是由有影响力的《GATT知识产权条款基本框架》的公布促成的。《GATT知识产权条款基本框架》是欧洲、日本和美国商界的意见声明，这份大型文件包含发达国家各商界提出的建议（因此，有人是这样描述这份文件的：它为发达国家谈判代表形成了"多边蓝图"），赞同在TRIPS协定中纳入有关商业秘密的条款。❺ 就本章而言特别重要的是，关于向政府提交的产品审批相关信息，这份意见声明包含了以下提议：

1. 政府要求任何一方披露的信息，未经所有者同意不得用于商业用途或进一步被披露。

2. 对作为产品注册条件而向政府披露的信息，**自政府根据该信息给予批**

<hr/>

❶ GATT，与贸易有关的知识产权（包括假冒商品贸易）谈判小组–1987年11月23日至24日会议–秘书处的说明，MTN. GNG/NG11/5（1987年12月14日），第22页。

❷ GATT，与贸易有关的知识产权（包括假冒商品贸易）谈判小组–1989年7月12日至14日会议–秘书处的说明，MTN. GNG/NG11/14（1989年9月12日），第90页；GATT，与贸易有关的知识产权（包括假冒商品贸易）谈判小组–1989年10月30日至11月2日会议–秘书处的说明，MTN. GNG/NG11/16（1989年12月4日），第63页；GATT，与贸易有关的知识产权（包括假冒商品贸易）谈判小组–1989年12月11日、12日和14日会议–秘书处的说明，MTN. GNG/NG11/17（1990年1月23日），第49页；GATT，与贸易有关的知识产权（包括假冒商品贸易）谈判小组–1990年11月1日谈判小组会议–秘书处的说明，MTN. GNG/NG11/27（1990年11月14日），第3页。除印度外，具体有哪些国家表示反对纳入商业保密尚不清楚，因为这些观点通常被认为出自"几位代表"或"代表多个发展中国家发言的一个代表"。

❸ *Ruckelshaus v Monsanto* 案467 US 986（1978年）。法院认定商业秘密确实属于知识产权。

❹ GATT，与贸易有关的知识产权（包括假冒商品贸易）谈判小组–1990年5月14日至16日谈判小组会议–秘书处的说明，MTN. GNG/NG11/21（1990年6月22日）。

❺ 德拉霍斯和布雷思韦特（2002），第123页。

准之日起的合理期限内，注册人有独占使用权。合理期限应足以保护注册人的商业利益。❶【强调标记是后加的】

这项提议为数据原创者保留了在"合理"期限内独占使用其所提交的试验数据的权利，与上一章所述的《Hatch – Waxman 法案》中的试验数据独占条款十分相似。在提交的试验数据方面，美国、欧洲和日本商界（或者至少是那些合作发表意见声明的商界中的个人和实体）之间之所以会达成这种共识，无疑是因为美国、欧洲共同体和日本在仿制药简略审批方面采用了类似做法，同时它们的研究型制药行业的经济影响也起到了作用。在保护提交的试验数据方面达成这种共识，将影响整个乌拉圭回合剩下阶段的问题，虽然日本从未专门就保护提交的试验数据提出提案，但美国、瑞士和欧洲共同体随后提出了好几项提案。

4.3.3　关于保护提交的试验数据的提案

美国是第一个就提交的试验数据提交提案的。在 1988 年 10 月提交的修订稿中，美国代表纳入了关于"政府使用商业秘密的条件"的小节，❷ 其中包括以下规定：

6. 政府使用的条件

提交给政府的商业秘密不得被披露或用于第三方利益，除非是在涉及国家重大紧急状态，对健康或环境构成的风险迫在眉睫并超出合理范围而迫不得已的情况下，或者除非是为促进所需的健康和安全注册。在国家紧急状态下，只有在无法使用其他合理手段来满足政府寻求披露或使用商业秘密的需要时，政府才可以使用或披露商业秘密，并且政府只能在紧急状态期间使用该商业秘密。**只有在商业秘密在过去 10 年内未被提交，并为商业秘密的使用或披露提供了全额补偿的情况下，政府才能使用或披露该商业秘密以促进所需的健康和安全注册。**在任何情况下，政府使用或披露商业秘密的程度不得超过实现上述需求之一所需达到的程度，除非向提交者提供了合理机会让其反对所提议的使用或披露（包括获得司法审查的机会），或者除非与动产一样

---

❶ UNCTAD – ICTSD（2005），第 523 页。

❷ GATT，与贸易有关的知识产权（包括假冒商品贸易）谈判小组 – 美国为实现谈判目标而提出的建议 – 修订版，MTN. GNG/NG11/W/14/Rev. 1（1988 年 10 月 17 日），第 6 页。

规定支付全额补偿。❶【强调标记是后加的】

这项提案甚至超出了美国国内关于试验数据独占权的规定。这项提案将适用于政府"使用"和披露，并特别提到"促进健康和安全注册"，此外，只有在 10 年独占权后才可能依赖先前提交的数据，即使如此，也必须为数据使用提供"全额补偿"。

然而，美国于 1988 年 10 月提交的这份提案并不是乌拉圭回合期间就保护提交的试验数据提出的最严格提案。1989 年 7 月，瑞士针对先前的提案草案❷提交了一份"专有信息"❸附录。该提案的相关部分内容如下：

专有信息的保护

［…］

（iv）**不得强制许可**专有信息。

（v）为获得生产或销售产品许可而提供的专有信息，如临床或安全试验结果，未经所有者同意，不得被披露，除非属为保护人类、植物或动物的生命、健康或环境而必须向其他政府机构披露。

政府机构**无权将该信息用于商业目的**。政府机构只能在告知公众产品实际或潜在危险的必要范围内，**披露该信息**。❹【强调标记是后加的】

该项提案貌似永久禁止依赖所提交的试验数据，并禁止对专有信息进行强制许可。在 NG11 的官方记录中，美国和瑞士关于提交的试验数据的提案都没有得到太多讨论。

1987—1989 年，谈判进展缓慢，之所以这样，一部分原因是，需要收集大量的技术信息；此外还有一个原因是，关于应当包括哪些知识产权（包括前述商业秘密），发达国家和发展中国家之间存在分歧。❺然而，到 1990 年，这种对立局面已基本得到解决。美国不仅进行威胁，还利用单边经济行动来

---

❶ GATT，与贸易有关的知识产权（包括假冒商品贸易）谈判小组－美国为实现谈判目标而提出的建议－修订版，MTN. GNG/NG11/W/14/Rev.1（1988 年 10 月 17 日），第 6 页。

❷ GATT，与贸易有关的知识产权（包括假冒商品贸易）谈判小组－关于与贸易相关的知识产权的可用性、范围和使用的标准和原则－瑞士来文－专有信息附录，MTN. GNG/NG11/W/38/Add.1（1989 年 12 月 11 日）。（注：由于译文语序调整，此处脚注与原文脚注 50 对应）

❸ GATT，与贸易有关的知识产权（包括假冒商品贸易）谈判小组－关于与贸易相关的知识产权的可用性、范围和使用的标准和原则－瑞士来文－专有信息附录，MTN. GNG/NG11/W/38（1989 年 7 月 11 日），第 8 页。（注：由于译文语序调整的缘故，此处脚注与原文脚注 49 对应）

❹ GATT，与贸易有关的知识产权（包括假冒商品贸易）谈判小组－关于与贸易相关的知识产权的可用性、范围和使用的标准和原则－瑞士来文－专有信息附录，MTN. GNG/NG11/W/38/Add.1（1989 年 12 月 11 日），第 3 页。

❺ 热维斯（Gervais）（1998），第 15 页。

分裂发展中国家，迫使最具挑衅性的国家就范，其中包括 1988 年对巴西的制裁，这实际上打破了以巴西－印度为轴心的对立局面（印度、泰国、中国、韩国、阿根廷、埃及和南斯拉夫也发现其在谈判过程中遭受了特别 301 条款单边行动的威胁）。❶

随着实质性谈判不断深入、商业秘密的问题进一步得到解决，各方开始重新就保护提交的数据进行谈判。欧洲共同体首次就保护提交的试验数据提交了提案，美国则提交了其 1988 年提出的修订版。欧洲共同体的提案在"未披露信息"项下包含以下条款：

第 28 条

（b）各缔约方要求披露或提交试验数据或其他数据时，如果取得这些数据需要付出巨大努力，则应保护这些努力，阻止竞争对手不正当地利用这些数据。**这种保护应持续一段合理时间，该段合理时间应与所付出的努力、所规定数据的性质、准备数据所花费的支出相当，提供这种保护时应考虑是否可以获得其他形式的保护。**❷【强调标记是后加的】

几个月后提交的美国文本在"商业秘密"项下包含以下条款：

第 33 条

（1）各缔约方如要求提交商业秘密以履行政府职能，则**不得将商业秘密用于政府或权利持有人以外的任何人的商业或竞争利益，除非得到权利持有人的同意并支付了合理的使用价值，或者除非给予权利持有人一段合理的独占使用期限。**

（2）各缔约方可以向第三方披露商业秘密，但应当得到权利人的同意或达到履行必要的政府职能所需的程度。在可行的情况下，缔约方为履行必要的政府职能向任何非政府实体披露商业秘密时，权利持有人应有机会与该非政府实体签订保密协议。

（3）为保护人类健康或安全或保护环境，各缔约方可以要求权利持有人**向第三方披露其商业秘密，但仅在权利持有人有机会与获得商业秘密的任何非政府实体签订保密协议，以防止进一步披露或使用该商业秘密的情况下。**❸
【强调标记是后加的】

---

❶ 德拉霍斯和布雷思韦特（2002），第 134－137 页。

❷ GATT，与贸易有关的知识产权（包括假冒商品贸易）谈判小组－与贸易有关的知识产权协定草案，MTN. GNG/NG11/W/68（1990 年 3 月 29 日），第 12 页。

❸ GATT，与贸易有关的知识产权（包括假冒商品贸易）谈判小组－与贸易有关的知识产权协定草案－美国来文，MTN. GNG/NG11/W/70（1990 年 5 月 11 日），第 14 页。

欧洲共同体提案使用的措辞与 TRIPS 协定第 39.3 条最终版本的措辞类似，但是它不那么含糊，明确规定了保护期限的设定标准。与 TRIPS 协定第 39.3 条一样，尚不清楚保护提交的试验数据免受"竞争对手的不正当利用"是否会阻止仿制药审批申请依赖此类数据，但是 TRIPS 协定缔结后欧盟的官方声明声称，保护提交的试验数据免受"竞争对手的不正当利用"会阻止仿制药审批申请依赖此类数据，这确实是欧洲谈判代表的意图。❶ 这份美国提案明确要求保护提交的试验数据，不允许在后续申请中参考提交的试验数据，但明显没有 1988 年美国提案的要求苛刻，它允许通过试验数据独占权或通过向数据原创者支付"合理价值"（而不是"全额补偿"）来提供保护。

在欧洲共同体和美国提出这些提案后不久，谈判发生了质的转变，转向关注更多非正式会议，在各种"括号内"选项之间进行选择。1990 年 7 月，拉尔斯·阿内尔提出了一份综合草案，将仍存在分歧的条款放在括号中。这份草案的正式标题为"谈判小组的工作状况——主席向 GNG 提交的报告"，后来被称为"阿内尔草案"或"主席草案"。❷ 尽管（无论是四国集团各成员之间还是发达国家与发展中国家之间）仍有大量问题未得到解决，但是，当时 GATT 秘书处的工作人员丹尼尔·热维斯（Daniel Gervais）认为，主席草案将谈判置于"单一轨道上直到最后"。❸ 主席草案包含了关于"未披露信息"保护的三种"选项"，这些选项反映了欧洲共同体、美国和瑞士的上述最新提案（包括瑞士提议的禁止对专有信息进行强制许可），也可能根本没有对保护提交的数据提出任何要求。❹ 瑞士提案为提交的试验数据提供了最大力度的保护；欧洲共同体的提案较为模糊，提供的保护力度最小；美国的提案提供的保护力度处于中间。主席草案的相关规定全文如下：

第 7 节：违反包括保护未披露信息的诚实商业惯例的行为

［……］

2Ab　不得对专有信息进行强制许可。【摘自 1989 年 12 月瑞士提案】

3. 政府使用

3Aa　各缔约方要求披露或提交包括试验数据（或其他数据）在内的未

---

❶ 欧盟委员会（2001）。

❷ GATT，与贸易有关的知识产权（包括假冒商品贸易）谈判小组 – 谈判小组的工作状况 – 主席向 GNG 提交的报告，MTN. GNG/NG11/W/76（1990 年 7 月 23 日）9。（注：原文疑似有误，原文为"……（23 July 1990）9。"。参见脚注❹，疑似此处与脚注❹的原文可能一致）

❸ 热维斯（1998），第 17 – 18 页。

❹ GATT，与贸易有关的知识产权（包括假冒商品贸易）谈判小组 – 谈判小组的工作状况 – 主席向 GNG 提交的报告，MTN. GNG/NG11/W/76（1990 年 7 月 23 日），第 9 页。

披露信息时，如果取得这些数据需要付出巨大努力，则应保护这些数据不被竞争对手不正当利用。这种保护应持续一段合理时间，该段合理时间应与所付出的努力、所规定数据的性质、准备数据所花费的支出相当，提供这种保护时应考虑是否可以获得其他形式的保护。【摘自1990年3月欧洲共同体提案】

3Ab. 1　各缔约方如要求提交商业秘密以履行政府职能，则不得将商业秘密用于政府或权利持有人以外的任何人的商业或竞争利益，除非得到权利持有人的同意并支付了合理的使用价值，或者除非给予权利持有人一段合理的独占使用期限。

3Ab. 2　各缔约方可以向第三方披露商业秘密，但必须得到权利人的同意或达到履行必要的政府职能所需的程度。在可行的情况下，缔约方为履行必要的政府职能向任何非政府实体披露商业秘密时，权利持有人应有机会与该非政府实体签订保密协议。

3Ab. 3　为保护人类健康或安全或保护环境，各缔约方可以要求权利持有人向第三方披露其商业秘密，但仅在权利持有人有机会与获得商业秘密的任何非政府实体签订保密协议，以防止进一步披露或使用该商业秘密的情况下。【摘自1990年5月美国提案】

3Ac. 1　出于临床试验或安全试验等监管审批程序目的而向政府机构提交的专有信息，未经所有者同意，不得披露，除非属为保护人类、植物或动物的生命、健康或环境而有必要向其他政府机构披露。政府机构可以披露专有信息，但仅在经专有信息所有人同意的情况下或者只能在告知公众产品实际或潜在危险的必要范围内。政府机构无权将该信息用于商业目的。❶【摘自1989年12月瑞士提案（请注意措辞上的细微修改）】

1990年12月，在布鲁塞尔举行了一次部长级会议，旨在按照在埃斯特角城商定的原定时间表完成本轮谈判。到了这个阶段，谈判已经进展到：TRIPS协定将具有宽泛的结构，其中的各种剩余选项会得到明确的阐述。❷《布鲁塞尔草案》包含了关于保护提交的未披露数据的一般规定，即政府不得披露该信息，除非属为保护公众所必需；该草案还包含括号内子条款，即另外要求试验数据独占期"一般不少于5年"。瑞士关于禁止专有信息强制许可的提议并未出现在《布鲁塞尔草案》中。该条款全文如下：

---

❶ GATT，与贸易有关的知识产权（包括假冒商品贸易）谈判小组－谈判小组的工作状况－主席向GNG做出的报告，MTN. GNG/NG11/W/76（1990年7月23日），第9页。

❷ 热维斯（1998），第22页。

各缔约方如要求，作为新药产品或新农业化学产品的上市批准条件，需提交通过巨大努力取得的、未披露的试验数据或其他数据，则应【保护该数据，以防止不正当的商业使用。除非信息提交者同意，否则在通常不少于 5 年的合理时间内不得依赖这些数据来批准相竞争的产品，该合理时间与取得数据所付出的努力、数据性质以及准备数据所涉及的支出相当。此外，各缔约方应】保护这些数据不被披露，除非属为保护公众所必需。❶

布鲁塞尔部长级会议最终因未能在农业问题上达成共识而无果而终，但 TRIPS 谈判已经达到这样的阶段，以致一些评论家认为，如果不是这次在不相关问题上存在分歧，协定很可能已经完成。❷ 根据《布鲁塞尔草案》文本，针对提交的试验数据可能会产生两套截然不同的义务。如果没有上面引用的括号内文本，该条款就只是简单地禁止签署方披露提交的试验数据。然而，根据括号内的条款内容，TRIPS 协定将明确要求至少 5 年的试验数据独占权，因此独占期限有可能比 5 年长。很显然，即使 TRIPS 谈判即将结束，但是未披露信息的保护问题仍远未得到解决。1991 年 6 月 27 日至 28 日举行的 NG11 会议记录中引述了一位代表的发言，他声称虽然进行了很多讨论，但在保护提交的试验数据方面没有取得任何进展。❸

1991 年，GATT 总干事阿瑟·邓克尔（Arthur Dunkel）提出了"体现乌拉圭回合多边贸易谈判结果的最终法案草案"，以结束乌拉圭回合，该草案是一份没有任何括号内条款的统一文件。❹ 本草案的 TRIPS 协定部分由阿内尔编写，关于保护提交的未披露信息的条款已经消除了《布鲁塞尔草案》中的两个极端，措辞与最终的 TRIPS 协定第 39.3 条的措辞几乎相同：

各缔约方如要求，作为使用新化学实体制造的药品或农业化学产品的上市批准条件，需提交通过巨大努力取得的、未披露的试验数据或其他数据，则应保护该数据，以防止不正当的商业使用。此外，各缔约方应保护这些数据不被披露，除非属为保护公众所必需，或除非采取措施以保证该数据不被

---

❶ GATT，贸易谈判委员会 - 《体现乌拉圭回合多边贸易谈判结果的最终法案草案》，MTN. TNC/W/35（1990 年 11 月 26 日），第 215 页。

❷ 德拉霍斯和布雷思韦特（2002），第 142 页；热维斯（1998），第 26 页。

❸ GATT，与贸易有关的知识产权（包括假冒商品贸易）谈判小组 - 1991 年 6 月 27 日至 28 日谈判小组会议 - 秘书处的说明，MTN. GNG/TRIPS/1（1991 年 7 月 25 日）。

❹ GATT，《体现乌拉圭回合多边贸易谈判结果的最终法案草案》，MTN. TNC/W/FA（1991 年 12 月 20 日）。

用在不正当的商业使用中。❶

该条款的确切要求是不清楚的，有关 TRIPS 协定第 39.3 条的争论至今仍在继续，就足以证明这一点。这种模糊性似乎能起到重要作用，而不是一种缺陷，因为在阿内尔必须提交的一份文件中，所有参与者都能看到他们希望的解释。到 1991 年 12 月，明确要求试验数据独占权的规定完全不复存在，但明确要求签署方只保护提交的试验数据不被披露的措辞也不复存在。除一些小问题外，最终法案草案与 1994 年 4 月作为《马拉喀什建立世界贸易组织协定》之附件 1C 签署的最终 TRIPS 协定基本相同。❷

美国、欧洲共同体和瑞士未能实现它们的目的，即要求各成员履行为提交的试验数据提供试验数据独占权的国际义务。此外，它们已经争取到要求各成员履行哪些义务，也尚不清楚。不过，提交的试验数据应得到保护这一原则已经确立，监管的前进方向已经确定。

4.4　TRIPS 协定第 39.3 条的解释

TRIPS 协定作为 WTO 协定，应根据"国际公法解释的习惯规则"❸（包括 VCLT[1]第 31 条和第 32 条❹）进行解释。如第 1.4 节所述，《维也纳条约法公约》（VCLT）第 31 条规定，条约应依其用语按其上下文并参照条约之目的及宗旨所具有之通常意义，善意解释之；❺ 第 32 条规定，"为证实第 31 条所得之意义起见，或遇依第 31 条作解释而：（a）意义仍属不明或难解；或（b）所获结果显属荒谬时，得使用解释补充材料"。❻

此外，VCLT 第 31 条第 3 款（a）项规定：解释条约时，"当事国嗣后所订关于条约之解释或其规定之适用之任何协定"应与上下文一并考虑。2001年 11 月 14 日《TRIPS 协定与公共健康宣言》（通常称为《多哈宣言》）就是

---

❶　GATT，《体现乌拉圭回合多边贸易谈判结果的最终法案草案》，MTN. TNC/W/FA（1991 年12 月 20 日）。

❷　《马拉喀什建立世界贸易组织协定》（1994 年）。

❸　《关于争端解决规则与程序的谅解》（1994 年）第 3.2 条。

❹　WTO，美国 - 精炼汽油和传统汽油标准（1996 年），WT/DS2/AB/R。

❺　《维也纳条约法公约》（1969 年）第 31（1）条。

❻　《维也纳条约法公约》（1969 年），第 32 条。

TRIPS 协定的后续协定，[1] 2022 年 6 月为应对新冠病毒感染疫情而通过的《关于〈TRIPS 协定〉的部长级决定》也是 TRIPS 协定的后续协定。[2] 虽然《多哈宣言》不直接涉及保护提交的试验数据，但它确实对以下方面进行了确认：(a) TRIPS 协定没有也不应当妨碍成员国为维护公共健康而采取措施；(b) 解释和实施 TRIPS 协定的方式能够也应当是，支持成员国保护公共健康的权利，特别是支持成员国促进所有人获取药品的权利。[3] 该部长级决定第四段明确涉及 TRIPS 协定第 39.3 条，下面将在第 4.4.3.1 节对此加以详述。

本节将探讨 TRIPS 协定第 39.3 条的解释，首先分析"不正当的商业使用"这一术语的含义，然后探讨该条款中的其他术语。

4.4.1 不正当的商业使用

关于 TRIPS 协定第 39.3 条的争论关键是"不正当的商业使用"之含义，具体而言，在什么情况下（如果存在的话），简略药品审批申请中参考先前提交的试验数据将构成不正当的商业使用。正如我们已经看到的那样，有人提出了这样的论点：在未经原创者同意的情况下，这种依赖确实构成了不正当的商业使用，因此应当至少在一段时间内通过独占权进行禁止；[4] 而其他人的观点是，不正当的商业使用仅意味着竞争对手的盗用。[5] 这些观点中至少有一种不正确。

只有对提交的数据的商业使用不正当，才应当受 TRIPS 协定第 39.3 条禁止，因此，在确定 TRIPS 协定要求应当为提交的试验数据提供多大程度的保护时，"不正当"可能是最重要的措辞。但是，该术语也是最不清楚的，如多位评论家所评论，"不正当"这一术语的通常含义涉及"缺乏正义或不诚实"，但这些术语并不比"不正当"本身更明确、具体。[6] TRIPS 协定第 39.1 条规定，根据第 39 条提供保护的前提是，"在保证针对《巴黎公约》（1967 年）第 10 条之二所规定的不正当竞争而采取有效保护的过程中"，但该前提

---

[1] WTO，2001 年 11 月《TRIPS 协定与公共健康宣言》，WT/MIN（01）/DEC/2（2001 年 11 月 20 日）（《多哈宣言》）。

[2] WTO，《关于〈TRIPS 协定〉的部长级决定》，WT/MIN（22）/30（2022 年 6 月 22 日）。

[3] WTO，《关于〈TRIPS 协定〉的部长级决定》，WT/MIN（22）/30（2022 年 6 月 22 日），第 4 段。

[4] 斯基林顿和索洛维（2003），第 2 页。

[5] 科雷亚（2002），第 80 页。

[6] 费尔梅斯（2004），第 461 页；谢赫（2016），第 44 页；斯皮纳·阿里（2018），第 210 页。

可能也期望得到进一步的解释说明。❶ 然而，虽然《巴黎公约》第 10 条之二明确指出，"凡在工商业事务中违反诚实的习惯做法的竞争行为"构成不正当竞争的行为，也明确指出，造成混乱的行为、意图损害商誉的虚伪说法，以及意图让公众产生误解的行为尤其不正当，但是，其从一开始就没有彻底回答什么行为违反诚实的商业惯例。❷

科雷亚认为，由于"不正当"在国际上没有确定的含义，TRIPS 协定本身也没有对其下定义，因此哪些行为构成"工商业事务中违反诚实的习惯做法"，取决于特定社会的价值观，由于这些行为在不同的时间和不同的地区有所不同，因此应由 WTO 各成员来决定哪些行为构成不正当的行为。❸ 根据这种解释，各国政府有权决定 TRIPS 协定第 39.3 条是否允许某种特定行为（包括引用原研数据以获得上市批准），但前提是，对于制止《巴黎公约》第 10 条之二特别强调的那些行为需提供的最低保护门槛，这种决定必须满足。❹ 科雷亚进一步指出，《巴黎公约》第 10 条之二根本没有表明要设立知识产权（例如，通常不会通过知识产权法律来制止虚伪说法），而且关于不正当竞争的法律一般不会设立独占权。❺ 因此，科雷亚认为，通过法律仅制止不诚实盗用提交的试验数据，就可以满足 TRIPS 协定第 39.3 条的最低要求。❻

科雷亚的观点凭直觉让人赞同，特别是考虑到有疑义从轻解释（in dubio mitius）原则（当法律条文的含义不明确时，应从轻解释有义务一方所应承担的义务），该原则告诫对含义不清楚语言的解释，不应对签署国强加繁重义务，这一点已得到 WTO 专家组的认可。❼ 然而，科雷亚的观点也明显受到了批评。WTO 机构在解释 WTO 协定时一贯适用的有效解释原则❽认为，解释者不得采取导致条款无用或多余的理解。❾ "几乎给予各成员完全的自由裁量权来决定哪些行为被认为不正当"这种解释，没有对各成员强加任何国际要求，因此是无用的。❿ "第 39.3 条仅要求防止欺诈或盗用"这种解释是多余

---

❶ TRIPS 协定第 39.1 条。

❷ TRIPS 协定第 39.1 条。

❸ 科雷亚（2002），第 77 – 78 页。

❹ 科雷亚（2002），第 77 页。

❺ 科雷亚（2010），第 713 页。

❻ 科雷亚（2002），第 83 页。

❼ 费尔梅斯（2004），第 459 页。

❽ 费尔梅斯（2004），第 459 页。

❾ 例如，参见 WTO，韩国 – 关于某些乳制品进口的最终保障措施，WT/DS98/AB/R，第 81 段；WTO，美国 – 1998 年《综合拨款法》第 211 节，WT/DS176/AB/R，第 338 段。

❿ 费尔梅斯（2004），第 460 页。

的，因为 TRIPS 协定第 39.2 条已经要求保护未披露信息免受不诚实的商业行为侵害。因此，TRIPS 协定第 39.3 条中"不正当"商业使用的含义，应当在某种程度上超出 TRIPS 协定第 39.2 条要求仅禁止的不诚实商业行为的范围。❶

其他评论家认为，TRIPS 协定第 39.3 条中"不正当"的含义是指在经济上不正当。根据 TRIPS 协定第 39.3 条其他处使用的术语"商业"和"巨大努力"来理解"不正当"一词，斯基林顿和索洛维认为，该条款所指的"不正当"行为，是诸如竞争对手对创新者劳动成果的"搭便车"行为（包括通过依赖先前提交的数据"搭便车"的行为，除非提供了某种经济补偿）。❷ 费尔梅斯进一步阐明了这种观点，认为 TRIPS 协定第 39.3 条中"不正当"的定义与获得"一个人有权得到的东西"这一概念相关，在这种情况下，"一个人有权得到的东西"是指所提交的试验数据的价值。❸ 费尔梅斯认为，为了使被提交信息的商业使用不至于不正当，不得因数据不为人所知而拒绝将数据的经济价值归于原研者。❹ 正如斯皮纳·阿里指出的那样，这一点得到了 TRIPS 协定第 7 条的支持，因为 TRIPS 协定第 7 条规定，TRIPS 协定的目标是促进技术革新及技术转让和传播（不过，斯皮纳·阿里也指出，TRIPS 协定第 7 条规定应"有利于技术知识的创造者和使用者的相互利益，有利于社会和经济福利"，这表明防止不正当商业使用的要求，不能被认为要求设立严格的独占权或对试验数据的价值进行全额补偿；下面将在第 4.4.3 节对此进行进一步讨论）。❺ 最终，对"不正当"的这种解释占很大优势，不会导致 TRIPS 协定第 39.3 条多余。

"商业"的通常含义既包括"从事商业"，也包括"与商业有关"。科雷亚评论说，大多数情况下，仿制药审批申请过程试图依赖先前提交的数据，通常是政府机构而不是商业机构参考相关数据。因此，他认为，简略药品申请中对提交的试验数据的使用不具有商业性质。❻ 然而，这种理由忽视了"商业"的上述第二层含义，"为准予竞争产品的商业批准而参考提交的原研

---

❶ 斯皮纳·阿里（2018），第 216 页。
❷ 斯基林顿和索洛维（2003），第 30 页。
❸ 费尔梅斯（2004），第 462 页。
❹ 费尔梅斯（2004），第 463 页。
❺ 斯皮纳·阿里（2018），第 212 页。
❻ 科雷亚（2002），第 79－80 页。另请参见 *Bayer v The Attorney General of Canada* 案 84 CPR (3d) 129，其中加拿大上诉法院就 NAFTA 的一项规定得出了类似结论。

数据"与商业有关,从这个意义来说,它显然具有商业性质。❶ 第二层含义显然是 TRIPS 协定第 39.3 条所期望的含义,因为 TRIPS 协定第 39.3 条明确涉及的情形是,为获得上市(即属于商业性质)批准而向政府提交试验数据。

接着,我们需要解释 TRIPS 协定第 39.3 条中"使用"一词的含义。如斯皮纳·阿里所评论,TRIPS 协定第 39.3 条中的"使用"一词用作名词而非动词。❷ 在这个意义上,"使用"的通常含义包括使用某物或出于某种目的而被使用的状态,以及使用某物的行为或做法。❸ 监管机构审查提交的数据以实现某个目的(如批准某药品的仿制药),这显然是该词通常含义范围内的数据"使用"。然而,科雷亚指出,在两种情况下,仿制药简略审批申请可能不构成对提交的原研试验数据的使用:第一种情况是,监管机构实际上并未使用提交的数据,而仅根据仿制药与先前得到批准的药品具有生物等效性来批准仿制药(间接依赖);第二种情况是,根据仿制药与美国或欧盟等其他司法管辖区批准的产品具有生物等效性,来批准仿制药(外国依赖)。❹

斯基林顿和索洛维、费尔梅斯、梅廷格认为,间接依赖实际上是对提交的试验数据的使用,因为"如果没有"这些数据,原研药已被批准上市的信息就不可能存在,因此,如果某种药品是因提交的试验数据而获得批准的,那么,对该药品监管状态的依赖必然要依赖于(并使用)提交的数据本身。❺丁卡进一步认为,根据格言"法律没作区分之处,即无必要区分(ubi lex non distinguit, nec nos distinguere debemus)"("当法律在【若干类别之间】不作区分时,解释者也不得进行区分"),因此应当认为"使用"一词包括"直接使用"和"间接使用"。❻ 然而,这些反驳观点忽略了科雷亚论点的关键,即间接依赖和对外国批准的依赖,实际上根本就没有依赖或使用提交的数据;相反,他们使用的是赞同某特定药品安全有效的监管决定。对提交的试验数据的间接"使用",只是通俗意义上对提交的试验数据的"使用",即一条完全独立的信息正被使用,即使它源自第一条信息。对第二条衍生信息的使用,不能被认为也牵涉对第一条信息的使用,可以类比一下,"授权个

---

❶ 斯基林顿和索洛维(2003),第 29 页。
❷ 斯皮纳·阿里(2018),第 209 页。
❸ 斯皮纳·阿里(2018),第 209 页。
❹ 科雷亚(2002),第 72 - 79 页。
❺ 斯基林顿和索洛维(2003),第 6 页;费尔梅斯(2004),第 459 页;梅廷格(2005),第 132 页。
❻ 丁卡(2005),第 527 页。

体提供某种受监管的特定服务"是可以公开获取的信息，有人希望使用这些公开信息来编制此类个体的数据库。"授权个体提供这种服务"的信息，通常是基于"提交的某种数据"（至少是申请表，可能还有某种审查资料），如果没有提交这些数据，那么，诸如为实施法律而授权个体提供服务的监管决定就不可能存在。然而，对于"授权个体提供这种服务"的信息，使用它们并不意味着间接使用它们所依据的数据，当然也不会侵犯申请或审查材料中存在的知识产权（同样，读者不妨思考一下，以阅读方式使用本书的过程中，是否也必然"使用"了创作本书所必需，但并未出现在最终文本中的注释?）。加拿大联邦上诉法院在 1999 年 *Bayer v Canada*（*Attorney General*）案中遵循了这一推理思路。❶ 虽然该案重点关注 NAFTA 第 1711 条而不是 TRIPS 协定，但其逻辑无疑是适用 TRIPS 协定第 39.3 条的；在保护提交的试验数据的标准上，NAFTA 第 1711 条的要求比 TRIPS 协定第 39.3 条更高，❷ 无论如何加拿大也是 TRIPS 协定的签署国，因此在做出判决时同样要受到 TRIPS 协定第 39.3 条的约束。加拿大法院判决，NAFTA 第 1711 条第 5 款并未禁止"间接依赖"提交的试验数据，因为这种依赖是基于"原研药获得批准"这一事实，而不是基于此批准决定依据的被提交数据。虽然加拿大法院的这一判决明显不是对 TRIPS 协定第 39.3 条做出约束性解释，但它证明了将提交的数据与其衍生信息加以区分背后的合理推理。

根据本节的分析，本书认为，"不正当的商业使用"一词不仅强加了"保护提交的数据不被盗用"的义务，在后续药品审批中完全不受限制地使用原研数据也可能会违反该规定。然而，许多形式的仿制药审批申请不会违反该规定（特别是仿制药仅根据其与国内外已获批药品具有生物等效性而获得批准的申请）。此外，正如我们将看到的那样，TRIPS 协定第 39.3 条就如何防止不正当的商业使用赋予了各成员极大的自由裁量权。

4.4.2　其他术语

虽然在关于 TRIPS 协定第 39.3 条含义的争议中，"不正当的商业使用"的含义是最重要的方面，但许多其他术语也不清楚，随着本书的继续，理解它们的含义是有意义的。

---

❶ *Bayer v The Attorney General of Canada* 案 84 CPR（3d）129。

❷ NAFTA（1992 年）第 1711 条要求"除提交【试验数据】的人外，未经其许可，任何人【不得】在提交后的合理时间内依赖这些数据来支持产品审批申请"。

首先，"应当受到保护以防止不正当的商业使用"的要求仅针对需要付出巨大努力所取得的未披露数据，并且该数据需要被提交给各成员国，以作为使用新化学实体制造的药品或农业化学产品的上市批准条件。关于在什么情况下提交的试验数据应当受到 TRIPS 协定第 39.3 条的保护，这部分规定另外加了一套限制条件；因此，确定这些限制到底涉及什么，对于理解 TRIPS 协定第 39.3 条的要求至关重要。其次，各成员应"保护这些数据不被披露，除非属为保护公众所必需，或除非采取措施以保证这些数据不被用在不正当的商业使用中"，这一部分规定也引出了 WTO 成员在试验数据保护义务方面的问题。

4.4.2.1 新化学实体

只有作为"使用新化学实体"制造的药品或农业化学产品的上市批准条件而提交的数据，才应当受到 TRIPS 协定第 39.3 条的保护。这引出了两个问题："新"的含义是什么？"化学实体"的含义是什么？

首先，让我们考虑一下"新"。显然，提交的有关"旧"化学品的新适应证、新剂量等数据不应受到 TRIPS 协定第 39.3 条的保护，因为应当是新实体而不是新用途。[1] 然而，另一个问题是，在什么情况下化学实体可以被认为是"新"的。"新"这一术语可以从绝对意义上进行理解，即最近才出现的事物；或者从相对意义上进行理解，即当前进行评价的人认为新颖的事物。从哪个意义去理解 TRIPS 协定第 39.3 条中使用的这个术语很重要，因为前一个定义意味着，提交的数据只有与最近开发的化学实体相关，才应当受到 TRIPS 协定第 39.3 条的保护，而后一个定义则意味着，对于任何化学实体，只要对司法管辖区而言是新的，那么提交的与其相关的数据就都应当受到保护，而不论从何时开始开发该化学实体。

工作文本对"新"的含义几乎没有提供任何指导，该词首次出现在《布鲁塞尔草案》与提交的试验数据相关的内容中，但并没有对其加以说明。[2] 斯基林顿和索洛维认为，由于 TRIPS 协定第 39.3 条涉及向监管机构提交的数据，因此该术语应理解为，是指此前尚未向国家监管机构提交相关数据的化学实体。[3] 然而，这个论点是站不住脚的。"所涉数据应当提交给政府"不能

---

[1] 斯皮纳·阿里（2017），第 222 页。

[2] GATT，《体现乌拉圭回合多边贸易谈判结果的最终法案草案》，MTN. TNC/W/FA（1991 年 12 月 20 日）。

[3] 斯基林顿和索洛维（2003），第 25 页。

理解为，应当从政府先前是否批准过此类实体的角度，来评估所涉化学实体是否"新"，就像不应根据相关专利局之前是否已就相关发明授予专利权，来评估 TRIPS 协定第 27 条所规定的一项发明应当具有"新颖性"的要求一样，理由是 TRIPS 协定要求发明应向专利局充分披露。❶

斯皮纳·阿里认为，随后的国家实践证实，该术语应从国家监管机构的角度进行评估，他进一步指出，TRIPS 协定后 WTO 各缔约方已在数十个自由贸易协定中认可了这一含义。❷ 绝大多数拥有试验数据独占权法律的司法管辖区确实都选择"本国新颖性"定义，第 6 章中将对其加以讨论。然而，许多自由贸易协定和司法管辖区也对"新颖性"进行了很大的限制，例如，将是否可以获得试验数据独占权或独占权期限长度，与"药品在其他司法管辖区获得批准后，应当在一定期限内在该司法管辖区寻求批准"这类要求挂钩。例如，中国似乎将"新化学实体"和"新药"定义为最先在中国寻求首次上市许可的药品，那么，最先在其他司法管辖区为获得批准而提交的药品数据将不能获得数据独占权。❸ 越南、马来西亚、智利等都要求，新化学实体在国际首次亮相后几年内应当在国家管辖范围内提交审批申请，以获得试验数据独占权。❹ 与此同时，秘鲁和哥伦比亚分别与美国和欧盟达成的贸易协定中，允许各方从另一方批准之日起算独占期限，前提是原研者的申请在提交后 6 个月内获得该方的批准；如果化学实体在一方首次批准之日与在另一方提交申请之日之间的间隔超过独占期，这种情况显然会导致化学实体无法获得试验数据独占权保护。❺ 国家实践呈现的这种多样性表明，这个问题尚未得到解决。

科雷亚认为，由于未对该术语加以定义，因此，各成员可以自由地对其下定义，即"新"意为"最近出现的"或"先前未得到批准的"，甚至也可能适用专利法所使用的极端新颖性标准，即如果产品先前已在世界任何地方向公众披露过，则该产品将不被视为新颖的。❻ 鉴于这个问题确实缺乏明确性，这似乎是正确的方式。由于"新"这一术语含义模糊，因此，既不能视

---

❶ TRIPS 协定第 27 条和第 29 条。

❷ 斯皮纳·阿里（2017），第 222 页。

❸ USTR，2017 年特别 301 报告（2017），第 33 页。

❹ 越南，通知 2011 年第 17/2011/TT‐BNNPTNT 号；马来西亚，数据独占权指令（2011 年）；智利，《工业产权法》第 19.039 号（修订本）等。

❺ 《美国‐秘鲁 TPA》（2006 年）第 16.10 条；《美国‐哥伦比亚 TPA》（2006 年）第 16.10 条；欧盟与秘鲁、哥伦比亚之间的贸易协定（2012 年）第 231 条。

❻ 科雷亚（2002），第 74 页。

为要求绝对新颖性，也不能认为，对于所有先前未经国家监管机构批准的化学实体，如果提交的数据与其相关，就要履行保护该数据的义务。因而，各成员可以从绝对或相对角度自由界定"新"这一术语的标准。❶

"化学实体"这一术语也引发了争议。显然，该术语涵盖了构成大多数药品的传统"小分子"药物。然而，对于 TRIPS 协定第 39.3 条是仅要求保护提交的与这些小分子药物相关的试验数据，还是也要求保护与通过生物过程衍生的药品（即生物制剂）相关的试验数据，在仔细思考后，出现了一些问题。如第 2.5 节所述，由于许多司法管辖区出现了生物制剂简略审批程序，因此这些问题变得更加有意义。一方面，从字面意义上说，生物制剂仍然是由化学品组成的，因此一些评论家认为，它们应该属于 TRIPS 协定第 39.3 条的范围。❷ 然而，在医药领域，"化学药物"通常被理解为小分子实体，而生物衍生药物则指生物制剂。❸ 事实上，在美国明确了"新化学实体"这一术语仅指小分子药物❹，考虑到 TRIPS 协定谈判时美国在世界医药市场上所占的份额甚至比现在更大，因此参与 TRIPS 协定谈判的利益相关者应该熟悉这个专门用语。谢赫指出，TRIPS 协定起草者选择"化学实体"这一短语，而不是"活性成分"或"物质"这些通常用于表示化学药物和生物制剂的通用短语。❺ 事实上，《布鲁塞尔草案》使用了"新药品"这一术语，其通常含义似乎涵盖了包括生物制剂在内的任何新药，TRIPS 协定最终草案将该术语修改为"使用新化学实体【强调标记是后加的】制造的药品或农业化学产品"，这表明该草案有意缩小了该条款的范围。因此，提交的有关生物制剂的试验数据似乎不包括在 TRIPS 协定第 39.3 条的范围内。

4.4.2.2 提交未披露的试验数据或其他数据

"只有未披露的试验数据才应当受到 TRIPS 协定第 39.3 条保护"这一概念，似乎相对清晰明了，但仍然引起了争议。虽然明确规定只有提交的未披露试验数据才应当受到 TRIPS 协定第 39.3 条的保护，但是对于各成员是否应当继续保护提交时未披露但随后被披露的数据仍然存在争议。斯基林顿和索

---

❶ 科雷亚（2002），第 74 页；谢赫（2016），第 84 页。

❷ 德·卡瓦略（de Carvalho）（2008），第 287 页。

❸ 谢赫（2016），第 82 页。

❹ 例如，参见 FDA，"FDA 的新药：CDER 的新分子实体和新的治疗性生物制品"。https://www.fda.gov/drugs/development – approval – process – drugs/new – drugs – fda – cders – new – molecular – entities – and – new – therapeutic – biological – products（访问日期：2023 年 1 月 26 日）。

❺ 谢赫（2016），第 82 – 83 页。

洛维指出，该条款没有明确规定数据在提交后应当保持未披露状态，因此即使数据被披露，也应当在收回成本所需的这段时间内保护该数据，以防止不正当竞争。❶ 对这一论点明显持反对态度的观点是，正如 TRIPS 协定第 39.3 条没有明确规定数据在提交后应当保持未披露一样，它也没有明确要求提交的数据在被披露后应当继续受到保护。如下所述，各成员应当保护试验数据不被披露，除非属为保护公众而必须披露，或者除非采取措施以保证所披露的数据不被用在不正当的商业使用中。这表明，如果政府披露了该数据，则政府为提交的试验数据提供的任何保护都应当继续下去，除非这种披露是出于公共健康的原因。然而，如果试验数据为申请人或另一方所披露，TRIPS 协定第 39.3 条就不要求该数据也应当继续受到保护。

还应该指出的是，由于 TRIPS 协定第 39.3 条涉及的试验数据是作为成员国批准药品（或农业产品）的部分要求而提交的，因此，已在国外而非该成员国提交的数据将不受到保护。这进一步强化了以下论点：TRIPS 协定第 39.3 条并未禁止根据外国司法管辖区的批准决定来批准仿制药。❷

4.4.2.3　巨大努力

只有"需要付出巨大努力取得"的试验数据才应当受到 TRIPS 协定第 39.3 条的保护。同样，TRIPS 协定文本未对该术语加以定义。科雷亚指出，所谓"巨大"，TRIPS 协定第 39.3 条允许各国政府要求提供证据，来证明取得试验数据所付出的努力确实"巨大"。❸ 谢赫评论说，由于巨大努力必须是为了取得相关具体数据所付出的，因此各成员在以下方面有自由权：第一，要求提供的证据涉及相关药品，而不是涉及研发总支出；第二，"巨大"的定义不包括失败的试验，因为按照定义，通过失败的试验不会取得实际提交的任何数据。❹ 斯基林顿和索洛维着眼于"取得"这一短语，他们评论说，只要取得数据需要付出巨大努力，那么在提交之前需要进行翻译和重新格式化等琐碎工作的数据仍然应当涵盖在内。❺

4.4.2.4　禁止披露

TRIPS 协定第 39.3 条最后要求各成员保护提交的该条款所述类型的数据

---

❶　斯基林顿和索洛维（2003），第 35 页。
❷　科雷亚（2002），第 75 页。
❸　科雷亚（2002），第 75 页。
❹　谢赫（2016），第 90 页。
❺　斯基林顿和索洛维（2003），第 28 页。

不被披露，除非属为保护公众所必需，或除非采取措施以保证该数据不被用在不正当的商业使用中。

第二个例外乍一看有些令人费解。如果可以保护数据不被用在不正当的商业使用中，则该例外允许披露提交的试验数据，然而，鉴于 TRIPS 协定第 39.3 条已经要求，保护数据以防止不正当的商业使用，这似乎意味着只要遵守 TRIPS 协定第 39.3 条第一部分，就可以免除成员履行该条款第二部分规定的任何实际义务，这样第二部分就多余了。然而，应当想到，关于保护数据不被用在不正当商业使用中的措施，TRIPS 协定第 39.3 条为各成员提供了较大的自由空间。某些情况下，如果披露提交的试验数据，竞争对手可能会有效绕过不正当商业使用的一般构成要件，例如，在美国，仿制药可能会引用"文献新药申请"中披露的数据，从而在试验数据独占期内根据原研数据获得上市批准。因此，第二个例外应正确理解为，虽然各成员可以披露提交的试验数据，但其必须保证数据在被披露后应当继续受到保护，不被用在不正当的商业使用中。EMA"关于发布人用药品临床数据的政策"就是这样的例子。❶ 数据只有在严格规定下才可使用；仍然禁止商业使用，某些"商业机密信息"（一旦被披露就可能损害原研者合法商业利益的任何非公开数据）可以编辑，❷ 欧盟的试验数据独占权规则不受影响（第 6.4.5 节将进一步对 EMA 的政策加以讨论）。

第二个例外的含义得到确定后，第一个例外的含义就清晰明了了，当对公众造成威胁而必须披露提交的试验数据时，就不需要继续保护提交的试验数据以防止不正当的商业使用。这样，拥有试验数据独占权法律的国家就有可能会披露试验数据，例如，将试验数据用于疫情期间根据强制许可生产的仿制药的简略审批申请中。披露应当是为保护公众所"必需"，当然，关于在什么情况下可以实际使用这种例外，该规定设置了很高的门槛；费尔梅斯注意到 GATT 和 WTO 争端解决专家小组的做法，认为"必需性"规定可能会禁止披露，除非披露是保护公众的唯一合理的可能手段。❸

---

❶ EMA，"欧洲药品管理局关于发布人用药品临床数据的政策"（2019 年），EMA/144064/2019。

❷ EMA，"欧洲药品管理局关于发布人用药品临床数据的政策"（2019 年），EMA/144064/2019，第 7 页。

❸ 费尔梅斯（2004），第 451 页。

4.4.3　各成员应当采取哪些措施来遵守 TRIPS 协定第 39.3 条

　　各国政府面临的根本问题是，它们应当实际采取哪些措施来遵守 TRIPS 协定。如上述讨论所表明，很明显，TRIPS 协定第 39.3 条并没有强制各成员采纳试验数据独占权。在 TRIPS 协定的《布鲁塞尔草案》之后，删除了明确、清晰的试验数据独占权条款，这显然表明各谈判代表拒绝接受这项义务。如果坚持认为 TRIPS 协定第 39.3 条要求提供试验数据独占权，就等于忽略了这样一个事实："应当通过特定方式保护提交的试验数据"这一要求已被起草者删除。这个事实也表明，有意让各成员有权选择采取什么方式来遵守 TRIPS 协定第 39.3 条。[1] TRIPS 协定第 1.1 条进一步证实了这一点，该条规定，各成员有权"在其各自的法律制度和实践中确定实施本协定规定的适当方法"。[2] 相反，斯基林顿和索洛维却认为，要防止不正当的商业使用就需要强大的独占权，但不一定是《Hatch – Waxman 法案》中的那种试验数据独占权。他们指出，对于"与作品的正常利用相冲突"（涉及 TRIPS 协定第 13 条中的版权）和"与专利的正常利用发生无理抵触"（涉及 TRIPS 协定第 30 条中的专利）这两个短语，以前的 WTO 专家小组选择将它们解释为，与相关知识产权持有人的经济竞争。由此，他们得出的结论是，为提交的试验数据提供的最佳保护方式是近乎完全控制数据的权利，就像版权或专利权一样。[3] 这种比较是缺乏说服力的，因为版权或专利权的本质是独占权，而是否应当存在这种权利正是关于 TRIPS 协定第 39.3 条的争议所在。只有我们已经得出"提交的试验数据应当受到与版权或专利权同等的独占权保护"这种结论，"提交的试验数据的不正当商业使用"与"与专利或版权的正常利用相冲突"之间的比较才有意义，否则这种循环论证是不能令人信服的。

　　TRIPS 协定第 39.3 条只要求"保护"提交的试验数据不被用在不正当的商业使用中。如斯皮纳·阿里所评论，保护（其通常含义是"免受伤害"）并不意味着禁止不正当的商业使用，只是要保护此类数据的原研者免受有害影响。[4] 这符合费尔梅斯的前述评论，即对提交的试验数据的任何商业使用

---

[1]　斯皮纳·阿里（2018），第 218 页。
[2]　TRIPS 协定第 1.1 条。
[3]　斯基林顿和索洛维（2003），第 30 页。
[4]　斯皮纳·阿里（2018），第 211 页。

只要"正当"，都是允许的。[1] 当然，这可以通过试验数据独占期来实现，但也可以通过其他机制来实现，如第2章所强调的机制。临床试验的直接资助显然消除了被提交数据的商业使用不正当的问题，因为要么原研者已经得到政府的直接补偿，要么政府自己产生了数据。强制责任制度和提交数据后一定期限内对仿制药征税这些措施，也为原研者提供了补偿以换取数据的使用，要么在责任制度的情况下直接提供补偿，要么相较于竞争对手让原研公司享有税收折扣而间接提供补偿。[2] 事实上，各成员甚至可能会辩称，他们的专利条款以及为药品提供的其他补充保护形式，足以确保原研者在大多数情况下享有"在经济上合理"的垄断期，仅在不能获取专利权保护时才为提交的试验数据提供额外保护。

当然，仍然存在这样的问题：应当为提交的试验数据提供多大程度的保护，以防止竞争对手的不正当商业使用？有人认为，如果在原研者将取得数据所付出的投资完全收回之前，允许依赖提交的试验数据，将违反 TRIPS 协定第 39.3 条。[3] 由于多种原因，这种观点似乎令人难以置信。首先，TRIPS 协定的谈判历史并不支持这种观点；唯一提及对提交的数据进行"全额补偿"的提案是 1988 年美国提案，而其他提案则试图将取得数据的成本与数据保护联系起来（1990 年美国提案要求，应当支付数据的"合理价值"；1990 年欧洲共同体提案和《布鲁塞尔草案》建议，"合理保护期限"应当与为取得数据所付出的努力相当）；所有这些规定，均未被最终的 TRIPS 协定第 39.3 条采纳。无论如何，WTO 成员都不会要求，在允许依赖原研药的批准数据之前提供"全额补偿"，即使是最慷慨的试验数据独占权条款也只是授予一个统一的独占期，在该独占期之后仿制药才可以依赖数据，而不管原研者是否得到"全额补偿"。[4] 其次，TRIPS 协定第 7 条也反对这种极端含义，正如斯皮纳·阿里所评论的那样，如果要求对提交的试验数据的成本进行全额补偿，则仿制药公司的市场地位将会失衡，因为原研药公司将得到试验数据产生成本的全额补偿，而仿制药公司却将必须承担生物等效性审查的成本。[5]

对于选择采用试验数据独占权来保护提交的试验数据的成员来说，这种

---

[1] 费尔梅斯（2004），第 462 页。

[2] 斯皮纳·阿里（2018），第 228 页。

[3] 斯基林顿和索洛维（2003），第 5 页。

[4] 正如我们将看到的那样，许多自由贸易协定和国内法确实提到了"合理"期限，和/或以其他方式建议保护期限应以某种方式与产生数据所花费的努力联系起来，但似乎没有在实践中实际应用这一点。

[5] 斯皮纳·阿里（2018），第 224 页。

独占权必须具备哪些特征？首先，虽然几天之类这种短得荒谬的保护期限显然不符合 TRIPS 协定（因为这样会导致"防止不正当的商业使用"这种概念变得毫无意义），但各成员在保护期限方面确实有很大的自由度。其次，这种保护可以是市场独占权、数据独占权本身或两者的组合（进一步参见第 2.3 节）。只是参考批准事实来间接依赖数据是允许的，参考外国批准也是允许的。各成员也有权决定获得保护所需的"新颖性"标准，无论是客观标准还是相对标准。最后，各成员没有义务为以下数据提供保护：（a）提交的与旧药品或生物制剂新适应证相关的数据；（b）无法证明是通过巨大努力取得的数据；（c）已披露的数据。各成员也有权披露提交的数据，前提是继续保护该数据免受不正当竞争或者这种披露属为保护公众所必需。

TRIPS 协定第 39.3 条是否禁止在强制许可或旨在促进公共健康的其他措施中使用提交的试验数据

如第 2.4.1.2 节所指出，关于保护提交的试验数据（特别是试验数据独占权），有一种批评是，这种保护阻止了根据强制许可生产的仿制药品通过简略审批途径获得批准，从而削弱了政府授予药品强制许可的能力。有许多公认的方法可以避免这种冲突。在为保护公众而必须披露数据的情况下（如第 4.4.2.4 节所述），各成员可以披露数据，以便将数据用于文献 NDA 或等同机制中。此外，各成员也可以规定：豁免为提交的试验数据提供的任何保护方式，或者对提交的试验数据本身进行强制许可。

虽然 TRIPS 协定第 39.3 条的文本中既没有明确说明可以豁免在提交的试验数据上的权利，也没有明确说明可以强制许可此类数据，但似乎这两种情况都是允许的。首先，正如努诺·皮雷斯·德·卡瓦略（Nuno Pires de Carvalho）所指出的那样，TRIPS 协定的其他部分对强制许可的限制（例如，第 21 条中禁止商标强制许可，或第 31 条中未经权利持有人授权的情况下对专利使用的限制）均采用否定措辞，这表明如果没有明确限制，那么强制许可受 TRIPS 协定保护的主题是允许的。❶ 瑞士提议明确禁止对机密信息进行强制许可，但未被 TRIPS 协定最终版本采纳，这进一步证实了这一点。

此外，由于 TRIPS 协定第 39.3 条仅要求防止不正当的商业使用，因此，只要商业使用是正当的或至少保护原研者免受不正当的使用后果，对提交的试验数据的通常保护方式之例外是允许的。例如，发生公共健康危机事件时，

---

❶ 德·卡瓦略（2008），第 309 页。

可能会暂停试验数据独占权，或者提交的试验数据即使受试验数据独占权保护，也可能会对其进行强制许可，但是，只要权利持有人得到足够的报酬，这种使用就不是不正当的。此外，斯皮纳·阿里指出，国际法的一项既定原则是，解释者应狭义地解读沉默，而不是用它们推断出繁重的义务，正如拉丁格言"法律允许的地方它说话，法律不允许的地方它保持沉默（ubi lex voluit dixit，ubi noluit tacuit)"（"当法律愿意时，它说话；当法律不愿意时，它保持沉默"）所表达的那样。❶ 根据 TRIPS 协定第 8.1 条和《多哈宣言》进行解读，可以表明，关于提交的试验数据，各成员可以实施其通常保护方式之例外，只要这些例外与 TRIPS 协定第 39.3 条的一般要求相一致。

2022 年 6 月 WTO 第 12 届部长级会议通过的《TRIPS 协定部长级决定》，进一步证实了对 TRIPS 协定第 39.3 条的这种解释。该部长级决定（将在第 8.2.2.1 节中对其加以更详细的阐述）仅在第 4 段中简要地提及了 TRIPS 协定第 39.3 条。其内容如下：

认识到及时获取新型冠状病毒疫苗的重要性，应当理解为，协定第 39.3 条不阻止有资格的成员快速批准使用根据本决定生产的新型冠状病毒疫苗。❷

如"应当理解"一词所表明，该部长级决定第 4 段仅对 TRIPS 协定第 39.3 条的解释进行了澄清，而并未以任何方式改变该条款规定的义务。❸ 该澄清的表达是谨慎的，仅承认 TRIPS 协定第 39.3 条不阻止在部长级决定的特定背景下迅速批准疫苗。然而，仅在对 TRIPS 协定第 39.3 条的通常解释与"至少在某些情况下允许药品快速批准"相一致时，情况才会如此。事实上，一些评论家对该部长级宣言第 4 段表示欢迎，因为它澄清了本节概述的一般例外或保障措施存在于 TRIPS 协定第 39.3 条中，以在紧急情况下可以进行强制许可或采取旨在促进公共健康的其他措施。❹

4.5　TRIPS 协定第 39.3 条的重要性

与许多作者之前所做的工作一样，本章已经十分详细地探讨了 TRIPS 协

---

❶ 斯皮纳·阿里（2016），第 749 页。

❷ WTO，《TRIPS 协定部长级决定》，WT/MIN（22）/30（2022 年 6 月 22 日）。

❸ 索洛维（2022），第 10 页；兰詹（Ranjan）和古尔（Gour）（2022），第 8 页。

❹ 墨丘利奥（Mercurio）和乌普雷蒂（Upreti）（2022），第 7 页；兰詹和古尔（2022），第 8 页；米切尔等（2022），第 126 页。

定第 39.3 条的含义。然而，就 TRIPS 协定第 39.3 条的含义展开的争论晦涩难懂，并不能对以下事实进行解释：尽管 TRIPS 协定未采纳试验数据独占权这样的要求，并且 TRIPS 协定第 39.3 条几乎每个方面都含糊不清，除上述无定论的美国 – 阿根廷案件外，[2] 没有正式做出任何尝试来对该条款做出一种具体解释，但是，几乎所有重要的医药市场现在都通过试验数据独占权来保护提交的试验数据。❶

有人可能会认为，TRIPS 协定第 39.3 条对试验数据独占权的全球化来说根本不重要，或者 TRIPS 协定第 39.3 条甚至对提倡试验数据独占权的发达国家来说是一个障碍，尽管这些国家在后 TRIPS 时期已经设法克服了这种障碍。然而，本书接下来的两章将论证"TRIPS 协定第 39.3 条在试验数据独占权全球化中发挥了重要作用"。在 TRIPS 协定之前，其国内没有研究型制药行业的司法管辖区，没有理由对提交的试验数据制定特殊保护措施来保护外国制药公司的投资，尤其是在这将导致其公民的药品成本增加的情况下。TRIPS 协定第 39.3 条确立了"提交的试验数据应当受到特殊保护"的原则，并由此确定了监管变革的方向，因而发达国家随后采用非互惠协调、强制和奖励制度等机制，在后 TRIPS 时期推动制定了详细的试验数据独占权规则。❷

除确立了这一原则外，在后 TRIPS 时期，TRIPS 协定第 39.3 条的模糊性也在试验数据独占权全球化方面发挥了重要作用。如布雷思韦特和德拉霍斯所评论，制定新监管方法会产生时间、金钱、脑力劳动和冲突等形式的成本。❸ 如果相关"新方法"必须履行一项根本不明确的义务，会尤其如此，政府如果希望制定新方法来保护提交的试验数据，则必须承担制定和实施这种新方法的成本，并将不可避免地面对发达国家的强烈反对，鉴于解释该条款的灵活性相当大，发达国家几乎肯定会提出这种半真半假的论点：这种保护提交的试验数据的新方法不符合 TRIPS 协定第 39.3 条。因此，各国受到鼓励，纷纷效仿履行 TRIPS 协定第 39.3 条义务所采取的现有方法，即试验数据独占权，尽管这种方法通常不太适合其具体环境。

如下一章所述，一些国家在 TRIPS 协定之后不久就实施了试验数据独占权法律，尽管并未给本国经济带来任何明显的好处，但也没有任何双边压

---

❶ WTO，阿根廷 – 关于保护专利和试验数据的某些措施，WT/DS196/4（2002 年 5 月 31 日）。
❷ 布雷思韦特和德拉霍斯（2000），第 19 页。
❸ 布雷思韦特和德拉霍斯（2000），第 585 页。

力。❶ 然而，除了对现有试验数据独占权法律进行直接效仿，由于 TRIPS 协定第 39.3 条模糊不清，美国、欧盟和欧洲自由贸易联盟也更有可能与抵制采用此类法律的国家在试验数据独占权条款方面达成一致。未制定措施实施 TRIPS 协定第 39.3 条的国家，容易被指控未履行其 WTO 义务；美国、欧盟和欧洲自由贸易联盟在谈判期间如果试图得到提供试验数据独占权的承诺，这种指控将加强它们的地位。最明显的例子是，尽管试验数据独占权并不是任何 WTO 条约的明确要求，但是，包括中国在内的一些国家在加入 WTO 的过程中却都已经承诺提供试验数据独占权。

具体的义务显然会产生具体的结果，然而，诸如 TRIPS 协定第 39.3 条规定的义务尽管极其不具体，但在某些情况下也可能产生具体的结果，这是因为对于为履行义务所采取的措施而言，其首创成本会因这些义务不具体而增加，以至于效仿现有措施是最可行的选择。这并没有表明因此而将 TRIPS 协定第 39.3 条故意设计得含糊不清，TRIPS 协定的谈判历史清楚地表明，美国、欧洲共同体和瑞士在乌拉圭回合期间，大力推动对仿制药公司根据先前提交的数据获得批准的能力进行明确限制。然而，这正是后 TRIPS 时期 TRIPS 协定第 39.3 条在试验数据独占权全球化方面发挥的作用。

4.6　结　论

TRIPS 协定第 39.3 条似乎确实要求的不仅仅是保护提交的试验数据不被盗用，如果后续药品申请完全不受限制地使用提交的试验数据，也可能会违反该条款。然而，就如何保护提交的试验数据而言，TRIPS 协定第 39.3 条规定的义务为各成员提供了较大的自由裁量权。TRIPS 协定第 39.3 条的实施方式有多种，包括赖希曼建议的直接资助临床试验、费尔梅斯和丁卡建议的补偿模式或斯皮纳·阿里建议的对仿制药征税。❷ 如果各成员确实提供了试验数据独占权，那么它们有权包含诸如新颖性标准更高或试验数据独占期有例外等特点。其次，许多药品审批虽然依赖原研数据，但根本不受 TRIPS 协定第 39.3 条的约束，例如，药品审批依赖原研药被批准（无论是在国内还是在其他司法管辖区）的事实而非依赖提交的试验数据本身，或药品审批依赖提

---

❶　如新西兰和毛里求斯，参见第 6.4 节。

❷　赖希曼（2009）；费尔梅斯（2004），第 461 页；丁卡（2005），第 528 页；斯皮纳·阿里（2017），第 228 页。

交的有关生物产品的数据。

尽管试验数据独占权在乌拉圭回合中未被 TRIPS 协定采纳，但 TRIPS 协定第 39.3 条在试验数据独占权全球化方面仍然发挥了重要作用。首先，TRIPS 协定第 39.3 条确立了"提交的试验数据应当受到特殊保护"的原则。其次，由于确定 TRIPS 协定第 39.3 条的含义存在困难，因此，对于提交的试验数据，其保护措施的首创成本较为高昂，如接下来的两章所述，这促进了后 TRIPS 时期试验数据独占权在贸易谈判中传播。

参考文献

Bradley AJ（1987）Intellectual property rights, investment, and trade in services in the Uruguay Round: laying the foundations. Stanford J Int Law 23: 57

Braithwaite J, Drahos P（2000）Global business regulation. Cambridge University Press, Cambridge

Correa C（2002）Protection of data submitted for the registration of pharmaceuticals: implementing the standards of the TRIPS agreement. South Centre, Geneva

Correa C（2010）Data exclusivity for pharmaceuticals: TRIPS standards and industry's demands in free trade agreements. In: Correa C（ed）Research handbook on the protection of intellectual property under WTO rules: intellectual property in the WTO. Edward Elgar Publishing, Cheltenhem, pp 713 – 728

Council for Trade – Related Aspects of Intellectual Property Rights（2001）Submission to the TRIPS Council by the African Group, Barbados, Bolivia, Brazil, Cuba, Dominion Republic, Ecuador, Honduras, India, Indonesia, Jamaica, Pakistan, Paraguay, Philippines, Peru, Sri Lanka, Thailand and Venezuela

de Carvalho NP（2008）The TRIPS Agreement for antitrust and undisclosed information. Kluwer, The Hague

Dinca R（2005）The Bermuda Triangle of pharmaceutical law: is data protection a lost ship? J World Intellect Prop 8: 517

Drahos P, Braithwaite J（2002）Information feudalism: who owns the knowledge economy. Routledge, London

EMA（2019）European Medicines Agency policy on publication of clinical data for medicinal products for human. EMA/144064/2019

European Commission（2001）Questions on TRIPs and Data Exclusivity: An EU Contribution

Fellmeth AX（2004）Secrecy, monopoly, and access to pharmaceuticals in international trade law: protection of marketing approval data under the TRIPs Agreement. Harv Int Law J 45: 443

Gervais D (1998) The TRIPS Agreement: drafting, history and analysis. Sweet and Maxwell, London

Matthews D (2003) Globalising intellectual property rights: the TRIPS Agreement. Routledge, London

Meitinger I (2005) Implementation of test data protection according to Article 39.3 TRIPS: the search for a fair interpretation of the term unfair commercial use. J World Intellect Prop 8: 123

Mercurio B, Upreti P (2022) From necessity to flexibility: a reflection on the negotiations for a TRIPS waiver for Covid – 19 vaccines and treatments. World Trade Rev 21 (5): 633 – 649

Mitchell AD, Taubman A, Samlidis T (2022) The legal character and practical implementation of a TRIPS waiver for COVID – 19 vaccines. Fordham Intellect Prop Media Entertain Law J 33: 100

Mossinghoff GJ (1984) The importance of intellectual property protection in international trade. Boston Coll Int Comp Law Rev 7: 235

Palombi L (2015) The patenting of biological materials in the United States: a state of policy confusion. Perspect Sci 23 (1): 35 – 65

Ranjan P, Gour P (2022) The TRIPS waiver decision at the World Trade Organization: too little too late! Asian J Int Law: 1 – 12

Reichman JH (2009) Rethinking the role of clinical trial data in international intellectual property law: the case for a public goods approach. Marquette Intellect Prop Law Rev 13 (1): 1

Sell SK (1995) The origins of a trade – based approach to intellectual property protection: the role of industry associations. Sci Commun 17 (2): 163 – 185

Sell SK (2003) Private power, public law: the globalization of intellectual property rights. Cambridge University Press, Cambridge

Shaikh OH (2016) Access to medicine versus test data exclusivity: safeguarding flexibilities under international law. Springer, Berlin

Skillington GL, Solovy EM (2003) The protection of test and other data required by article 39.3 of the TRIPS agreement. Northwest J Int Law Bus 24: 1

Solovy EM (2022) The TRIPS waiver for COVID – 19 vaccines, and its potential expansion: assessing the impact on global IP. George Mason University Centre for Intellectual Property x Innovation Policy

Spina Alì G (2016) The sound of silence: international treaties and data exclusivity as a limit to compulsory licensing. Eur Intellect Prop Rev 38 (12): 744 – 754

Spina Alì G (2017) Article 39 (3) TRIPS: understanding the obligations, exploiting the flexibilities. The University of Hong Kong

Spina Alì G (2018) The 13th Round: Article 39 (3) TRIPS and the struggle over "Unfair Commercial Use". J World Intellect Prop 21 (3 – 4): 201 – 242

UNCTAD – ICTSD （2005） Resource book on TRIPS and development. Cambridge University Press，Cambridge

USTR （1995） The Protection of Undisclosed Test Data in Accordance with TRIPS Article 39. 3

USTR （2017） 2017 Special 301 Report

Weissman R （1996） A long, strange TRIPS：the pharmaceutical industry drive to harmonize global intellectual property rules，and the remaining WTO legal alternatives available to Third World countries. Univ Pa J Int Law：1069

译者注

［1］原文疑似有误，原文为"…VLCT."。译者按"…VCLT."翻译。

［2］原文疑似有误，原文"…other that…"。译者按"…other than…"处理。

5 试验数据独占权的全球化

摘　要　尽管试验数据独占权未被 TRIPS 协定采纳，但其全球化为何会这样彻底？贸易协定和其他法律文件中的试验数据独占权要求，又是如何随时间的推移在各缔约方之间逐渐发展的？本章将对这些问题加以分析。首先，本章将阐述美国、欧洲自由贸易联盟/瑞士，以及欧盟分别达成的贸易协定在试验数据独占权全球化中所发挥的作用。然后，本章将探讨如何利用 WTO 加入过程和更具强制性的措施来迫使各国采纳试验数据独占权法律。最后，本章将对试验数据独占权全球化在后 TRIPS 时期如此成功的原因加以分析。

5.1　引　言

在第 4 章已经提到，在乌拉圭回合期间，提供试验数据独占权的要求未被 TRIPS 协定采纳。此外，第 4 章也得出如下结论：如果在简略申请中完全不受限制地使用提交的试验数据，那么可能会构成 TRIPS 协定第 39.3 条规定的不正当商业使用，但是，关于保护提交的试验数据的方式，WTO 成员拥有较大的自由裁量权；根据 TRIPS 协定，完全允许采用替代方式来保护提交的试验数据，某成员即使确实通过试验数据独占权来履行 TRIPS 协定第 39.3 条规定的义务，也可以通过多种方式限定这种独占权。尽管如此，试验数据独占权现在仍然成为几乎所有大型医药市场监管制度的特征，其全球化程度远远超过专利链接和专利期限延长等其他"TRIPS +"措施。试验数据独占权全球化如此广泛是如何实现的？本章将对此加以分析。

5.2　后 TRIPS 时期对提交的试验数据的保护与贸易

　　尽管在乌拉圭回合期间，提供试验数据独占权的明确要求未被 TRIPS 协定采纳，但几乎就在 TRIPS 协定刚签署后，立即就有发声宣称，TRIPS 协定第 39.3 条实际上要求提供试验数据独占权。美国贸易代表办公室（USTR）于 1995 年 5 月发布声明称：TRIPS 协定第 39.3 条要求，在一段固定的时间内，提交的数据不得用于"支持、批准或以其他方式审查"后续上市审批申请。[1] 美国于 1999 年开始针对阿根廷提起"诉讼"，除其他理由外，有一项特别的理由是阿根廷未能提供试验数据独占权保护。[2] 被极力推动的 TRIPS 协定"最大化"解释并不局限于保护提交的试验数据，美国不仅通过 WTO 争端解决程序就巴西专利法中的"本地实施（local working）"条款对巴西提起"诉讼"，[3] 还与南非发生争端，涉及南非政府试图利用强制许可来确保获取人们负担得起的艾滋病治疗药物。然而，到 2001 年，美国在这三起案件中都做出了让步，其中由南非惨况引发的强烈抵制尤其令人尴尬。[4] 1999 年，通过 WTO 争端解决程序对特别 301 条款提出了挑战，这对美国利用单方面压力推动提高知识产权保护标准的做法造成了进一步的打击。争端解决机构（Dispute Settlement Body，DSB）通过的专家小组报告确认，美国只有在 WTO 范围内用尽所有选择后，才能对另一 WTO 成员实施制裁。[5]

　　然而事实证明，采取更谨慎的方法来提高对提交的试验数据的保护水平更为有效。如前所述，TRIPS 协定谈判即将结束时，美国已开始在多项双边

---

[1]　USTR（1995a）。

[2]　WTO，阿根廷：药品专利保护和农业化学品试验数据保护 – 共同商定解决方案的通报，WT/DS196/4（2002 年 6 月 20 日）。

[3]　霍恩（2002），第 29 页。

[4]　南非案件被无条件撤回。在巴西案件中，双方商定的解决方案允许巴西维持其本地实施条款，但巴西需要做出承诺：如果巴西实际上根据本地实施条款将对美国公司拥有的专利授予强制许可，则巴西要事先与美国进行谈判。在阿根廷案件中，阿根廷同意遵守美国的大部分要求，但试验数据独占权问题悬而未决，如第 4 章所述。进一步参见霍恩（2002）；WTO，巴西：影响专利保护的措施 – 共同商定解决方案的通报，WT/DS199/4（2001 年 7 月 19 日）；WTO，阿根廷：药品专利保护和农业化学品试验数据保护 – 共同商定解决方案的通报，WT/DS196/4（2002 年 6 月 20 日）。

[5]　WTO，小组报告，美国《1974 年贸易法》第 301 ~ 310 节，WT/DS152/R（1999 年 12 月 22 日）。

协定中达成试验数据独占权条款。这些条款显然是以 TRIPS 协定的《布鲁塞尔草案》中未披露数据有关条款的括号内版本为蓝本的。❶ TRIPS 协定签署后，美国继续达成此类协定，从 21 世纪 00 年代中后期开始，欧盟、欧洲自由贸易联盟以及瑞士也开始进行谈判，要求在贸易协定中承诺提供试验数据独占权。除此之外，从 21 世纪 00 年代初开始，许多国家在加入 WTO 的谈判期间，已正式承诺提供试验数据独占权或表示将提供此类保护，以遵守 TRIPS 协定第 39.3 条。

在贸易谈判和入世谈判中做出这些承诺，是在 TRIPS 协定之后试验数据独占权扩张到新的司法管辖区的主要方式。然而，试验数据独占权全球化也通过其他方式得以实现。在更为明确的经济胁迫威胁下进行谈判，也会迫使各国采用试验数据独占权法律，至少有一次公然的军事胁迫就是如此。此外，少数国家简单地效仿其他国家的试验数据独占权条款，欧洲共同体在 20 世纪 80 年代采取的就是这种做法。在 TRIPS 协定签署之后，瑞士通过的试验数据独占权法律是以欧洲共同体的法律为蓝本的，但是，考虑到瑞士拥有庞大的研究型制药行业，以及在乌拉圭回合中瑞士就保护提交的试验数据持有积极立场，这就不令人奇怪了。❷ 其他司法管辖区尽管没有如此明显的动力驱使它们加强药品知识产权保护，但也在 TRIPS 协定签署后不久就通过了试验数据独占权法律，例如，新西兰于 1994 年通过了现行的试验数据独占权法律。❸

5.3　贸易协定中的试验数据独占权

至少在 54 项已签署的贸易协定中，包含要求提供试验数据独占权保护或采取密切相关措施的条款。这些协定是美国（至少已签署 26 项此类协定）、欧洲自由贸易联盟国家（欧洲自由贸易联盟作为整体至少签署了 17 项此类协定，另外 2 项仅由瑞士签署）或欧盟（至少签署了 9 项此类协定）分别与第三方或多方签署的。唯一的一个国内拥有大型研究型制药行业但没有利用[1]自由贸易协定来推动试验数据独占权的著名司法管辖区是日本，日本长期以

❶　GATT，《体现乌拉圭回合多边贸易谈判结果的最终法案草案》，MTN. TNC/W/35（1990 年 11 月 26 日），第 215 页。
❷　霍尔（2012），第 184 页。
❸　新西兰，1994 年《药品法修正案》。

来因其对全球监管的影响力出人意料地小而闻名。❶

表5.1示出了截至2023年1月已签署的、包含试验数据独占权条款的贸易协定，但值得注意的是，其中有一些协定尚未正式生效，就美国与各个太平洋国家之间达成的《跨太平洋伙伴关系协定》而言，其试验数据独占权条款已暂停。表5.1非常清楚地表明，迄今为止，由美国主导的、包含试验数据独占权条款的贸易协定数量最多，几乎包括所有的早期协定。虽然从21世纪00年代中期开始，欧洲人更加积极地在贸易协定中达成试验数据独占权条款，但他们已缔结的贸易协定的绝对数量在某种程度上夸大了其影响力，因为在许多情况下，与他们签署这些协定的国家已经在之前的协定中承诺提供试验数据独占权，欧洲公司和个体因最惠国待遇原则和国民待遇原则也能从中受益。欧洲自由贸易联盟和欧盟分别与一些中美洲国家达成的协定最能说明这一点，在这两类协定中，关于提交的试验数据的保护条款都明确地规定，提交的试验数据将通过美国与中美洲国家现有协定的条款，以及最惠国原则和国民待遇原则得到保护。❷ 除了与美国签订的早期贸易协定中已商定的要求，这些条款没有就提交的试验数据增加任何额外要求，因此下面将不讨论这些条款。

表5.1　包含试验数据独占权条款的贸易协定（按年份划分）

年份	协定	年份	协定
1991	美国和斯里兰卡	2007	美国和巴拿马
1991	美国和保加利亚	2007	欧洲自由贸易联盟和埃及ᵃ
1992	美国和阿尔巴尼亚	2008	欧洲自由贸易联盟和哥伦比亚
1992	美国、加拿大和墨西哥	2009	欧洲自由贸易联盟和阿尔巴尼亚
1993	美国和厄瓜多尔	2009	瑞士和日本
1994	美国和牙买加	2010	欧洲自由贸易联盟和塞尔维亚
1994	美国和拉脱维亚	2010	欧洲自由贸易联盟和秘鲁
1994	美国、特立尼达和多巴哥	2010	欧洲自由贸易联盟和乌克兰
1996	美国和柬埔寨	2010	欧盟和韩国
1998	美国和尼加拉瓜	2011	欧洲自由贸易联盟和中国香港

---

❶ 布雷思韦特和德拉霍斯（2000），第478页。

❷ 《欧洲自由贸易联盟－中美洲自由贸易协定》附件ⅪX第5条；《欧盟－中美洲联合协定》（2012年）。

年份	协　　定	年份	协　　定
2000	美国和越南	2011	欧洲自由贸易联盟和黑山
2000	美国和约旦	2012	欧盟、秘鲁、哥伦比亚和厄瓜多尔[b]
2000	美国和老挝	2013	欧洲自由贸易联盟和波斯尼亚
2003	美国和智利	2013	瑞士和中国内地
2003	美国和新加坡	2014	欧盟和格鲁吉亚
2003[2]	美国和澳大利亚	2014	欧盟和摩尔多瓦
2004	美国、哥斯达黎加、萨尔瓦多、危地马拉、洪都拉斯、尼加拉瓜和多米尼加共和国	2014	欧盟和乌克兰
2004	美国和巴林	2016	美国、澳大利亚、文莱、加拿大、智利、日本、马来西亚、墨西哥、新西兰、秘鲁、新加坡和越南[c]
2004	美国和摩洛哥	2016	欧洲自由贸易联盟和格鲁吉亚
2004	欧洲自由贸易联盟和黎巴嫩	2016	欧盟和加拿大
2004	欧洲自由贸易联盟和突尼斯	2018	美国、加拿大和墨西哥
2004	欧洲自由贸易联盟与智利	2018	欧洲自由贸易联盟和土耳其
2004	欧洲自由贸易联盟和韩国	2018	欧洲自由贸易联盟和厄瓜多尔
2005[3]	美国和阿曼	2018	欧洲自由贸易联盟和印度尼西亚
2006	美国和哥伦比亚	2018	欧盟和新加坡
2006	美国和秘鲁	2018	欧盟和日本
2006[4]	美国和韩国	2019	欧盟和越南

[a]欧洲自由贸易联盟－埃及协定要求应当保护数据至少 5 年，以防止"不正当的商业使用"，但该协定与 TRIPS 协定第 39.3 条一样，并未对"不正当的商业使用"做出定义。

[b]厄瓜多尔于 2016 年加入该协定。

[c]请注意，虽然 TPP 于 2016 年签署，但试验数据独占权条款在美国退出后于 2017 年暂停。

即使欧洲自由贸易联盟/瑞士达成的协定以及欧盟达成的协定确实包含了有关试验数据独占权的实质性条款，但它们通常只是复制现有协定或国内法中的条款。相比之下，美国只与韩国达成过一次此类"后续"贸易协定，即使是这项协定，也有别于欧洲人随后达成的协定，因为与欧洲自由贸易联盟主导的较早协定相比，在该项美国主导的协定中，试验数据独占权条款的限制性要强得多。❶ 正如我们将看到的那样，就提交的试验数据而言，美国达成的保护条款通常比欧洲自由贸易联盟/瑞士以及欧盟达成的条款要更加全面、限制性更强，但是，这种趋势有一个例外，即欧洲自由贸易联盟和欧盟在与欧洲及其周边地区的发展中国家达成的协定中，都能就提交的试验数据达成更为严格的保护条款（通常比许多美国主导的协定中的条款更严格）。这些国家与欧洲自由贸易联盟和欧盟成员国等较大的发达经济体有着密切的联系，并且在某些情况下它们渴望加入欧盟，从而加强了欧洲人在该区域的谈判地位。

下面将详细讨论这些协定中的试验数据独占权条款，以及它们是如何随时间的推移在不同区域发生变化的。为进行补充下面列出了一些表格，总结了与这些协定中的试验数据独占权条款相关的关键细节：表5.2、表5.3、表5.4、表5.5和表5.6总结了美国主导的协定中的关键细节，表5.7、表5.8、表5.9和表5.10总结了欧洲自由贸易联盟/瑞士主导的协定中的关键细节，表5.11和表5.12总结了欧盟主导的协定中的关键细节。

第一个关键细节是试验数据独占权的"基本"保护期限长度。"基本"保护在此是指，为新药标准申请提交的数据提供的试验数据独占权保护，而不是为新临床信息或生物制剂相关数据提供的更为专门的独占权形式。在某些情况下，基本保护期限用并行的数据独占期与市场独占期表示。在少数协定中，未对"基本"保护期限做出定义。

第二个关键细节是，对提交的有关先前获批产品的新临床信息，提供多长的保护期限（如果有的话）。在某些情况下，这种保护采取新独占期的形式，而在其他情况下，这种保护延长了所涉产品相关的现有保护期限。

第三个关键细节是，为提交的有关生物制剂数据明确提供何种保护（如果有的话）。鉴于生物制剂简略审批途径本身相对较新（参见第2.5节），对生物制剂试验数据提供明确的保护是贸易协定中相对较新的要求。生物产品可以有单独的保护期，或者只是包含在"基本"保护期内。

第四个关键细节是，协定是否明确禁止"间接"依赖提交的试验数据。第4章认为，如果不使用基础数据本身，TRIPS协定并不禁止依赖原研药品获得批准的事实。许多贸易协定已经明确规定不允许间接依赖。

---

❶ 《欧洲自由贸易联盟－韩国自由贸易协定》（2004年）附件XIII第3条；《美国－韩国自由贸易协定》（2007年）第18.9条。

第五个关键细节是，保护是否扩展至在外国司法管辖区提交的数据。如第4章中所指出的，TRIPS协定并不要求保护尚未提交给相关国家政府的数据。许多贸易协定明确要求保护在外国司法管辖区提交的试验数据。

第六个关键细节是，是否明确提及各方保护公共健康或实施《多哈宣言》的权利。即使明确提及了公共健康和《多哈宣言》，本身并不会额外为各方设立其他权利，但提供了一些解释价值。

第七个关键细节是，除了能披露提交的试验数据外，是否明确规定了试验数据独占权的任何例外。明确规定这种例外的情况很少见，但是如下所述，如果没有明确规定这些例外，并不意味着禁止这些例外。

表5.2　1991—1993年美国主导的贸易协定中试验数据独占权条款的关键细节

协定和年份	斯里兰卡，1991	保加利亚，1991	阿尔巴尼亚，1992	北美自由贸易协定，1992	厄瓜多尔，1993	牙买加，1994[5]
基本保护期限	5年	5年	5年	5年	5年	5年
NCI的保护期限	无	无	无	无	无	无
对生物制剂的保护	未提及	未提及	未提及	未提及	未提及	未提及
是否禁止间接依赖	否	否	否	否	否	否
是否保护外国数据	是	是	是	是	是	是
是否提及公共健康	否	否	否	否	否	否
披露以外的例外是否提及	否	否	否	否	否	否
是否禁止将试验数据独占权与专利期限联系起来	否	否	否	否	否	否

表5.3　1994—1999年美国主导的贸易协定中试验数据独占权条款的关键细节

协定和年份	拉脱维亚，1994	特立尼达和多巴哥，1994	柬埔寨，1996	尼加拉瓜，1998	越南，2000[6]	约旦，2000[7]
基本保护期限	5年	5年	5年	5年	5年	未明确规定[a]
NCI的保护期限	无	无	无	无	无	3年
对生物制剂的保护	未提及	未提及	未提及	未提及	未提及	未提及
是否禁止间接依赖	否	否	否	否	否	否
是否保护外国数据	是	否	是	否	是	是
是否提及公共健康	否	否	否	否	否	否

续表

协定和年份	拉脱维亚，1994	特立尼达和多巴哥，1994	柬埔寨，1996	尼加拉瓜，1998	越南，2000[6]	约旦，2000[7]
是否提及披露以外的例外	否	否	否	否	否	否
是否禁止将试验数据独占权与专利期限联系起来	否	否	否	否	否	否

a 值得注意的是，约旦先前在加入 WTO 期间曾表示，将为新化学实体提供 5 年的试验数据独占权；参见第 5.4 节。

表5.4 2000—2003 年美国主导的贸易协定中试验数据独占权条款的关键细节

协定和年份	老挝，2003	智利，2003	新加坡，2003	澳大利亚，2004[8]	中美洲自由贸易协定，2004[9]	巴林，2004[10]
基本保护期限	5 年	5 年	5 年	5 年	5 年	5 年
NCI 的保护期限	无	无	无	3 年	无	3 年
对生物制剂的保护	未提及	未提及	未提及	未提及	未提及	未提及
是否禁止间接依赖	否	是	是	是	是	是
是否保护外国数据	否	否	是	是	是	是
是否提及公共健康	否	是	否	否	在附函中提及	在附函中提及
是否提及披露以外的例外	否	否	否	否	否	否
是否禁止将试验数据独占权与专利期限联系起来	否	否	是	是	否	是

表5.5 2004—2006 年[11]美国主导的贸易协定中试验数据独占权条款的关键细节

协定和年份	摩洛哥，2004	阿曼，2006	哥伦比亚，2006	秘鲁，2007[12]	巴拿马，2007	韩国，2007
基本保护期限	5 年	5 年	5 年	5 年	5 年	5 年
NCI 的保护期限	3 年	3 年	明确排除	明确排除	明确排除	3 年
对生物制剂的保护	未提及	未提及	未提及	未提及	未提及	未提及
是否禁止间接依赖	是	是	否	否	否	是
是否保护外国数据	是	是	是a	是b	是c	是

协定和年份	摩洛哥, 2004	阿曼, 2006	哥伦比亚, 2006	秘鲁, 2007[12]	巴拿马, 2007	韩国, 2007
是否提及公共健康	在附函中提及	在附函中提及	是	是	是	是
是否提及披露以外的例外	否	否	否	否	否	否
是否禁止将试验数据独占权与专利期限联系起来	是	是	是	是	是	是

[a]如果一方依赖另一方授予的上市批准,且该方在完整的上市审批申请提交后 6 个月内授予批准,那么,对于为获得批准而提交的数据,其合理的独占使用期限应从所依赖的第一个上市批准日期起计算。

[b]与哥伦比亚的规定一样。

[c]与哥伦比亚的规定一样。

表 5.6　2007—2018 年美国主导的贸易协定中试验数据独占权条款的关键细节

协定和年份	《跨太平洋伙伴关系协定》（TPP），2016[a]	《美国-墨西哥-加拿大协定》（USMCA），2018
基本保护期限	5 年	5 年
NCI 的保护期限	3 年[b]	3 年[c]
对生物制剂的保护	8 年或 5 年[d]	10 年[e]
是否禁止间接依赖	是	是
是否保护外国数据	是	是
是否提及公共健康	是	是
是否提及披露以外的例外	否	否
是否禁止将试验数据独占权与专利期限联系起来	是	是

[a]《跨太平洋伙伴关系协定》中试验数据独占权条款于 2017 年暂停,截至撰写本书时仍暂停。

[b]或者,如果新药品包含的化学实体之前未在一方获得批准,则该方可以为该新药品提供至少 5 年的保护。此外,该规定仅适用于提交的与非生物制品相关的 NCI。

[c]随后被 2019 年 USMCA 修正案议定书删除。

[d]如果一方可以使用"其他措施"（包括市场环境）达到"类似的市场效果",则可以提供 5 年保护来替代 8 年保护。

[e]随后被 2019 年 USMCA 修正案议定书删除。

表 5.7　2004—2008 年欧洲自由贸易联盟主导的贸易协定中

试验数据独占权条款的关键细节

协定和年份	黎巴嫩，2004	突尼斯，2004	智利，2004	韩国，2005[13]	埃及，2007	哥伦比亚，2008
基本保护期限	6 年	5 年	5 年	未明确规定	5 年	5 年
NCI 的保护期限	无	无	无	无	无	明确排除
对生物制剂的保护	未提及	未提及	未提及	未提及	未提及	未提及
是否禁止间接依赖	否	否	是	否	否	否
是否保护外国数据	否	否	否	否	否	是[a]
是否提及公共健康	否	否	是	否	否	是
是否提及披露以外的例外	否	否	否	否	否	否
是否允许试验数据独占权的替代措施	是[b]	是[c]	否	是[d]	是[e]	否

　　[a]如果一方依赖另一方授予的上市批准，且该方在完整的上市审批申请提交后 6 个月内授予批准，那么对于为获得批准而提交的数据，其合理的独占使用期限应从所依赖的第一个上市批准日期起计算。

　　[b]如果第一个申请人"得到足够补偿"，则在独占期结束之前可以依赖数据。

　　[c]与黎巴嫩的规定一样。

　　[d]与黎巴嫩的规定一样。

　　[e]在相关期限内应当保护数据，以防止"不正当的商业使用"，但该协定与 TRIPS 协定第 39.3 条一样，并未对"不正当的商业使用"做出定义。

表 5.8　2009—2011 年欧洲自由贸易联盟主导的贸易协定中

试验数据独占权条款的关键细节

协定和年份	阿尔巴尼亚，2009	塞尔维亚，2010	秘鲁，2010	乌克兰，2010	中国香港，2011	黑山，2011
基本保护期限	8 年	8 年	5 年	3 年数据独占权和 5 年市场独占权（并行）	8 年	8 年数据独占权和 10 年市场独占权（并行）
NCI 的保护期限	无	无	无	市场独占权延期 1 年	无	市场独占权延期 1 年

协定和年份	阿尔巴尼亚，2009	塞尔维亚，2010	秘鲁，2010	乌克兰，2010	中国香港，2011	黑山，2011
对生物制剂的保护	未提及	未提及	未提及	未提及	包含在基本保护期限内	包含在基本保护期限内
是否禁止间接依赖	否	否	是	否	否	否
是否保护外国数据	否	否	是[a]	否	否	否
是否提及公共健康	否	否	是	否	否	否
是否提及披露以外的例外	否	否	否	否	否	否
是否允许试验数据独占权的替代措施	否	否	否	否	否	否

[a] 允许秘鲁使用同期规则（concurrent rule）；参见美国－秘鲁 TPA（2006 年）第 16.10.2（c）条。

表 5.9　2012—2018 年欧洲自由贸易联盟主导的贸易协定中
试验数据独占权条款的关键细节

协定和年份	波斯尼亚，2013	格鲁吉亚，2016	土耳其，2018	厄瓜多尔，2018	印度尼西亚，2018
基本保护期限	8 年数据独占权和 10 年市场独占权（并行）	6 年	6 年[a]	3 年数据独占权和 5 年市场独占权（并行）	未明确规定
NCI 的保护期限	市场独占权延期 1 年	市场独占权延期 1 年	无	无	无
对生物制剂的保护	包含在基本保护期限内	包含在基本保护期限内	包含在基本保护期限内	未提及	未提及
是否禁止间接依赖	否	否	否	否	否
是否保护外国数据	否	否	否	否	否
是否提及公共健康	否	否	否	是	是
是否提及披露以外的例外	否	否	否	是[b]	否
是否允许试验数据独占权的替代措施	否	否	否	否	否

[a] 土耳其可以从在土耳其－欧盟关税同盟区首次获得上市批准之日起计算独占期。

[b] 试验数据独占权不应阻止一方采取措施应对知识产权滥用行为或不合理的贸易限制做法。

表 5. 10　瑞士主导的贸易协定中试验数据独占权条款的关键细节

协定和年份	日本，2009	中国，2013
基本保护期限	未明确规定[a]	6 年
NCI 的保护期限	无	无
对生物制剂的保护	未提及	包含在基本保护期限内
是否禁止间接依赖	否	否
是否保护外国数据	否	否
是否提及公共健康	否	是
是否提及披露以外的例外	否	否
是否允许试验数据独占权的替代措施	否	否

[a]第 121 条只规定数据应在"一定期限"内受到保护，然后双方承认在协定生效时，各方相关法律规定该期限"不少于 6 年"。

表 5. 11　2010—2015 年欧盟主导的贸易协定中试验数据独占权条款的关键细节

协定和年份	韩国，2010	秘鲁和哥伦比亚，2012[a]	格鲁吉亚，2014	摩尔多瓦，2014
基本保护期限	5 年	5 年	6 年[a]	5 年数据独占权和 7 年市场独占权（并行）
NCI 的保护期限	无	明确排除	市场独占权延期 1 年	市场独占权延期 1 年
对生物制剂的保护	包含在基本保护期限内	对于哥伦比亚与欧盟，包含在基本保护期限内；对于秘鲁与欧洲共同体，明确排除[14]	不明确	不明确
是否禁止间接依赖	否	否	否	是
是否保护外国数据	否	是	否	否
是否提及公共健康	是	是	是	是
是否提及披露以外的例外	否	是[b]	否	否
是否承诺使立法一致	否	否	是	是

[a]厄瓜多尔于 2016 年加入欧盟、秘鲁和哥伦比亚之间的协定。

[b]出于公共利益、国家紧急情况或极端紧急情况的原因，必须让第三方使用这些数据时，各方可以允许有例外。

表 5.12　2016—2019 年欧盟主导的贸易协定中试验数据独占权条款的关键细节

协议和年份	乌克兰, 2014	加拿大, 2016	新加坡, 2018	日本, 2018	越南, 2019
基本保护期限	5 年	6 年数据独占权和8 年市场独占权（并行）	5 年[a]	未明确规定[b]	5 年
NCI 的保护期限	无	无	无	无	无
对生物制剂的保护	不明确	包含在基本保护期限内	未提及[c]	不明确[d]	不明确
是否禁止间接依赖	否	否	否	否	否
是否保护外国数据	否	否	否	否	否
是否提及公共健康	是	是	是	是	是
是否提及披露以外的例外	否	否	否	否	否
是否承诺使立法相一致	是	否	否	否	否

[a]该协定在第 234 页用脚注 2 规定，各方将在该协定生效 5 年后，就延长该期限的可能性展开讨论。在第 234 页用脚注 3 规定，该期限将从在新加坡首次申请日期和在欧盟首次批准日期起计算。

[b]第 14.37 条只规定数据应在"一定期限"内受到保护，然后双方承认本协定生效时，该期限"根据各方相关法律不得少于 6 年"。

[c]该协定在第 232 页用脚注 1 规定，各方将通过其国内立法定义"药品"这一术语。

[d]该协定在第 395 页用脚注 1 澄清，对于欧盟来说，"药品"是指法规第 469/2009 号中定义的医疗产品，但并未澄清对于日本来说该术语的含义。

　　最后，表格末行涉及的规定分别是每个主导方达成的试验数据独占权条款所特有的。就美国而言，这种规定是，是否禁止将保护期限与产品相关专利权的保护期限联系起来（某些欧盟国家以前也有过这种情况）。❶ 如果这种政策允许将两者联系起来，就基本上排除了试验数据独占权在专利权到期或被撤销后继续阻止仿制药进入市场的可能性，因此，显然大大削弱了试验数据独占权的有效性。

　　就欧洲自由贸易联盟/瑞士而言，这种规定是，是否可以通过除试验数据独占权以外的方式保护提交的试验数据。许多欧洲自由贸易联盟主导的早期

---

❶　阿达米尼等（2009），第 989 页。

协定在药品试验数据方面都包含这种规定。

就欧盟而言，这个关键细节是，是否承诺日后将有关药品数据保护的立法与欧盟有关药品数据保护的立法"保持一致"。这种规定要求缔约方承诺采用欧盟的试验数据独占权标准，即世界上最高的标准之一，之所以这样，是因为达成这种相关协定通常是最终加入欧盟的前奏。

并非一项贸易协定中试验数据独占权条款的所有方面，都能容易地总结在表格中。下面也将讨论一些其他细节，包括：（a）协定只要求为满足 TRIPS 协定第 39.3 条部分要求的数据提供保护，还是为满足 TRIPS 协定第 39.3 条全部要求的数据提供保护；（b）关于披露提交的试验数据的规定；（c）应当授予数据独占权，还是应当授予市场独占权。

5.3.1　对美国主导的贸易协定的论述

如上所述，美国一直是贸易协定中试验数据独占权的主要支持者，迄今为止美国达成的此类协定数量最多。其中一些协定是"条约"（即 2000 年之前签署的所有协定，北美自由贸易协定除外），而一些协定则是更全面的"自由贸易协定"（即 2000 年之后签署的所有协定，分别与越南和老挝签订的双边贸易协定除外）。这种差异纯粹是美国国内法的问题，就国际法而言，所有美国贸易协定均同等有效。

美国主导的协定通常比欧洲主导的协定更加全面，涵盖诸如间接依赖提交的数据、保护外国数据等欧洲未涉及的问题。在美国主导的协定中，试验数据独占权条款也非常一致。对于美国贸易协定总体呈现出的这种一致性，德拉霍斯根据美国国内政治进行了解释，美国贸易协定必须获得国内立法批准（就条约而言，"仅"需参议院 2/3 绝对多数同意；就自由贸易协定而言，需要得到整个国会的同意），美国贸易谈判代表意识到，一旦协定获得批准，其条款如果被后续协定的条款效仿，那么后续协定更有可能获得国内批准。❶这极大地激励了美国主导的协定中的条款标准化。此外，与欧洲自由贸易联盟和欧盟相比，美国的经济主导地位使美国谈判代表处于更加有利的谈判地位，因此可以预料到，与其他行为体相比，美国谈判代表会更少面临不得不妥协或修改其标准条款的情况。

在美国主导的贸易协定中，试验数据独占权条款虽然保持一致，但可以

---

❶　德拉霍斯（2011），第 794 页。

分为几个不同的阶段。由美国主导的、包含试验数据独占权条款的第一份协定，实际上在 TRIPS 协定之前就已签署，但是，如前所述，很明显这些条款严格效仿了 1990 年《布鲁塞尔草案》括号内的试验数据保护条款。❶ 如上所述，除《北美自由贸易协定》外，由美国主导的、包含试验数据独占权条款的所有早期协定都是双边知识产权条约，这符合美国当时的总体贸易政策，其侧重于双边条约（通常称之为"投资""贸易关系"或"知识产权"条约），而不是全面的自由贸易协定。这些条约通常只明确规定：新化学实体的试验数据独占权基本保护期限为 5 年，禁止披露提交的试验数据，除非在某些情况下。

美国达成的下一阶段试验数据独占条款始于 21 世纪 00 年代初签署的全面自由贸易协定，这些协定中的试验数据独占权条款通常更全面，例如要求保护新临床信息并禁止间接依赖。在此期间也开始提及公共健康和《多哈宣言》，最初是以美国贸易代表办公室发布的附函（side letters）形式，但后来将它们纳入了协定正文中。

2006 年和 2007 年，美国与拉丁美洲国家（秘鲁、哥伦比亚和巴拿马）签署了三份自由贸易协定，这三份协定的限制性明显小于美国之前签署的协定，这反映了众议院民主党向时任总统乔治·W. 布什强加的所谓"新贸易政策（New Trade Policy，NTP）"❷，为缔结一些自由贸易协定，必须围绕更新所谓的"贸易促进授权（Trade Promotion Authority，TPA）"进行协商，而 NTP 也是协商的一部分。❸ 除与劳动法、环境、投资、政府采购和港口安全有关的事项外，NTP 还规定：在美国主导的贸易协定中，试验数据独占期一般不应超过美国相同产品的保护期；自由贸易协定应明确各方在必须保护公共健康时，可以对试验数据保护规则实施例外，并应确认各方相互承诺实施《多哈宣言》。❹ 这些规定或多或少地反映在 NTP 协定中，这些协定明确要求不保护新适应证，不限制间接依赖，并规定在某些情况下，试验数据独占期可以从另一方的批准日期起计算。

2008—2015 年，美国没有进一步签署自由贸易协定。在此期间，奥巴

---

❶ 雷曼（Lehman）（1993），第 408 页。

❷ 美国贸易代表办公室（USTR）（2007）。

❸ TPA 是一种"快速通道"授权，它授予总统谈判达成自由贸易协定的权力，之后国会可以对自由贸易协定予以批准或否决，但不能修改；自 20 世纪 70 年代以来一直定期将这种权力授予美国总统。弗格森（Fergusson）（2015），第 27 页。

❹ 美国贸易代表办公室（USTR）（2007）。

马政府侧重于范围更大的多边协定，最终于 2016 年签署了涉及 12 个国家的《跨太平洋伙伴关系协定》（TPP）。2018 年，美国签署了《美国 – 墨西哥 – 加拿大协定》（United States – Mexico – Canada Agreement，USMCA），这是一份旨在取代《北美自由贸易协定》（NAFTA）的新贸易协定。❶ 尽管当时一些评论家建议，NTP 将成为未来美国协定的"基准"❷，但 TPP 和 USMCA 最初都包含了自由贸易协定（FTA）中最高标准的试验数据独占权。在美国主导的贸易协定中，TPP 首次明确要求，为提交的与生物制剂相关的数据提供试验数据独占权。USMCA 将 NAFTA 所要求的试验数据独占权标准提高，达到与 TPP 中的试验数据独占权标准类似。然而事实证实，这两项协定中的高标准试验数据独占权是短暂的，2017 年，唐纳德·特朗普总统让美国退出 TPP，结果，原始协定的其余 11 个签署国将该贸易协定重新命名为《全面与进步跨太平洋伙伴关系协定》（Comprehensive and Progressive Agreement for Trans – Pacific Partnership，CPTPP），并暂停了协定中非美国缔约方反对的一些条款，包括试验数据独占权条款。❸ 民主党控制的美国国会担心 USMCA 会对药品价格、劳工权利和环境（与 NTP 提出的事项相同）产生影响，因此反对批准 USMCA 的原始文本，❹ 随后，2019 年，USMCA 修正案议定书删除了要求保护生物制剂和 NCI 的条款。❺

5.3.1.1　保护期限和范围

关于美国主导的协定所呈现的这种一致性，最引人注目的例子也许是，新化学实体（NCE）的保护期限几乎一致，在所有协定中都提供 5 年保护，但与约旦签订的自由贸易协定（FTA）除外，不管怎样，约旦在加入 WTO 时就已承诺，对 NCE 提供 5 年的试验数据独占权保护（参见第 5.4 节）。❻ 当然，这反映了美国《Hatch – Waxman 法案》对 NCE 的国内保护期限。

2003 年之前美国主导签署的大多数协定都将该期限表达为"考虑到数据性质、取得数据所付出的个人努力和支出，通常不少于 5 年的合理期限"这种措辞的变化形式，这种措辞在 NTP 协定中也有所体现。理论上，这种措辞

---

❶ 美利坚合众国、墨西哥合众国和加拿大之间的协定（2018 年）。

❷ 弗格森（2015），第 27 页。

❸ 《全面与进步跨太平洋伙伴关系协定》（2018 年），第 2 条；附件第 7（e、f）条。

❹ 拉邦特（Labonté）等（2020）。

❺ 美利坚合众国、墨西哥合众国和加拿大之间的协定修正案议定书（2019 年）3（D）（Ⅲ）、3（E）。

❻ 《美国 – 约旦自由贸易协定》（2000 年）第 22 条；WTO，《约旦哈希姆王国加入世界贸易组织的工作组报告》，WT/ACC/JOR/33（1999 年 12 月 3 日），第 215 段。

会导致偶尔允许 5 年以下的期限；其他协定规定"至少 5 年的保护"，就不会出现上述情形。这两种表达方法都允许授予超过 5 年的保护期限。然而，如第 6 章所述，几乎所有与美国签订了包含试验数据独占权条款的贸易协定的司法管辖区，都只提供至少 5 年的保护期限。

虽然在大多数美国主导的贸易协定中，保护期从获得国内批准起计算，但 NTP 允许一方从另一方批准产品之日起计算产品独占期，前提是该方在收到申请后 6 个月内批准了该原研产品，这有时被称为"同期"规则。❶ 这显然对美国和另一方都有约束力，但实际上，该规定的明显意图是，激励秘鲁、巴拿马和哥伦比亚药品监管机构及时处理原研药品申请，以换取更短的独占期。❷ 这种规定反映了 NTP 中达成的一致意见，即发展中国家的试验数据独占期不应超过美国对同一产品的保护期，它也是鼓励另一方"及时"处理上市审批申请的激励措施。❸

如果药品含有先前批准的化学实体，那么，保护"为该药品获得批准而提交的新临床信息"已成为自 2004 年以来美国达成的自由贸易协定的共同特征，但 NTP（如果药品"含有先前已在一方境内批准的化学实体"，那么，对于在该方提交的有关该药品的数据，所有这些协定均明确排除）❹ 和 CAF-TA – DR 除外；2004 年以来美国主导签署的所有自由贸易协定都包含这样的条款，即要求在所有情况下都提供至少 3 年的保护；这也反映了美国国内的法律状况，但这些条款最终都在 TPP 和 USMCA 中被删除了。大多数美国主导的协定中为 NCE 提供的 5 年基本保护期，适用于含有先前未获批化学实体的产品，这是一种否定检验，这种替代条款有效地将保护要求转变为更容易满足的肯定要求，即仅包含至少一种先前未获批的化学实体，即使产品中的其他化学实体先前已获得批准。

虽然大多数美国双边条约❺以及《北美自由贸易协定》都要求，在独占期内禁止依赖提交的试验数据，即数据独占权；但大多数美国主导的自由贸易协定只要求各方在独占期内不得根据提交的试验数据批准简略申请，即市场独占权。在美国后来主导的自由贸易协定中，对此只有 NTP 是例外，这有

---

❶ 《美国 – 秘鲁 TPA》（2006 年）第 16. 10 条，《美国 – 哥伦比亚 TPA》（2006 年）第 16. 10 条，《美国 – 巴拿马 TPA》（2007 年）第 15. 10 条。

❷ 罗菲（Roffe）和维瓦斯 – 尤吉（Vivas – Eugui）（2007），第 15 页。

❸ 美国贸易代表办公室（USTR）（2007）。

❹ 《美国 – 秘鲁 TPA》（2006 年）第 16. 10 条，《美国 – 哥伦比亚 TPA》（2006 年）第 16. 10 条，《美国 – 巴拿马 TPA》（2007 年）第 15. 10 条。

❺ 一个例外似乎是《拉脱维亚贸易关系和知识产权协定》（1994 年）第Ⅷ（4）（b）条。

点不太寻常，因为 NTP 的目的是，使这些协定中试验数据独占权条款的限制性比美国主导的其他自由贸易协定更小。❶

5.3.1.2 生物制剂

为提交的有关生物制剂的数据提供保护，只成为美国最近主导的两份自由贸易协定（TPP 和 USMCA）中的一个重要问题。美国起初要求在 TPP 中为提交的有关生物制剂的数据提供 12 年保护，但意识到"市场环境也有助于提供有效的市场保护"，因此，最终的协定允许各方选择提供 8 年保护，或者选择提供 5 年保护，还允许另外采取"其他方式"以达到"类似的市场效果"。❷ 这明显是在外交上的敷衍，其含义在谈判期间从未得到澄清。有人认为，如果美国仍留在 TPP 中，美国会通过附函和双边谈判向未提供 8 年保护的各方"澄清"该规定的含义，❸ 这种策略与美国针对 TRIPS 协定第 39.3 条的做法相同。美国更为成功地在 USMCA 中达成了更长期限的试验数据独占权保护，USMCA 在 2019 年修订之前，最初要求为生物制剂提供至少 10 年的独占期。❹ 与小分子药物不同，这两份协定均明确规定，不要求各方为提交的关于先前获批生物制剂的信息提供保护。❺

在是否为提交的生物制剂数据提供保护这一问题上，美国主导的其他自由贸易协定全部保持沉默；鉴于大多数协定使用"新化学实体"一词，如第 4.4.2.1 节中所述，该术语在美国专指小分子药物（"新活性成分"这一术语通常指新的小分子药物和新的生物药物）❻，因此生物制剂似乎超出了这些协定的范围。美国之所以在生物制剂问题上保持沉默，可能是因为在广泛采用生物制剂简略审批途径之前就已经达成这些协定；在 2009 年《生物制剂价格竞争和创新法案》颁布之前，美国本身没有关于生物仿制药和生物试验数据的国内立法。

---

❶ NTP 原本是要恢复到 20 世纪 90 年代的双边条约中"试验数据独占权条款的限制性（通常）较少"这种状况，这可能是 2007 年 6 月对 NTP 进行修订出现的一次意外结果；2007 年之前的协定草案采用了更为典型的措施，即禁止在独占权期限结束之前使用数据来批准简略申请。例如，参见 1 月 6 日《美国－秘鲁贸易促进授权草案》第 16.10 条。

❷ TPP（2016 年）第 18.51.1.a、b 条。

❸ 阿尔泰科纳（Artecona）和普兰克－布鲁巴克（Plank－Brumback）（2016），第 38 页。

❹ USMCA（2018 年）第 20.F.14 条。（注：原文为"USMCA（2018）Article 20.F.14."）

❺ TPP（2016 年）第 18 章，脚注 59；USMCA（2018 年）第 20 章，脚注 4。

❻ 谢赫（2016），第 82 页。

5.3.1.3　TRIPS 协定第 39.3 条的标准

随着时间的推移，对于仅要求保护"付出巨大努力取得、与新化学实体相关的未披露试验数据"这一 TRIPS 协定惯例的态度，美国主导的协定已经发生转变。最早的协定往往包括所有三个要求（尽管其中许多协定删除了"与新化学实体相关"这个要求），这毫不奇怪，因为这些协定中的试验数据独占权条款是严格以《布鲁塞尔草案》为蓝本的。然而，几乎所有美国最近主导的协定中都只出现了"新"这一个要求。

5.3.1.4　附加要求

随着时间的推移，美国主导的协定越来越多地包含一些附加措施，这些措施似乎旨在禁止以下政策：（a）削弱试验数据独占权保护的；（b）间接依赖批准事实（而不是使用提交的数据本身）的；（c）依赖外国数据的；（d）将试验数据独占期限定在与所涉药品相关的专利保护期内的。除 NTP 外，2003 年以来美国主导的所有自由贸易协定，都明确禁止间接依赖上市批准的证据；2004 年以来美国主导的所有自由贸易协定，均禁止将试验数据独占期限定在相关专利的独占期内。

关于保护外国数据的条款经历了稍微复杂的演变，但总体方向是加强外国数据保护（除 NTP 外）。大多数美国早期贸易协定都规定，在协定另一方提交的数据自该另一方批准之日起，在合理期限内应得到保护，但是 1994—2003 年的少数协议对此问题保持沉默。❶ 从那时起，保护外国数据的要求一直是美国主导的所有贸易协定的一个特征。2004 年[15]美国分别与澳大利亚和新加坡签署的协定均规定，自外国或国内批准之日起，就 NCE 而言 5 年内或就新临床信息而言 3 年内，以晚到者为准，不得依赖外国数据；当然，这是一个限制性条款，但是如果原研者从未在新加坡或澳大利亚寻求批准，那么该条款至少最终会允许依赖外国数据。❷ 除 NTP 外，美国主导的其他所有自由贸易协定均规定，在国内获得批准后 5 年内不得依赖外国数据，按照这条规定，在国内提交同一数据之前似乎不可能依赖外国数据，本质上使得对

---

❶《美国－特立尼达和多巴哥 IPR 协定》（1994 年）；《美国－尼加拉瓜 IPR 协定》（1998 年）第 9 条；《美国－越南双边贸易协定》（2000 年）第 9 条；《美国－老挝双边贸易关系法案》（2003 年）；《美国－智利自由贸易协定》（2003 年）第 17.10 条。

❷《美国－新加坡自由贸易协定》（2003 年）第 16.8 条；《美国－澳大利亚自由贸易协定》（2004 年）第 17.10 条。

外国数据的依赖变得毫无意义，因为对国内数据和外国数据提供的试验数据独占权保护将同时结束。这也表明，如果从未在相关的司法管辖区提交数据，就不可能进行简略申请，只有 CAFTA – DR 协定包含了处理这种情况的条款，并增加了这样的限定条件：为获得这种保护，一方可以要求在另一方领土提供信息的个体或公司在另一方领土获得上市批准后 5 年内，应当在该方境内寻求批准。❶ NTP 在外国数据依赖问题上有些不清楚，因为同期规则（concurrent rule）没有明确规定外国数据通常不受到保护，而是需要满足"原研产品在 6 个月内获批"才受到保护。❷ 然而，这似乎是可能的；如果不可能，那么同期规则将促使拉丁美洲国家处理此类申请比平常更慢，使整个规定变得荒谬。因此，NTP 似乎可能要求从国内批准之日起保护外国数据，除非适用同期规则。

几乎没有证据表明，在与美国缔结自由贸易协定的国家中，这些"附加要求"禁止的所有做法都广泛存在；实际上，就依赖外国数据而言，美国主导的几项协定用脚注明确指出，任何一方都不允许出现这种做法，这些规定的目的仅是防止将来制定此类政策。❸ 这些条款似乎是针对特定事件做出的回应，例如，1999 年加拿大 *Bayer v Attorney General* 案❹做出判决：根据加拿大法律，间接依赖提交的数据是合法的（如第 4.4.1 节论述）；一些欧洲国家根据旧指令第 87/21/EEC 号将独占权期限与产品专利权期限联系起来（此后，加拿大和欧盟都修改了立法，使这些做法不再可行）。❺

5.3.1.5 例外

美国主导的贸易协定几乎都没有明确包含试验数据独占权的例外（但TPP 包含了几个专门针对特定国家的例外，允许某些缔约方保留先前已有的有关试验数据独占权的灵活性；参见第 5.3.1.6 节）。然而，它们也很少对提供例外（如果有的话）进行明确的限制。美国主导的一些贸易协定禁止披露

---

❶ CAFTA – DR（2004 年）第 15.10 条。

❷ 《美国 – 哥伦比亚 TPA》（2006 年）第 16.10 条；《美国 – 秘鲁 TPA》（2006 年）第 16.10 条；《美国 – 巴拿马 TPA》（2007 年）第 15.10 条。

❸ 例如，参见美国分别与澳大利亚和摩洛哥签订的自由贸易协定，该协定中有一处脚注解释说，目前双方都不得根据外国批准允许药品上市；《美国 – 澳大利亚自由贸易协定》（2004 年）脚注 17 – 18；《美国 – 摩洛哥自由贸易协定》（2004 年）脚注 15 – 12、15 – 13。

❹ *Bayer v The Attorney General of Canada* 84 CPR（3d）129。

❺ 加拿大，《食品与药品条例》（修订本）C.08.004.1（2）；欧盟，指令第 2004/27/EC 号。

提交的试验数据（TRIPS 协定第 39.3 条已明确禁止），❶ 但其中大多数协定也包括 TRIPS 协定第 39.3 条所包含的灵活性。如果保护公众所必需或如果采取措施保护数据不被用在不正当的商业使用中，则可以披露数据（但是，20世纪 90 年代中期至 21 世纪 00 年代中期签署的几项协定仅规定"在保护公众所必需时"允许披露；即使是"TRIPS +"限制，也仍然允许披露提交的数据，以在需要时便于药品强制许可）。❷ 这并非多余，因为限制使用这些灵活性不会降低 TRIPS 协定规定的最低知识产权保护水平。此外，值得注意的是，《美国 – 澳大利亚自由贸易协定》和 CAFTA – DR 协定均进一步要求政府继续为提交的试验数据提供试验数据独占权保护，即使该数据后来被政府披露。斯皮纳·阿里认为，美国分别与新加坡和澳大利亚签署的自由贸易协定都在强制许可提交的试验数据方面进行了限制，因为这两份协定在各自的专利法条款中均规定，一方在国家紧急情况下授予强制许可时，未经专利权人同意，该方不得要求专利权人递交/提供与该专利相关的未披露信息或技术"诀窍"，但是，这种观点忽视了这样一个事实：按定义，提交的试验数据已经被递交给管辖范围内的主管机构，因此不会受到数据递交禁令的影响。❸ 因此，美国主导的贸易协定在试验数据独占权条款的例外问题上基本保持沉默。

包括科雷亚在内的一些评论家认为，由于美国协定（以及许多欧洲自由贸易联盟和欧盟自由贸易协定，如下文所述）在此问题上保持沉默，因此，限制了各方在试验数据独占权方面制定灵活性和例外的能力，本质上他们认为，在没有规定允许试验数据独占权有例外的情况下，任何例外都将违反协定。❹ 对此，斯皮纳·阿里提出反驳，认为在保持沉默这种情况下，不能解读为协定不允许有这种例外。❺ 强化这种观点的是，美国主导的许多贸易协定均确认各方有权根据 TRIPS 协定和《多哈宣言》采取措施保护公共健康。这种确认随着时间的推移在发生演变，虽然 20 世纪 90 年代和 21 世纪 00 年代初美国主导签署的这些协定并没有包含这种确认（这并不奇怪，因为它们是在《多哈宣言》之前签署的），但是，从美国与智利签署的自由贸易协定

---

❶ NAFTA、《美国 – 约旦自由贸易协定》、《美国 – 智利自由贸易协定》、CAFTA – DR、《美国 – 哥伦比亚 TPA》、《美国 – 秘鲁 TPA》和《美国 – 巴拿马 TPA》。

❷ 美国分别与特立尼达和多巴哥、尼加拉瓜、越南、老挝、智利签署的协定以及 CAFTA – DR。

❸ 斯皮纳·阿里（2018），第 751 页。斯皮纳·阿里还认为，如"可以"一词所表达的含义那样，这项禁令不是必需的，但是这种解释似乎也值得怀疑——虽然"可以"一词确实表示一种选择，但"不可以"一词通常表示"完全否决"（如"你不可以离开该国"）。

❹ 科雷亚（2006），第 88 页。

❺ 斯皮纳·阿里（2018），第 751 页。

开始，普遍提及各方在知识产权方面有权采取符合 TRIPS 协定的灵活性。在美国分别与巴林、摩洛哥和阿曼签署的自由贸易协定以及 CAFTA – DR 中，这种确认并未出现在协定正文中，而是出现在美国贸易代表办公室发布的附函中，附函规定，协定知识产权章节的义务不影响各方采取必要措施保护公共健康的能力，"特别是在涉及艾滋病病毒/艾滋病、结核病、疟疾和其他流行病的情况下"，附函承认《多哈宣言》，指出知识产权章节并不妨碍 TRIPS/健康解决方案的有效利用，并承诺如果"TRIPS 协定修正案生效，并且一方采取符合该修正案的措施"违反了知识产权章节，则双方将立即协商酌情调整该章节。❶ 所有 NTP 均在知识产权章节中包含一项条款，即承认《多哈宣言》，指出各方可以采取措施，"通过促进所有人获取药品"来保护公共健康，它显然并未将此类措施限定为保护公共健康所必须采取的措施。此外，这些协定在试验数据独占权条款中包含了一项具体规定，指出该条款中的任何内容都不会阻止各方根据 TRIPS 协定采取措施。承认各缔约方有权保护公共健康，以及试验数据独占权在公共健康方面的具体条款，均被纳入《美国 – 韩国自由贸易协定》、TPP 和 USMCA，❷ 现在这些条款似乎是美国贸易协定标准模板的一部分。

这些关于公共健康的条款本身并没有创造灵活性，相反，它们只是确认 TRIPS 协定下的一般灵活性仍然是允许的。当然，问题将转移到"根据 TRIPS 协定实际允许哪些灵活性"上，但是，如第 4.4.3 节所述，关于履行与提交的试验数据有关的义务，TRIPS 协定赋予了各成员较大的自由裁量权，如果权利持有人得到公平的补偿，那么至少允许放弃试验数据独占权或允许对提交的试验数据实施强制许可。然而，没有规定明确的例外仍然是麻烦的。正如已经就 TRIPS 协定第 39.3 条展开的论述那样，如果义务不明确，那么会增加采取监管措施的成本，之所以这样，尤其是因为义务不明确，另一方常常能够从表面上证明其反对的措施违反了义务。秘鲁经常因其试验数据独占权规定而受到美国贸易代表办公室特别 301 条款的批评，这似乎是由秘鲁国内试验数据独占权法律的灵活性和例外造成的，尽管《美国 – 秘鲁 TPA》中包含的一项条款承认，双方理解《美国 – 秘鲁 TPA》知识产权章节的义务"不会也不应阻止一方采取措施，通过促进所有人获得药品来保护公共健康"，"可以也应当以支持各方有权保护公共健康，特别是支持各方有权促进

---

❶ 《美国 – 阿曼自由贸易协定》，关于公共健康的附函（2006 年）；《美国 – 巴林自由贸易协定》，关于公共健康的附函（2004 年）；《美国 – 摩洛哥自由贸易协定》，关于公共健康的附函（2004 年）。

❷ 《美国 – 韩国自由贸易协定》（2007 年）；TPP（2017 年）和 USMCA（2018 年）。

所有人获取药品的方式，来解释和实施本章节"。❶

5.3.1.6　关于美国主导的贸易协定中试验数据独占权条款的总结

从上文可以看出，虽然美国主导的贸易协定中试验数据独占权条款基本保持一致，但它们经历了多个演变阶段。20 世纪 90 年代的协定中，试验数据独占权条款往往"仅"要求对外国数据提供 5 年的独占权，只要外国数据在外国司法管辖区受到保护，就应当禁止披露外国数据，为外国数据提供保护。但是，保护新临床信息、禁止间接依赖数据、从国内批准之日起保护外国数据，以及禁止将数据独占权保护期限与相关专利的保护期限联系起来所有这些要求，在 21 世纪 00 年代初至中期美国开始达成的自由贸易协定中都很常见。NTP 取消了其中许多限制性更强的条款，并纳入了同期规则，这是对发展中国家真正有用的数据独占权调整。然而，最近由美国主导签署的两份贸易协定都恢复了 NTP 之前的协定中出现的限制性语言，并且在签署时实际上对提交的生物制剂数据赋予了更长的保护期限，即使后来被完全暂停（就 TPP 而言）或部分取消（就 USMCA 而言）。限制性不断加强的这种趋势有一个例外，即现在普遍纳入了一些条款来保障 TRIPS 协定和《多哈宣言》在公共健康方面的灵活性。虽然这些条款提供了一些解释价值，但是，关于美国主导的协定到底允许试验数据独占权有哪些灵活性和例外，它们仍不明确。特别 301 条款中谴责自由贸易协定合作伙伴使用这种灵活性为提交的试验数据提供了不充分的保护，这或许表明这些公共健康声明在很大程度上被视为美国做出的象征性但空洞的让步。❷

应该指出的是，TPP 确实包含了一些有关试验数据独占权（以及其他知识产权）的例外，但它们分别专门针对特定国家。该协定附录 18 – B 明确规定，如果智利的试验数据独占权法律中先前就有条款规定"在某些情况下暂停试验数据独占权保护；对在智利提交审批申请时已在外国获得批准超过 12 个月的任何产品，不得提供试验数据独占权"，那么，试验数据独占权条款中的任何内容都不会阻止智利维持该条款。❸ 附录 18 – C 允许马来西亚要求

---

❶　《美国 – 秘鲁 TPA》（2006 年）第 16. 13. 2（a）条。

❷　例如，参见美国贸易代表办公室（USTR）（2016）。

❸　TPP（2016 年）附录 18 – B。相关条款是关于工业产权的法律第 19. 039 号第 91 条，该条规定，在以下情况下暂停试验数据独占权：（a）所有权人出于极端紧急的原因以违反正当竞争的方式利用试验数据；（b）对与数据相关的药品实施强制许可；（c）相关产品在注册 12 个月后尚未在智利商业化；（d）在国际首次上市授权 12 个月后在智利提交上市授权申请。

申请人在药品首次在任何国家获得上市批准之日起 18 个月内，继续开始药品上市审批程序，以有资格获得试验数据独占权保护；❶ 附录 18－D 允许秘鲁继续使用首次出现在《美国－秘鲁 TPA》中的同期规则。❷ 这表明美国愿意在特定情况下保留现有的试验数据独占权灵活性，但不愿意将这些灵活性扩展到其他缔约方；一位不愿透露姓名的 TPP 谈判代表声称，谈判期间就每个缔约方的"窗口期"都提出了建议，但最终被删除，只有马来西亚和智利的"窗口期"被保留在 TPP 附录中。❸

最近由美国主导签署的两份自由贸易协定，即 TPP 和 USMCA，对试验数据独占权全球化的影响在某些方面是有限的。TPP 的试验数据独占权条款现已暂停，但不管怎样，该协定缔约方主要由已与美国缔结贸易协定的国家组成。❹ USMCA 在许多方面都是在 NAFTA 基础上重新谈判的结果，而 NAFTA 已经包含了试验数据独占权要求，有关生物制剂和新临床信息的限制性更强的条款现已被删除。但应当想到的是，TPP 的失败与其试验数据独占权条款完全无关，而对 USMCA 试验数据独占权条款的修订是美国国内政治角力的结果。相较于先前与其他各方达成的协定，在这两种协定的情况下，美国都成功地通过谈判大大地提高了试验数据独占权标准。如果美国继续进一步达成包含试验数据独占权条款的贸易协定，那么此类条款的限制性似乎更有可能是由美国国内政治决定的，而不是由谈判伙伴的抵制决定的。

5.3.2　对欧洲自由贸易联盟和瑞士主导的协定的论述

尽管欧洲自由贸易联盟国家签订的自由贸易协定数量远少于美国或欧盟，但它们已缔结了大量包含试验数据独占权条款（或在某些情况下是试验数据独占权相邻条款）的自由贸易协定，总共有 17 份，此外，瑞士也自行达成了两份协定。然而，如上所述，其中许多协定是继早期的美国协定或欧盟协定（不太常见）之后达成的，在提交的试验数据方面，它们通常没有超出先前协定中的要求或另一方的已有做法。

---

❶ TPP（2016 年）附录 18－C。

❷ TPP（2016 年）附录 18－D。

❸ 斯皮纳·阿里（2017），第 269 页。

❹ 只有文莱、日本和新西兰之前未与美国签署包含试验数据独占权条款的协定；当然，自 1968 年以来，日本就提供了事实上的数据独占权；新西兰自 1994 年以来就一直有试验数据独占权法律（新西兰，1994 年《药品修正案》）。

欧洲自由贸易联盟的政治和经济影响力要小一些，这也导致欧洲自由贸易联盟协定中试验数据独占权条款的限制性总体上比美国主导的协定要小。欧洲自由贸易联盟早期主导签署的、包含试验数据独占权条款的贸易协议，明确允许各方通过责任模式保护提交的试验数据，作为提供独占权的替代措施。如已提到的那样，欧洲自由贸易联盟主导的、与欧洲及其周边地区发展中国家达成的协定中，提供试验数据独占权的义务往往限制性更强。然而，在欧洲自由贸易联盟与该区域之外的国家达成的协定中，提供试验数据独占权的义务范围往往缩小了（与中国香港签订的 EFTA 协定中，试验数据独占权条款的限制性相对较强，这明显是一个例外）。❶尽管瑞士已与亚洲最大的两个经济体成功达成了试验数据独占权条款，但这些条款本质上重申了日本和中国在试验数据独占权方面的现有做法（尽管与中国达成的协定确实规定生物数据也应当受到保护，但中国早先在加入 WTO 期间做出的提供试验数据独占权的承诺并不是如此）。❷欧洲自由贸易联盟/瑞士主导的协定中，试验数据独占权条款也不如美国主导的协定全面，通常仅规定保护期限。

尽管如此，随着时间的推移，欧洲自由贸易联盟主导的协定中试验数据独占权条款的限制性似乎仍然变得越来越强，欧洲自由贸易联盟与许多巴尔干国家签订的协定要求提供 10 年以上的保护。截至撰写本书时，欧洲自由贸易联盟最近主导签署的、包含试验数据独占权条款的协定，是与印度尼西亚达成的自由贸易协定，印度尼西亚是一个非欧洲大国，先前没有就试验数据独占权做出任何承诺，也没有国内试验数据独占权法律。虽然关于提交的药品试验数据的保护条款是本节论述的所有自由贸易协定中最模糊的条款之一，但是，在通过贸易协定促进试验数据独占权保护方面，欧洲自由贸易联盟仍然取得了重大进展。这将对印度尼西亚国内法实际产生什么影响，以及这是否预示着欧洲自由贸易联盟将在欧洲及其周边地区之外进一步推动试验数据独占权保护，还有待观察。

5.3.2.1　试验数据独占权的替代措施

也许欧洲自由贸易联盟（EFTA）协定最让人感兴趣的特征是，一些早期协定规定，可以通过除试验数据独占权外的方式保护提交的试验数据。虽然与黎巴嫩、突尼斯和韩国达成的协定都包含这样的条款，即规定应当通过试

---

❶ 《欧洲自由贸易联盟－中国香港自由贸易协定》（2011 年）附件Ⅻ第 4 条。
❷ 《中国－瑞士自由贸易协定》（2013 年）第 11.11 条。

验数据独占权来保护提交的试验数据，但它们也通过基于补偿的制度对提交的试验数据提供了替代保护措施，即后续申请人可以在任何时候依赖提交的数据，前提是后续申请人提供了"充分"补偿（所有三项协定均未对"什么构成充分补偿"做出规定）。❶ 这种对提交的试验数据的保护方法，本质上是赖希曼提出的那种基于责任的成本分摊方法。❷

虽然 EFTA－埃及自由贸易协定没有提及成本分摊方法，但它似乎也期望有可能通过除试验数据独占权外的方式保护提交的试验数据。该自由贸易协定规定，各方将保护提交的试验数据不被披露、不被用在不正当的商业使用中，"直至其不再机密，或不超过 5 年的保护期限截止，以先到者为准"，但没有具体规定如何实现。该自由贸易协定规定了时间期限，因此，它有别于其他一些欧洲自由贸易联盟（以及欧盟）贸易协定中对遵守 TRIPS 协定第 39.3 条做出的模糊承诺；❸ EFTA－埃及自由贸易协定的该项规定表明，双方都认为 TRIPS 协定第 39.3 条要求的不仅仅是防止盗用，但是该条款没有明确要求试验数据独占权。目前尚不清楚埃及对提交的试验数据提供了什么保护，埃及国内法对此也含糊不清，❹ 美国贸易代表办公室通过特别 301 条款多次敦促埃及就如何保护提交的药品试验数据做出澄清。❺

2007 年之后 EFTA 主导签署的、包含试验数据独占权条款的协定，均不允许将成本分摊方法作为保护药品试验数据的替代措施。然而，值得注意的是，2007 年后至少有 10 份由 EFTA 主导的协定，允许对"为获得农业产品上市批准而提交的数据"实行补偿制度。❻

5.3.2.2 保护期限和范围

与美国自由贸易协定相比，欧洲自由贸易联盟/瑞士主导的贸易协定在保护期限要求上有很大的差异。欧洲自由贸易联盟最早和最近主导签署的协定

---

❶ 《欧洲自由贸易联盟－韩国自由贸易协定》（2005 年），附件ⅩⅢ第 3 条；《欧洲自由贸易联盟－黎巴嫩自由贸易协定》（2004 年）附件Ⅴ第 4 条；《欧洲自由贸易联盟－突尼斯自由贸易协定》（2004 年）附件Ⅴ第 4 条。

❷ 进一步参见赖希曼（2009）。

❸ 例如，参见《欧洲自由贸易联盟－菲律宾自由贸易协定》（2016 年）附件ⅩⅢ第 8 条。该条款只是重申了 TRIPS 协定第 39.3 条的要求，然后说明双方将努力解决未来会出现争议的问题，没有提及关于时限的权利。

❹ 埃及，《知识产权法》第 82 号（2002 年）。

❺ 有关最新示例，请参见美国贸易代表办公室（2017，2018，2019）。

❻ 这些协定是分别与哥伦比亚、阿尔巴尼亚、乌克兰、厄瓜多尔、塞尔维亚、波斯尼亚、中国香港、黑山、格鲁吉亚和秘鲁签署的自由贸易协定。

都完全没有规定保护期限；《欧洲自由贸易联盟－韩国自由贸易协定》仅要求数据应当在"双方相关法律法规确定的足够年限内"得到保护；❶ 欧洲自由贸易联盟与印度尼西亚达成的自由贸易协定规定，双方应"处理后续【药品】申请，在国内法律法规规定的期限后才授予上市批准，❷ 但并没有明确规定该期限（值得注意的是，农业产品的同等条款明确规定了10年的试验数据独占期）。❸ 此外，瑞士与日本达成的贸易协定仅要求双方在"一定期限内"保护提交的试验数据，规定在协定生效时该期限应"按照各方相关法律不少于6年"；由于该规定依据的是缔约双方的国内法律法规，而不是协定本身，因此这似乎并没有强制规定什么国际义务。❹

欧洲自由贸易联盟和瑞士牵头与欧洲及其周边地区之外的国家签署了一些其他协定，这些协定确实规定了实际的保护期限，但这些通常是另一方的已有做法或承诺，分别与厄瓜多尔❺、哥伦比亚❻、中国❼和土耳其❽达成的协定就是这种情况。

在与欧洲及其周边地区其他国家签订的贸易协定中，欧洲自由贸易联盟主导的协定规定了所有自由贸易协定中最长的保护期限。在欧洲自由贸易联盟牵头与巴尔干国家达成的所有协定中，保护期限本质上为8年的数据独占权；❾ 就分别与波斯尼亚和黑山达成的协定而言，8年的数据独占权与另外的10年市场独占权并行。❿ 此外，与一些欧洲国家达成的协定要求，如果在最初的保护期内，上市授权持有人获得了对一种或多种新治疗适应证的授权，

---

❶ 《欧洲自由贸易联盟－韩国自由贸易协定》（2004年），附件 XIII 第3条。

❷ 《欧洲自由贸易联盟－印度尼西亚自由贸易协定》（2018年），附件 XVII 第6（2）（b）条。

❸ 《欧洲自由贸易联盟－印度尼西亚自由贸易协定》（2018年），附件 XVII 第6（1）（b）条。截至撰写本书时，《欧洲自由贸易联盟－印度尼西亚自由贸易协定》尚未获得批准；关于印度尼西亚实际如何实施该条款，仍有待观察。

❹ 《瑞士－日本自由贸易协定》（2009年）第121条。

❺ 《欧洲自由贸易联盟－厄瓜多尔自由贸易协定》（2018年），附件 XVI 第6条。

❻ 《欧洲自由贸易联盟－哥伦比亚自由贸易协定》（2008年），第6.11条。

❼ 《中国－瑞士自由贸易协定》（2013年），第11.11条。

❽ 《欧洲自由贸易联盟－土耳其自由贸易协定》（2018年），附件 XX 第6条。

❾ 《欧洲自由贸易联盟－阿尔巴尼亚自由贸易协定》（2009年），附件 V 第5条；《欧洲自由贸易联盟－塞尔维亚自由贸易协定》（2010年）附件 VI 第5条；《欧洲自由贸易联盟－黑山自由贸易协定》（2011年），附件 VI 第6条；《欧洲自由贸易联盟－波斯尼亚自由贸易协定》（2013年），附件（注：原文疑似有误，原文为"…Article…"，译者按"…Annex…"翻译）VII 第6条。

❿ 《欧洲自由贸易联盟－波斯尼亚自由贸易协定》（2013年），附件（注：同脚注❾之注）VII 条第6条；《欧洲自由贸易联盟－黑山自由贸易协定》（2011年），附录 VI 第6条。

且这些治疗适应证被认为会带来"显著的临床益处"，则保护期应延长1年。❶ 这与欧洲自由贸易联盟的欧洲经济区成员采用的所谓"8＋2＋1"试验数据独占期非常吻合。❷

欧洲自由贸易联盟/瑞士牵头与欧洲及其周边地区之外的国家签署的协定不要求保护随后提交的数据，事实上，欧洲自由贸易联盟与哥伦比亚达成的协定明确规定，如果药品含有先前已在一方境内获得批准的化学实体，那么双方无须将试验数据独占权条款适用于该药品❸（类似条款出现在哥伦比亚早期与美国达成的协定中）。❹

5.3.2.3　生物制剂

对于明确要求为提交的生物制剂数据提供试验数据独占权保护的条款，其出现在欧洲自由贸易联盟主导的贸易协定中，要远远早于出现在美国主导的贸易协定中。如第5.3.3.2节所论述，这种条款也出现在欧盟主导的贸易协定中，这可能反映了欧洲人较早采用生物仿制药简略审批途径和生物试验数据独占权。有5份欧洲自由贸易联盟主导的贸易协定（除与中国香港签订的协定外，所有协定都是与欧洲及其周边地区发展中国家签订的），明确要求保护与生物制剂相关的数据，❺ 中国－瑞士自由贸易协定也是如此。❻ 欧洲自由贸易联盟牵头与厄瓜多尔达成的协定，似乎将提交的生物制剂相关数据排除在保护范围之外，但这一点并不明确。❼ 与美国主导的协定不同，欧洲

---

❶　《欧洲自由贸易联盟－波斯尼亚自由贸易协定》（2013年），附件（注：原文疑似有误，原文为"…Articlt…"，译者按"…Annex…"翻译）Ⅶ第6条；《欧洲自由贸易联盟－黑山自由贸易协定》（2011年），附件Ⅵ第6条；《欧洲自由贸易联盟－乌克兰自由贸易协定》（2010年），附件ⅩⅢ第5条；《欧洲自由贸易联盟－格鲁吉亚自由贸易协定》（2016年），附件ⅩⅤ第6条。

❷　即挪威、冰岛和列支敦士登。瑞士实施了一项类似制度，即本质上为8年的数据独占权与10年市场独占权并行，但是它单独为新适应证提供了3～10年的保护期。

❸　《欧洲自由贸易联盟－哥伦比亚自由贸易协定》（2008年）第6.11条。

❹　《美国－哥伦比亚TPA》（2006年）第16.10条。

❺　《欧洲自由贸易联盟－波斯尼亚自由贸易协定》（2013年），附件（注：原文疑似有误，原文为"…Article…"，译者按"…Annex…"翻译）Ⅶ第6条；《欧洲自由贸易联盟－黑山自由贸易协定》（2011年），附件Ⅵ第6条；《欧洲自由贸易联盟－格鲁吉亚自由贸易协定》（2016年），附件ⅩⅤ第6条；《欧洲自由贸易联盟－土耳其自由贸易协定》（2018年），附件ⅩⅩ第6条。

❻　《中国－瑞士自由贸易协定》（2013年），第11.11条；《欧洲自由贸易联盟－中国香港自由贸易协定》（2011年），附件Ⅺ第4条。

❼　该协定规定，如果药品或农业化学产品是使用"化学实体或生物实体"制造而成，应当保护该药品或农业化学产品上市审批过程中提交的数据不被披露；只有当"该药品或农业化学产品含有新化学实体时"，提交的数据才能获得试验数据独占权保护。《欧洲自由贸易联盟－厄瓜多尔自由贸易协定》（2018年）附件ⅩⅥ第6条。

自由贸易联盟主导的协定虽然要求保护生物试验数据，但它们仅规定生物产品也可以获得"基本"保护期限，这反映了欧洲自由贸易联盟国家在保护生物试验数据方面的国内做法。

5.3.2.4　TRIPS 协定第 39.3 条的标准

与美国主导的协定相比，欧洲自由贸易联盟主导的协定中纳入的 TRIPS 协定第 39.3 条标准更少。许多欧洲自由贸易联盟主导的协定只要求数据应当"不被披露"，但是自 2011 年以来签订的大多数协定也要求"取得数据需要付出巨大努力"。那些要求 TRIPS 协定第 39.3 条所有三项标准的协定大多是欧洲自由贸易联盟与远在欧洲之外的国家签署的，并且似乎是以美国早期的试验数据独占权条款为蓝本的。❶

5.3.2.5　附加要求

如上所述，欧洲自由贸易联盟/瑞士主导的协定远不如美国主导的协定全面。例如，欧洲自由贸易联盟主导的协定均不禁止将试验数据独占权与相关专利权期限联系起来；欧洲自由贸易联盟主导的协定中，只有分别与秘鲁和哥伦比亚达成的协定涉及外国批准。❷ 这些协定重复了美国牵头分别与这两个国家达成的自由贸易协定中出现的同期规则（后来欧盟牵头与这些国家达成的协定也采用了这种做法）❸，这些条款可能是应秘鲁和哥伦比亚的要求，为保障其与美国的自由贸易协定的灵活性而加入的。❹ 欧洲自由贸易联盟与突尼斯达成的协定规定，保护期限不应超过原产国或出口国的保护期限❺，这大概是出于与同期规则相同的考虑。

与美国主导的协定不同，欧洲自由贸易联盟/瑞士主导的协定几乎没有提及间接依赖问题。只有《欧洲自由贸易联盟－智利自由贸易协定》禁止"间接"依赖提交的试验数据，即使这样，似乎也是因为《欧洲自由贸易联盟－

---

❶　这些协定是欧洲自由贸易联盟分别与智利、哥伦比亚、厄瓜多尔、秘鲁、韩国和埃及签署的。请注意，除韩国和埃及外，所有国家之前都已与美国签署了协定。

❷　《欧洲自由贸易联盟－哥伦比亚自由贸易协定》（2008 年），第 6.11 条；《欧洲自由贸易联盟－秘鲁自由贸易协定》（2010 年），第 6.11 条。

❸　欧盟、秘鲁和哥伦比亚之间的贸易协定（2012 年），第 231 条。

❹　如其他地方所述，美国（注：原文疑似有误，原文为"…EU…"，与上下文不一致，译者按"…US…"翻译）分别与哥伦比亚和秘鲁签署的协定，以及 TPP 附件 18－D 中，也出现了类似的事先声明。

❺　《欧洲自由贸易联盟－突尼斯自由贸易协定》（2004 年）附件 V 第 4 条。

智利自由贸易协定》中的试验数据独占权条款在很大程度上效仿了早 20 天签署的《美国－智利协定》中的试验数据独占权条款。❶

5.3.2.6 例外

欧洲自由贸易联盟/瑞士主导的协定在例外问题上普遍保持沉默，但是，少数协定确实明确包含试验数据独占权的例外。欧洲自由贸易联盟分别与秘鲁、哥伦比亚和厄瓜多尔三个国家达成的协定都规定，协定中的试验数据独占权条款"不应阻止各方采取措施来应对知识产权滥用行为或不合理的贸易限制做法"，此外还规定，各方可根据《多哈宣言》、TRIPS 协定以及进一步的任何 TRIPS 协定修正案，在国家紧急或极端紧急情况下采取措施保护公共利益或公共健康。❷ 与智利达成的协定包含一项一般规定，即协定中的任何内容均不得解释为阻止任何一方采取或实施保护人类、动物或植物生命或健康所需的措施，该项规定可能包括了试验数据独占权的例外。❸ 在所有情况下，提及的这些例外都效仿了早期自由贸易协定（美国分别与秘鲁、哥伦比亚和智利签署的协定，以及厄瓜多尔与欧盟签署的协定）中涉及的灵活性或公共健康。❹

欧洲自由贸易联盟分别与格鲁吉亚和印度尼西亚达成的贸易协定中包含一些简短的条款，它们规定，知识产权附件中的条款"不应损害《TRIPS 协定与公共健康多哈宣言》"，❺ 而欧洲自由贸易联盟分别与韩国和智利达成的协定则援引《多哈宣言》作为限制，要求强制许可不得超出《多哈宣言》的规定，实际上这两种规则具有相同的效果。❻ 其他欧洲自由贸易联盟/瑞士协定没有规定试验数据独占权的例外，也没有提及公共健康。

---

❶ 该欧洲自由贸易联盟协定的条款规定，"各方不得根据新化学实体信息提交人获得批准，允许第三人……销售基于该新化学实体的产品"；而美国协定的条款规定，"各方不得根据新化学实体信息提交方获得批准，允许第三方……销售基于该新化学实体的产品"。《欧洲自由贸易联盟－智利自由贸易协定》（2004 年）附件 XII 第 4 条；《美国－智利自由贸易协定》（2004 年）第 17.10 条。

❷ 《欧洲自由贸易联盟－秘鲁自由贸易协定》（2010 年）第 6.11 条；《欧洲自由贸易联盟－哥伦比亚自由贸易协定》（2008 年）第 6.11 条；《欧洲自由贸易联盟－厄瓜多尔自由贸易协定》（2018 年）附件（注：原文疑似有误，原文为"…Article…"，译者按"…Annex…"翻译）XVI 第 6 条。

❸ 《欧洲自由贸易联盟－智利自由贸易协定》（2003 年）第 21（b）条。

❹ 《美国－秘鲁 TPP》（2006 年）；《美国－哥伦比亚 TPA》（2006 年）和《美国－智利自由贸易协定》（2004 年）；欧盟与秘鲁、哥伦比亚和厄瓜多尔之间的贸易协定（2016 年）。

❺ 《欧洲自由贸易联盟－格鲁吉亚自由贸易协定》（2016 年）附件 XV 第 6 条；《欧洲自由贸易联盟－印度尼西亚自由贸易协定》（2018 年）附件 XVII 第 6 条。

❻ 《欧洲自由贸易联盟－韩国自由贸易协定》（2005 年）附件 XIII 第 3 条；《欧洲自由贸易联盟－智利自由贸易协定》（2004 年）附件 XII 第 4 条。

一些欧洲自由贸易联盟主导的协定规定，禁止披露提交的试验数据，但此类协定也都规定，根据 TRIPS 协定第 39.3 条，在保护公众所必需或采取合理措施保护数据不被用在不正当的商业使用中时，可以披露数据。❶

5.3.2.7　关于欧洲自由贸易联盟/瑞士主导的协定中试验数据独占权条款的总结

与美国主导的协定一样，在欧洲自由贸易联盟主导的协定中，试验数据独占权条款的限制性随着时间的推移变得越来越强，从"允许试验数据独占权替代措施的政策"发展到"要求提供本章所述所有贸易协定中最长期限的保护（尤其是 EFTA 与欧洲及其周边地区发展中国家达成的协定）"。在欧洲以外，欧洲自由贸易联盟和瑞士在保护提交的试验数据方面的影响力明显较小，但是，考虑到 2018 年欧洲自由贸易联盟与印度尼西亚达成的自由贸易协定，这种情况现在可能正在发生改变。尽管如此，欧洲自由贸易联盟与印度尼西亚达成的自由贸易协定中，试验数据独占权条款仍含糊不清，而且最近的其他 EFTA 贸易谈判未能达成提供试验数据独占权的承诺，例如，2016 年《欧洲自由贸易联盟－菲律宾自由贸易协定》仅规定，两国将履行 TRIPS 协定第 39.3 条的义务，如果出现与此相关的问题，双方应共同努力解决该问题，必要时建立一种机制，以找到"双方都能接受的措施"。❷

欧洲自由贸易联盟/瑞士签署的自由贸易协定中，包含试验数据独占权条款的协定数量如此之多，形成对比的尤其是，欧盟规模大得多，但其签署的、包含试验数据独占权条款的自由贸易协定数量却较少，对此该如何解释？几乎可以肯定，之所以这样，有一部分原因在于，尽管美国和欧盟的国内研究型制药行业绝对规模较大，但欧洲自由贸易联盟的研究型制药行业在整体经济中所占的份额却更大。研究型制药行业对瑞士尤为重要，尽管瑞士是一个中等规模的欧洲国家，却拥有多家全球最大的制药公司。❸ 瑞士的国内生产总值比欧洲自由贸易联盟其他三个成员国的总和还要高，因而瑞士在该集团中占据着经济主导地位。瑞士制药企业可能更容易让瑞士和欧洲自由贸易联盟官员在贸易协定中倡导更高的药品知识产权标准。但是，欧洲自由贸易联

---

❶　欧洲自由贸易联盟分别与突尼斯、智利、黑山、波斯尼亚、格鲁吉亚、土耳其和印度尼西亚签署的协定。

❷　《欧洲自由贸易联盟－菲律宾自由贸易协定》（2016 年），附件XVIII第 8 条。

❸　2011 年的一份报告显示，制药行业占瑞士国内生产总值的近 6%；瓦特劳斯（Vaterlaus）等（2011）。

盟和瑞士谈判代表往往最终只能就提交的试验数据谈判达成薄弱或模糊的保护条款，这反映出，虽然瑞士制药企业会更容易让瑞士和欧洲自由贸易联盟官员在贸易协定中倡导更高的药品知识产权标准，但欧洲自由贸易联盟国家的谈判能力却明显弱于美国或欧盟。

5.3.3 对欧盟主导的协定的论述

欧盟仅签署了 9 份包含试验数据独占权条款的贸易协定，其中大部分是继美国或欧洲自由贸易联盟/瑞士主导的协定之后签署的。与欧洲自由贸易联盟一样，欧盟已经与欧洲及其周边地区发展中国家达成限制性更强的试验数据独占权条款，就欧盟而言，这些国家是格鲁吉亚、摩尔多瓦和乌克兰。❶除一开始就包含限制性相对较强的试验数据独占权条款外，这些协定都还包含如下条款：在保护提交的药品试验数据方面，非欧盟缔约方应承诺日后将其立法与欧盟的立法"保持一致"，具体日期由管理条约的委员会决定（这些协定的其他部分也出现了一些"保持一致"的承诺）。❷这可能会要求全面采用欧盟的试验数据独占权条款。这三个国家都在寻求加入欧盟，但是，由于各种原因，这种承诺不太可能在不久的将来实现。目前还不清楚这种"保持一致"何时会实现。

5.3.3.1 保护期限和范围

欧盟牵头分别与格鲁吉亚和摩尔多瓦达成的协定，将数据独占权本身的保护期限分别设定为 6 年和 5 年，在这两种情况下，都并行设定了至少 7 年的市场独占权，如果在数据独占权期间，权利持有人"获得授权的一项或多项新治疗适应证被认为与现有疗法相比具有显著的临床益处"，则市场独占权可以延长 1 年。这些条款完全反映了欧盟自己的试验数据独占权法律，该法律规定了并行的数据独占期和市场独占期，并且在提交新数据时可以延长独占期。❸大多数其他协定将保护期限设定为 5 年，没有提及对后续数据的进一步保护。虽然加拿大协定确实包含了提供更长的独占期并对后续数据提

---

❶ 《欧盟–格鲁吉亚联系国协定》（2014 年）第 286 条；《欧盟–摩尔多瓦联系国协定》（2014 年）第 48 条；《欧盟–乌克兰联系国协定》（2014 年）第 222 条。

❷ 例如，《欧盟–格鲁吉亚联系国协定》（2014 年）第 187 条；《欧盟–摩尔多瓦联系国协定》（2014 年）第 315 条；《欧盟–乌克兰联系国协定》（2014 年）第 57 条。

❸ 《理事会关于共同体法典有关人用药品的指令》（2001 年第 2001/83/EC 号）第 10 条。

供延续保护的义务，但这些反映了当时加拿大现有的试验数据独占权法律。❶

最近的一些欧盟协定似乎反映出欧盟谈判代表希望达成更长的保护期。欧盟与新加坡签署的协定将保护期设定为至少为 5 年，用脚注规定"自协定生效起，双方将开始讨论是否可能将 5 年的保护期限延长"，这似乎将争论点推到了后面的阶段；❷ 而欧盟与日本签署的协定则复制了瑞士 – 日本协定的措辞，要求双方在"一定期限内"保护提交的试验数据，然后指出，在协定生效时，规定该期限"按照双方相关法律法规不少于 6 年"。❸

5.3.3.2　生物制剂

与欧洲自由贸易联盟和瑞士一样，欧盟达成的试验数据独占权条款通常明确规定为生物数据提供保护。与欧洲自由贸易联盟主导的协定一样，欧盟主导的一些协定要求保护提交的生物制剂数据，这些协定为生物制剂提供了与其他药品相同的保护期限，而不是单独提供更长的保护期限。

欧盟分别与加拿大、摩尔多瓦、韩国达成的协定均用脚注规定，生物药品应被纳入保护范围。❹ 欧盟主导的其他协定对生物数据的保护不太明确。虽然欧盟分别与乌克兰、格鲁吉亚和越南达成的协定没有明确规定生物数据应当受到保护，但它们确实要求保护提交的"药品"相关数据，从最公认的解读来看，"药品"这一术语似乎包括任何生物制剂，因为生物制剂也是药品。❺ 至少就乌克兰和格鲁吉亚而言，其承诺最终将与欧盟制度保持完全一致，这表明，对生物数据提供试验数据独占权保护是一种对未来的展望。欧盟、秘鲁和哥伦比亚之间的协定规定，欧盟和哥伦比亚将通过试验数据独占权保护提交的生物药品相关数据，而秘鲁将仅根据 TRIPS 协定第 39.2 条保护此类数据不被披露，而不是通过提供试验数据独占权来保护此类数据（厄瓜多尔加入该协定后，这种"例外"也适用于厄瓜多尔）。❻

欧盟分别与新加坡和日本达成的协定在生物数据保护问题上也不清楚，这说明欧盟未能成功说服这些国家承诺保护生物制剂。欧盟 – 新加坡协定规

---

❶　请参见加拿大《食品与药品条例》（修订本）C. 08. 004. 1。

❷　《欧盟 – 新加坡自由贸易协定》（2018 年）第 10. 33 条。

❸　《欧盟 – 日本经济伙伴关系协定》（2018 年）第 14. 37 条。

❹　《欧盟 – 加拿大全面经济与贸易协定》（2016 年）第 20. 29 条；《欧盟 – 哥伦比亚 – 秘鲁 – 厄瓜多尔自由贸易协定》（2012 年）第 231 条；《欧盟 – 韩国自由贸易协定》（2010 年）第 10. 36 条。

❺　《欧盟 – 格鲁吉亚联系国协定》（2014 年）第 187 条；《欧盟 – 乌克兰联系国协定》（2014 年）第 57 条；《欧盟 – 越南自由贸易协定》（2019 年）第 12. 41 条。

❻　欧盟、秘鲁、哥伦比亚和厄瓜多尔之间的贸易协定（2012 年）第 231 条。

定，每个成员应通过自己的立法定义"药品"这一术语，❶ 虽然欧盟－日本协定规定，"药品"这一术语在欧盟是指欧盟法规第 469/2009 号中定义的医疗产品，❷ 但并未具体说明该术语在日本的具体含义。❸

5.3.3.3　TRIPS 协定第 39.3 条的标准

欧盟主导的协定很少提及 TRIPS 协定第 39.3 条的标准。只有欧盟与加拿大签订的协定要求只保护满足所有三个标准的数据，❹ 而欧盟与其他欧洲国家签订的一些协定则将这些标准全部忽略。❺

5.3.3.4　附加要求

与欧洲自由贸易联盟的协定一样，欧盟主导的自由贸易协定几乎没有涵盖美国主导的自由贸易协定中所涉及的其他事项。欧盟主导的自由贸易协定均不包含这样的条款，即禁止各方将试验数据独占期限定在与所涉药品相关的专利权期限内。此外，除《欧盟－秘鲁－哥伦比亚－厄瓜多尔自由贸易协定》外，欧盟主导的大多数协定都不涉及外国数据问题。《欧盟－秘鲁－哥伦比亚－厄瓜多尔自由贸易协定》明确承认允许依赖外国数据，但在这种情况下，"如果完整的上市审批申请在提交后 6 个月内依赖首次上市批准而获得批准，那么，为获批而提交的数据的独占使用期限应从首次上市批准之日起计算"，这是美国分别与秘鲁和哥伦比亚达成的自由贸易协定中出现的"同期"规则的另一种措辞。❻ 同样，这项规定很可能是应南美国家而不是欧盟的要求，为保留现有的灵活性而加入的。

只有欧盟与摩尔多瓦达成的协定明确禁止"间接"依赖提交的数据，规定"不得允许任何个体或实体……直接或间接依赖此类数据"。❼ 为什么只有欧盟与摩尔多瓦达成的协定采取这种做法，目前尚不清楚。

---

❶ 《欧盟－新加坡自由贸易协定》（2018 年）第 10.33 条。

❷ 法规第 469/2009 号（SPC 条例最新版本）在第 1（a）条中，将"药品"定义为"用于治疗或预防人类或动物疾病的任何物质或物质组合，以及可以对人类或动物施用以进行医学诊断或恢复、纠正或改变人类或动物生理功能的任何物质或物质组合"；该定义实际上包括生物药品。

❸ 《欧盟－日本经济伙伴关系协定》（2018 年）第 14.37 条。

❹ 《欧盟－加拿大全面经济与贸易协定》（2016 年），第 20.29 条。

❺ 《欧盟－格鲁吉亚联系国协定》（2014 年）第 286 条；《欧盟－摩尔多瓦联系国协定》（2014 年）第 48 条；《欧盟－乌克兰联系国协定》（2014 年）第 222 条。

❻ 欧盟、秘鲁、哥伦比亚和厄瓜多尔之间的贸易协定（2012 年）第 231 条。

❼ 《欧盟－摩尔多瓦联系国协定》（2014 年）第 315（2）条。

5.3.3.5 例外

欧盟主导的所有贸易协定中，明确规定的试验数据独占权例外较少，秘鲁－哥伦比亚－厄瓜多尔条约包含了这些为数不多的例外之一。该协定允许各方调整以下例外：（a）"出于公共利益、紧急状况或极端紧急情况的原因，在必须允许第三方使用这些数据时"；（b）"采取措施应对知识产权滥用行为或不合理的限制贸易做法"。❶

欧盟主导的自由贸易协定中，包含试验数据独占权条款的所有协定均单独包含一项条款，即认可或承认《多哈宣言》。除欧盟与格鲁吉亚的协定外，所有协定均规定，应当以与《多哈宣言》保持一致的方式解释和实施知识产权章节。只有欧盟分别与加拿大和越南签订的协定明确规定：根据 TRIPS 协定第 39.3 条，为保护公共健康，或采取措施保护数据不被用在不正当的商业使用中时，可以披露数据，但是，协定中普遍纳入涉及《多哈宣言》的规定，表明 TRIPS 协定中的这种例外仍然是允许的。❷

5.3.3.6 关于欧盟主导的协定中试验数据独占权条款的总结

尽管欧盟已达成的一些条款对其欧洲邻国强加了提供试验数据独占权的限制性义务，但在欧洲以外，欧盟主导的协定对除生物制剂外的试验数据独占权几乎没有影响，试验数据独占权条款通常只是重复先前协定中的条款或另一方的现行做法。在某些情况下，欧盟甚至未能就这一点进行谈判，《欧盟－日本经济伙伴关系协定》甚至不包含具体的独占期，尽管日本自 20 世纪 80 年代以来就拥有事实上的试验数据独占权，并在不到两年前就已经准备同意 TPP 中的此类条款。究其原因，可能是欧盟许多成员国之间难以达成共识，这是有据可查的；众所周知，《欧盟－加拿大全面经济与贸易协定》几乎被比利时瓦隆地区议会阻挠（尽管是因为与试验数据独占权无关的问题）；美国政府内部，以及欧洲自由贸易联盟四个国家政府之间，可能比欧盟成员国之间更容易就试验数据独占权（以及其他有争议的问题）达成共识。

然而，欧盟牵头与乌克兰、摩尔多瓦和格鲁吉亚签署的协定，暗示欧盟以一种容易被忽视的方式推动试验数据独占权全球化。加入欧盟要求新成员国受所有欧盟现行法约束并实施所有欧盟现行法，包括欧盟关于试验数据独

---

❶ 欧盟、秘鲁、哥伦比亚和厄瓜多尔之间的贸易协定（2012 年）第 231 条。

❷ 《欧盟－加拿大全面经济与贸易协定》（2016 年）第 20.29 条；《欧盟－越南自由贸易协定》第 12.41 条。

占权的规则。因此，欧盟扩张一直是试验数据独占权法律在欧洲实现全球化的重要手段。1986 年，即指令第 87/21/EEC 号通过的那一年，欧盟（当时）只有 12 个成员国。❶ 西班牙和葡萄牙就是在当年加入欧盟的，如前所述，这两个国家都没有提供药品专利权保护，这种情况可能在一定程度上促使欧盟首先采用试验数据独占权。❷ 1986 年后有 16 个国家加入了欧盟，因此它们采用了欧盟关于试验数据独占权的规则（英国已经退出了欧盟，但是英国保留了欧盟关于试验数据独占权的做法）。❸ 此外，欧盟关于试验数据独占权的规则也扩展到欧洲经济区（European Economic Area，EEA）成员国（但不包括欧盟成员国），目前有三个这样的国家，即挪威、冰岛和列支敦士登（它们也是欧洲自由贸易联盟成员国）。当然，欧盟扩张的目的并不是扩展试验数据独占权，但重要的是要理解到，迄今为止，加入欧盟是欧洲司法管辖区在后 TRIPS 时期采纳试验数据独占权条款的最常见原因。

5.3.4 关于试验数据独占权和贸易协定的总结

谢赫在 2016 年的研究中得出如下结论：分析显示，贸易协定中提供试验数据独占权的义务在限制性方面"没有呈现明显趋势"；总体而言，自由贸易协定中的试验数据独占权条款以仅"略微"降低准入要求为导向。❹ 这从某种意义上来说是准确的，特别是在欧洲人主导的协定中，试验数据独占权条款总体上几乎没有一致性，21 世纪 00 年代末，美国主导的协定中，义务限制性有所减小。然而，这并不能代表全部情况。尽管 USMCA 修正案表明，推行更高的试验数据独占权标准在国会中仍存在争议，但是美国似乎已经放弃了"NTP 时代为提交的试验数据提供更为自由的保护方法"这种做法。此外，虽然在欧洲人主导的许多贸易协定中，试验数据独占权的限制性较小，但这些条款通常只是复制其他协定或国内法中的现有规则。因此，尽管总体来讲，它们似乎使自由贸易协定中试验数据独占权条款的限制性减小，但实际上对"实践中如何保护提交的试验数据"没有影响。此外，相较于最近由美国主导的协定，美国在 20 世纪 90 年代签署的双边知识产权条约（谢赫的

---

❶ 这些成员国包括比利时、法国、西德、意大利、卢森堡、荷兰、丹麦、爱尔兰、英国、希腊、葡萄牙和西班牙；阿达米尼等（2009），第 989 页。

❷ 阿达米尼等（2009），第 989 页。

❸ 英国，2018 年《退出欧盟法案》第 3（1）条。

❹ 谢赫（2016），第 142—143 页。

研究中没有包括这些条约）在保护提交的试验数据方面限制性也要小得多。如果考虑这些因素，很显然可以看出，随着时间的推移，试验数据独占权条款的限制性变得越来越强。现在的贸易协定经常强加一些明确的义务，要求保护生物制剂、保护新临床信息或适应证、大幅延长保护期限；就美国主导的协定而言，普遍禁止某些符合 TRIPS 协定的试验数据独占权保护方法。极少有贸易协定明确规定试验数据独占期的例外，除欧洲自由贸易联盟主导的早期协定外，没有协定为提交的试验数据提供替代保护方法。

这种趋势有一个例外，即越来越多的协定提及《多哈宣言》和各方采取行动保护公共健康的权利，它们已成为最近美国和欧盟主导的协定的一个共同特征，经常出现在试验数据独占权条款中。然而，科雷亚认为，公共健康声明和提及《多哈宣言》几乎没有实际作用，不太可能提供足够的法律依据来减轻协定中试验数据独占权条款所规定的义务。❶ 当然，一些国家已经缔结的协定中虽然提及了《多哈宣言》和公共健康，但其中很少有国家继续实施涉及国内公共健康的试验数据独占权例外，而这样做的国家仍然在特别301 条款中成为引起美国愤怒的对象。提及《多哈宣言》和公共健康似乎代表了象征性地使用原则的普遍趋势，以便在监管全球化中营造平静的氛围。❷

虽然过去十年达成的贸易协定中，试验数据独占权条款主要由欧洲人主导，但得出"欧洲人已经取代美国成为试验数据独占权全球化的主要推动者"这一结论是错误的，特别是考虑到由欧洲人就试验数据独占权达成的许多义务在实践中影响很小。此外，迄今为止美国主导的所有协定中最为严格的试验数据独占权条款都包含在美国最近达成的两份贸易协定中，即使美国国内政治分别导致 TPP 和 USMCA 的试验数据独占权条款被暂停和修订。尽管如此，欧洲人还是在与其周边地区发展中国家签署的协定中达成了限制性极强的试验数据独占权条款，在实现生物试验数据保护方面特别成功。当然，这些发达国家行为体并不是该领域的竞争者。其实，事实恰恰相反，正如我们已经看到的那样，最惠国待遇和国民待遇原则意味着，美国、欧盟或欧洲自由贸易联盟/瑞士在试验数据独占权方面做出的让步也将适用于其他国家（实际上，适用于其他所有 WTO 成员）。因此，这些行为体随后达成的贸易协定"提高"了试验数据独占权保护标准，就像它们对其他知识产权所做的一样，第一份协定规定最低保护标准，随后的协定则提高该标准。❸ 一个行

---

❶ 科雷亚（2006），第 81 页。

❷ 布雷思韦特和德拉霍斯（2000），第 30 页。

❸ 布雷思韦特和德拉霍斯（2000），第 519 页。

为体的贸易代表因国内压力而无法在国际上提高标准时，这一点尤其有用，就像美国在 BPCIA 颁布之前在生物制剂方面以及大概在 NTP 期间在试验数据独占权方面的情况一样；美国建立了试验数据独占权的基本标准，随后欧洲人提高了该标准。因此，美国公司在国外提交的试验数据受到更高标准的保护，而无须首先在国内就该问题达成共识。

此外，在多个协定中重复相同的试验数据独占权条款并非完全不重要，借用工程领域的另一个比喻，它们产生监管冗余效果。例如，如果美国就像2018 年扬言的那样放弃《北美自由贸易协定》，那么加拿大仍然有义务根据其与欧盟达成的条约提供试验数据独占权。如果同意与其他多个缔约方达成相同的试验数据独占权条款，那么，要想降低对提交的试验数据的保护标准，外交、政治和经济成本将显著增加，对于大多数国家来说，这可能不可行，因为每个缔约方都必须同意重新谈判。如果一个国家选择违反其义务，确实撤销了监管措施，那么，代价可能是所有相关贸易协定产生的全部价值。

试验数据独占权条款在自由贸易协定中的模式也可以参考贸易协定的另一方来解释。如已经提到的那样，在欧洲发展中国家（如波斯尼亚和乌克兰）与欧洲自由贸易联盟或欧盟签署的协定中，在提供试验数据独占权的义务方面，限制性往往特别强。此外，秘鲁、智利、厄瓜多尔和哥伦比亚似乎擅长在与 3 个发达国家行为体的协定中，就试验数据独占权达成限制性较弱的措施。❶ 这些国家的经验表明，在保护提交的试验数据上，可以就灵活性进行谈判，并在后续协定中保留这些灵活性。❷

令人惊讶的是，尽管日本国内拥有庞大的研究型制药工业，并且在TRIPS 协定生效之前就已制定了等同于试验数据独占权的规定，但是日本也一直不愿意在贸易协定中承诺提供试验数据独占权，甚至拒绝在与瑞士和欧盟达成的协定中承诺提供具体的保护期限。此外，日本历来都不愿推行试验数据独占权。日本的这些情况可能正在发生改变。亚洲和大洋洲的 15 个国家之间达成的贸易协定《区域全面经济伙伴关系协定》（Regional Comprehensive Economic Partnership，RCEP）的知识产权章节在 2015 年被泄露，❸ 该章节显

---

❶ 谢赫（2016），第 167 页。

❷ 当然，这肯定会与其他大多数南美国家的立场形成鲜明的对比，因为这些国家根本就没有任何试验数据独占权规定。

❸ 文莱、柬埔寨、印度尼西亚、老挝、马来西亚、缅甸、菲律宾、新加坡、泰国、越南［东南亚国家联盟（Association of Southeast Asian Nations，ASEAN）所有成员国］、中国、日本、韩国、澳大利亚和新西兰。印度曾是谈判方，但于 2019 年退出。

示日本（和韩国）提出了 5 年的试验数据独占权。[1] 然而，这项提议遭到了其他所有谈判方的反对，[2] 2020 年签署的最终 RCEP 版本只要求各方根据 TRIPS 协定第 39.2 条保护未披露的信息。[3]

尽管贸易协定中，在提供试验数据独占权的义务上限制性越来越强，但国际层面上对这种义务的抵制仍然很明显。生物制剂试验数据独占权保护问题使 TPP 谈判耽搁了一段时间，导致最终达成了模棱两可的妥协方案。[4] 在正在谈判的其他主要贸易协定中，试验数据独占权条款也遭到抵制，2013 年欧盟委员会贸易专员公开表示，欧盟不会要求印度实施任何形式的试验数据独占权，作为欧盟－印度贸易协定的一部分。[5] 同样，对提交的试验数据的保护也没有出现在 2019 年原则上达成的《欧盟－南方共同市场自由贸易协定》中。[6]

一些即将签署的贸易协定可能包含试验数据独占权条款。对于欧盟即将与新西兰签署的自由贸易协定以及欧盟即将与墨西哥签署的现代化贸易协定，它们的商定文本均包含试验数据独占权条款（在欧盟与墨西哥的协定中明确涵盖生物制剂）。[7] 此外，未来签署的包含试验数据独占权条款的贸易协定，可能来自除美国、欧洲自由贸易联盟和欧盟外的行为体。英国自 2020 年退出欧盟以来，一直有权达成自己的贸易协定，作为一个拥有庞大研究型制药行业的国家，英国可能会在未来协定中推行试验数据独占权条款。2022 年泄露的《英国－印度自由贸易协定》草案实际上包含这样的条款，即要求对含有新化学实体的药品以及生物制剂提供 6 年的试验数据独占权。[8]

5.4 试验数据独占权与加入世界贸易组织

虽然贸易协定是除美国、欧洲自由贸易联盟和欧盟之外的国家承诺采用

---

[1] Yu（2017），第 713 页。

[2] Yu（2017），第 713 页。

[3] 《区域全面经济伙伴关系协定》（2020 年）第 11.56 条。

[4] Yu（2018），第 28 页。

[5] 欧盟委员会（2013）。

[6] 欧盟委员会（2019）。

[7] 《欧盟－新西兰自由贸易协定》第 18.44 条；《欧盟－墨西哥全球协定》第 41 章贸易现代化部分第 X.51 条。

[8] 《英国－印度自由贸易协定》草案知识产权章节（2022 年）第 F2 条。

试验数据独占权规则的最常见方法，但其他方法也发挥了作用。加入 WTO 可能是其中第二重要的方法，正如我们将看到的那样，这种方法进一步证明了 TRIPS 协定第 39.3 条后来在促进试验数据独占权全球化方面所发挥的作用。

WTO 成员资格向"在执行贸易政策方面拥有完全自主权的任何国家或关税区"开放。❶ 在加入 WTO 之前，潜在成员必须同意现有 WTO 条约，并使其国内法与这些条约所规定的义务相一致。在加入 WTO 的过程中，现有 WTO 成员有权与即将加入成员就"规则"（包括知识产权）进行谈判，然后申请国与有兴趣就货物和服务进行谈判的每个成员进行双边谈判，阿博特和科雷亚指出，这种特点在实践中相对不重要，因为没有什么可以阻止各国在双边讨论中提出规则问题。❷ 这些多边和双边谈判结果会反映在相关国家加入 WTO 工作组报告（Report of the Working Party，WPR）中，但不会透露进行谈判的国家身份。由于 WTO 采取协商一致投票的做法，❸ 因此，一个现有成员如果对加入 WTO 条款不满意，就可以有效否决潜在成员的申请。加入方在报告中正式同意的措施是正式"承诺"，对加入方具有法律约束力。❹ 即使一国没有正式承诺采取某项措施，也仍表明该国已采取这种措施以安抚工作组成员，显然，这会让未来的法律灵活性更大，但该方的国内直接结果仍保持不变。

1995 年后，已有 36 个国家加入 WTO。❺ 这些国家的工作组报告显示，至少有 11 个国家要么承诺提供试验数据独占权（具有法律约束力），要么表示它们已经或即将通过此类法律（不具有约束力）；表 5.13 列出了这些国家。除这些国家外，其他国家也表示它们已经通过了某种立法来保护提交的试验数据，但没有在它们的工作组报告中透露这种保护的确切性质。❻ 这些国家中有许多可能（甚至很可能）在加入 WTO 过程中，已经就试验数据保护做出了让步但被未记录下来，根据 WTO 规则，这些将不具有法律约束力。

---

❶ 《马拉喀什建立世界贸易组织协定》（1994 年）第Ⅻ（1）条。

❷ 阿博特和科雷亚（2007）第 2 页。

❸ 《马拉喀什建立世界贸易组织协定》（1994 年）第Ⅸ条。

❹ 阿博特和科雷亚（2007）第 4 页。

❺ WTO，1995 年以来新成员加入议定书（包括货物和服务承诺）；https：//www.wto.org/english/thewto_e/acc_e/completeacc_e.htm#list。访问日期：2023 年 1 月 26 日。

❻ 例如，也门表示，其关于未披露信息保护的法律将"重新起草，以遵守 TRIPS 协定第 39.3 条，对为获得化学产品、药品或农业产品上市批准而提交给主管机构的未披露信息给予保护"，但也门没有解释在实践中该如何做。WTO，《关于也门加入世界贸易组织工作组报告》，WT/ACC/YEM/42（2014 年 6 月 26 日），第 240 段。

表 5.13　WTO 工作组报告中就采用试验数据独占权条款做出的表示或承诺

加入国	加入 WTO 的年份	相关工作组报告段落	讨论的独占期
约旦	2000	215	至少 5 年（表示）[a]
中国	2001	284	至少 6 年（承诺）[b]
柬埔寨	2004	205～206	至少 5 年（承诺）[c]
沙特阿拉伯	2005	261	至少 5 年（表示）[d]
越南	2007	437	5 年（表示）[e]
汤加	2007	167～168	至少 5 年（承诺）[f]
乌克兰	2008	433	至少 5 年（承诺）[g]
黑山	2012	240～241	至少 5 年（表示）[h]
俄罗斯	2012	1295	至少 6 年（承诺）[i]
瓦努阿图	2012	121～122	5 年（承诺）[j]
哈萨克斯坦	2015	1079	6 年（承诺）[k]

[a] WTO，《关于约旦哈希姆王国加入世界贸易组织工作组报告》，WT/ACC/JOR/33（1999 年 12 月 3 日）。

[b] WTO，《关于中国加入世界贸易组织工作组报告》，WT/ACC/CHN/49（2001 年 10 月 1 日）。

[c] WTO，《关于柬埔寨加入世界贸易组织工作组报告》，WT/ACC/KHM/21（2003 年 8 月 15 日）。

[d] WTO，《关于沙特阿拉伯王国加入世界贸易组织工作组报告》，WT/ACC/SAU/61（2005 年 11 月 1 日）。

[e] WTO，《关于越南加入世界贸易组织工作组报告》，WT/ACC/VNM/48（2006 年 10 月 27 日）。

[f] WTO，《关于汤加加入世界贸易组织工作组报告》，WT/ACC/TON/17（2005 年 12 月 2 日）。

[g] WTO，《关于乌克兰加入世界贸易组织工作组报告》，WT/ACC/UKR/152（2008 年 1 月 25 日）。

[h] WTO，《关于黑山加入世界贸易组织工作组报告》，WT/ACC/CGR/38（2011 年 12 月 5 日）。采用的期限依据的是《未披露信息保护法》（黑山共和国官方公报，第 16/2007 号和第 73/2008 号），黑山表示已在工作组报告中采用该期限。黑山还表示，已对"该法律第 9.3.1 条中允许主管机构在某些情况下披露提交的数据"这种例外进行修订，以符合 TRIPS 协定的规定。

[i] WTO，《关于俄罗斯联邦加入世界贸易组织工作组报告》，WT/ACC/RUS/70（2011 年 11 月 17 日）。

[j] WTO，《关于瓦努阿图加入世界贸易组织工作组报告》，WT/ACC/VUT/17（2011 年 5 月 11 日）。

[k] WTO，《关于哈萨克斯坦共和国加入世界贸易组织工作组报告》，WT/ACC/KAZ/93（2015 年 6 月 23 日）。

　　大多数报告中都明确指出了试验数据独占权与 TRIPS 协定第 39.3 条之间的联系。《关于中国加入世界贸易组织工作组报告》中关于该问题的措辞就是一个典型的例子：

　　一些成员要求中国在其法律法规中，对"应保护使用新化学实体制造的药品或农业化学产品上市审批申请中提交的未披露试验数据或其他数据，不被用在不正当的商业使用中【第 39.3 条的解释版本】"做出具体规定，即除提交此类数据的人外，未经最初提交数据的人许可，任何人不得在自提交此数据的人被授予上市批准之日起至少 6 年内，依赖此类数据来支持产品审批申请。

【对此，中国代表确认，中国确实会提供规定的严格保护。】❶

尽管 TRIPS 协定第 39.3 条明显含糊不清（如第 4 章所述），但它显然增强了某些发达国家强迫其他司法管辖区采用试验数据独占权的能力。如果 WTO 潜在成员未能提供试验数据独占权或建立自己的相关制度（如第 4.5 节所述，因 TRIPS 协定第 39.3 条不清楚而难以实现），那么发达国家可以提出完全合理的理由，即该潜在成员没有在保护提交的试验数据方面履行其义务。由于没有另一种经过验证的模式来保护提交的试验数据，因此加入国将采纳美国和欧洲国家所要求的试验数据独占权法律。最终加入成员会发现，它们为遵守 TRIPS 协定第 39.3 条而提供的试验数据独占权标准，正是未被 TRIPS 协定第 39.3 条采纳的；实际上，在某些情况下提供了更高的保护标准，中国、俄罗斯和柬埔寨承诺提供 6 年的试验数据独占权就证明了这一点。

工作组报告中就试验数据保护做出的承诺和表示，不如上述自由贸易协定中的条款详细，没有具体说明保护生物数据或保护新临床信息等事项。然而，利用入世程序将试验数据独占权扩展至中国这一事实，本身就足以说明，加入 WTO 是促进试验数据独占权全球化的最重要因素之一。❷ 随着时间的推移，有关试验数据独占权的承诺或表示变得越来越普遍，2004 年以来加入 WTO 的 18 个国家中，只有 7 个国家没有就试验数据独占权做出承诺或表示。❸

5.5　试验数据独占权全球化与强制的作用

通过贸易协定和加入多边组织实现试验数据独占权全球化，这可能被描述为美国、欧盟和欧洲自由贸易联盟与其他相关国家之间进行的一系列交易。即使试验数据独占权和其他形式的更高知识产权标准不会直接使这些国家受益，但是，它们为了能获得其他让步，承认这类权利仍然是交易过程的一个

---

❶　WTO，《关于中国加入世界贸易组织工作组报告》，WT/ACC/CHN/49（2001 年 10 月 1 日），第 282 ~ 284 段。

❷　WTO，《关于乌克兰加入世界贸易组织工作组报告》，WT/ACC/UKR/152（2008 年 1 月 25 日）。

❸　这些国家是尼泊尔、老挝、也门、利比里亚、阿富汗、塞舌尔、萨摩亚和佛得角。这些国家没有提供试验数据独占权的义务，这可能反映了一个事实，即它们在很大程度上要么是最不发达国家，因此在 2033 年之前免于遵守 TRIPS 协定关于药品的要求，要么是小岛国。然而，值得注意的是，柬埔寨（最不发达国家）和瓦努阿图（既是最不发达国家，也是小岛国）都在加入 WTO 期间承诺提供试验数据独占权。

方面。然而，正如德拉霍斯所评论的那样，虽然经济理论表明，各方之间的自愿交易应该是"帕累托"优化（即不会使另一方处境更糟的优化），但当双方讨价还价的能力差异特别大时，一方受另一方控制的风险会使这一假设受到质疑。❶ 与其他知识产权一样，在 TRIPS 协定之后，强制在试验数据独占权全球化中发挥了重要作用。至少在一种情况下，它是军事胁迫：2003 年入侵伊拉克后，联军临时权力机构（美国操控的占领政府）通过了一项伊拉克知识产权法改革，除其他外，该项改革引入了 5 年的药品试验数据独占权。❷

虽然这似乎是唯一的一次在军事威胁下将试验数据独占权引入司法管辖区的情况，但经济胁迫也发挥了重要的作用。正如已经论述的那样，关于未充分保护提交的试验数据的批评，在 1995 年首次出现在特别 301 条款中，TRIPS 协定就是在这一年生效的。❸ 1996 年，澳大利亚因未能提供"充分"的试验数据保护而被列入观察名单，这促使澳大利亚政府此后不久就采纳了试验数据独占权条款。❹ 到 2004 年，有超过 25 个国家被列入优先观察名单或观察名单，关于这些国家的报告提到了在保护提交的试验数据方面表示担忧。❺

正如已经指出的那样，特别 301 条款已被用来谴责各国利用了与试验数据独占权相关的灵活性，批评这些灵活性表面上符合这些协定中保障公共健康的精神，这可能会打消其他国家利用类似灵活性的念头。美国严厉批评以色列未能提供药品试验数据独占权以及其他有关药品的知识产权措施，并明确表示一旦以色列遵守这些措施，其将被从优先观察名单中删除，2012 年，以色列确实遵守了这些措施。❻ 在俄罗斯加入 WTO 谈判期间，特别 301 条款也被用来胁迫俄罗斯提供更大力度的知识产权保护，包括保护提交的试验数据，如 2010 年报告所记载，这最终导致俄罗斯制定并实施了试验数据独占权法律。❼

也许令人惊讶的是，鉴于欧盟在贸易协定中达成的提供试验数据独占权的义务普遍不起作用，欧盟还利用经济胁迫造成的双边压力来推动试验数据独占权全球化。欧盟《贸易壁垒条例》（Trade Barrier Regulation，TBR）建立

---

❶ 德拉霍斯（2003），第 85 页。
❷ 联军临时权力机构第 81 号令，"专利和工业品外观设计法律和法规（1970 年第 65 号）"。
❸ 美国贸易代表办公室（1995b）。
❹ 美国贸易代表办公室（1996），第 11 页。
❺ 美国贸易代表办公室（2004）。
❻ 美国贸易代表办公室（2011），第 29 页。
❼ 美国贸易代表办公室（2010），第 23 页。

了一项制度，即欧盟公司、公司协会和成员国可以就涉嫌违反国际贸易规则的行为向委员会提出投诉，然后委员会可以发起调查，此类调查可能会导致在 WTO 提起"诉讼"，最终导致欧盟采取报复措施，如提高关税。❶ 自 1996 年欧盟《贸易壁垒条例》生效以来启动的 24 项审查程序中，有两项指控其他国家未能充分保护提交的试验数据，违反了 TRIPS 协定第 39.3 条。在 2000 年针对韩国的第一项调查中，由于没有通报不正当使用机密数据的情况，因此没有追究数据保护问题。❷ 然而，2004 年针对土耳其的一项调查在对待保护提交的试验数据的问题上要严肃得多。虽然土耳其当局声称，TRIPS 协定第 39.3 条并不要求"原研者排除其他方在药品简略审批中参考已提交的试验数据"的专有权利，但欧盟委员会认为，在一定期限内提供数据独占权是遵守 TRIPS 协定第 39.3 条的"预期方式"。❸ 最终，土耳其同意提供 6 年的数据独占权。❹ 这再次证明了在后 TRIPS 时期是如何利用 TRIPS 协定第 39.3 条的模糊性推动试验数据独占权保护的。

5.6　解释试验数据独占权全球化

在 TRIPS 协定谈判期间，美国政府内部有人提出，如果发展中国家同意 TRIPS 协定，那么美国将在双边谈判中降低知识产权保护标准。❺ 这显然没有发生，尤其是在保护提交的试验数据方面。包括支持试验数据独占权的发达国家在内，至少有 78 个国家做出了提供试验数据独占权的某种国际承诺，这些国家拥有世界近一半的人口（和几乎全部医药市场）。只有南美洲东部、撒哈拉以南非洲以及中亚和南亚区域中，很少有国家做出此类表示/承诺。正如我们在本章中所看到的那样，为实现这一结果，多种机制和策略已被采用，各国经常会承受多个行为体使用不同策略带来的压力。

对于"通过贸易谈判推行试验数据独占权法律"这种战略，其关键之处是，讨论知识产权的论坛从多边层面转移到双边层面。如果要推动对提交的试验数据实现 TRIPS + 保护（实际上通常是 TRIPS + 知识产权保护标准），那

---

❶ 1994 年 12 月 22 日欧洲理事会法规（EC）1994 年第 3286/94 号颁布了共同商业政策领域的共同体程序，以确保共同体根据国际贸易规则行使权利，特别是根据在世界贸易组织主持下建立的规则。

❷ 2000 年 10 月 25 日委员会关于暂停有关韩国市场药品贸易障碍的审查程序的决定（2000）。

❸ 欧盟委员会（2004），第 41 页。

❹ 肯尼迪（Kennedy）（2017），第 95 页。

❺ 德拉霍斯（2001），第 792 页。

么，在 WTO 内进一步达成协定对这些措施的支持者不利，因为这样会让较弱的发展中国家能够进行协调（如这种协调涉及《多哈宣言》）。贸易协定是双边谈判（或少数国家之间的谈判）的结果，而加入 WTO 的过程则为各成员提供了与潜在成员进行双边谈判的机会，也让各成员能从根本上否决它们加入。❶ 如科雷亚所评论，这加剧了发达国家和发展中国家之间的权力不对称，❷ 并为传播西方发达国家制定的知识产权标准创造了更为有利的环境。

2009 年，赖希曼提醒到，如果在将试验数据独占权传输到新的司法管辖区的过程中没有受到任何干预，那么这种新知识产权将可能被多边永久承认。❸ 这种多边决定尚未通过，但试验数据独占权全球化（甚至是相对于其他 TRIPS + 知识产权而言）无疑已变得极其广泛。专利链接条款是美国主导的贸易协定的一个共同特征，但其在欧盟或欧洲自由贸易联盟国家主导的协定中没有出现，延长药品专利期限的承诺也没有出现在 WTO 工作组报告中。如第 4.5 节所述，TRIPS 协定第 39.3 条在这种全球化中发挥了重要作用。一些 WTO 成员可能已经开始认为，TRIPS 协定第 39.3 条实际上确实要求提供试验数据独占权或者提供试验数据独占权至少是遵守该条款的"预期方式"，这与美国和欧盟的论点一致。❹ 然而，即使对于不赞同这种观点的成员来说，制定和捍卫一种替代方法来遵守 TRIPS 协定第 39.3 条也会变得艰难且代价高昂。因此，在贸易谈判中，面对不遵守 TRIPS 协定的合理论点时，采用试验数据独占权法律开始被视为唯一可行的选择。

5.7 结 论

后 TRIPS 时期试验数据独占权全球化的最重要的方式是，美国、欧盟和欧洲自由贸易联盟/瑞士通过谈判达成贸易协定，但是加入 WTO 等其他方式也发挥了作用。随着时间的推移，承诺提供试验数据独占权已经越来越普遍；尤其是在贸易协定中，关于保护提交的试验数据，范围更加广泛、限制性更强；保护期限变得更长，并越来越多地要求为新临床信息和生物数据提供独

---

❶ 阿博特和科雷亚（2007），第 3 页。

❷ 科雷亚（2004），第 81 页；另请参见塞尔（2010）。

❸ 赖希曼（2009），第 8 页。

❹ 正如我们将在第 6 章所看到的那样，一定有一些国家在 TRIPS 协定谈判结束后很快就通过了试验数据独占权法律，尽管没有胡萝卜或大棒政策，这些国家本身也缺乏研究型制药业，例如，新西兰于 1994 年通过了试验数据独占权法律。

占期；但是，除无力地提及各方有权根据《多哈宣言》采取行动外，试验数据独占权的明确例外仍然几乎闻所未闻。

试验数据独占权主要以这种方式实现全球化之所以令人担忧，其中有很多原因。首先，如果一种知识产权的发展和全球化主要是由地缘政治因素和权力动力学发挥重要作用的国际谈判引起的，那么就没有理由相信它与公共利益有任何特殊关系。其次，贸易谈判特别容易出现奥尔森在《集体行动的逻辑》❶ 中强调的集体行动问题，因为贸易谈判是在相对较小的谈判群体之间进行的，有组织的利益集团相对容易接触到这些谈判群体，但分散的公众除了有可能在投票箱中否决贸易协定，实际上不可能接触到这些谈判群体。最后，这种全球化系统的纠错能力非常差，也就是说，如果对条款的某些方面进行更改或修订，结果发现与最初制定的条款相比，益处会更少或成本会更高。对贸易协定进行重新谈判的情况很少见，难度通常也很大，如果因单个条款而放弃贸易协定，则很少会具有成本效益。

TRIPS 协定中为提交的试验数据提供某种保护形式的义务，使发达国家能够提出合法的论据，在该领域对其他 WTO 成员（或有志成为 WTO 成员的国家）采取行动，然后坚持这种保护应采取试验数据独占权的形式。如果针对 TRIPS 协定第 39.3 条制定原创解决方案（并可能在 DSB 捍卫该解决方案），那么会承受经济、政治和外交成本，因此，其他国家强烈倾向于采用试验数据独占权。

尽管如此，如果通过基于贸易的方法承诺提供试验数据独占权，那么这种承诺往往是模糊的，通常会使签署方在其管辖范围内对试验数据独占权形式有很大的自由裁量权，尤其是在灵活性和限制方面。第 6 章将从国家层面探讨在保护提交的试验数据方面的各种实施方法。

参考文献

Abbott FM，Correa C（2007）World Trade Organization accession agreements：intellectual property issues. Quaker United Nations Office（QUNO）

Adamini S，Maarse H，Versluis E，Light DW（2009）Policy making on data exclusivity in the European Union：from industrial interests to legal realities. J Health Polit Policy Law 34（6）：979 – 1010

Artecona R，Plank – Brumback RM（2016）Access to medicines and incentives for innovation：the balance struck in the Trans – Pacific Partnership（TPP）on intellectual property（patent and data exclusivity）protection for pharmaceutical products. ECLAC

---

❶ 奥尔森（1965），第9页。

Braithwaite J, Drahos P (2000) Global business regulation. Cambridge University Press, Cambridge

Correa C (2004) Bilateralism in intellectual property: defeating the WTO system for access to medicines. Case West Reserve J Int Law 36: 79

Correa C (2006) Protecting test data for pharmaceutical and agrochemical products under free trade agreements. In: Roffe P, Tansey G, Vivas – Eugui D (eds) Negotiating health: intellectual property and access to medicine. Earthscan, London, pp 81 – 96

Drahos P (2001) BITs and BIPs: bilateralism in intellectual property. J World Intellect Prop 4: 791

Drahos P (2003) When the weak bargain with the strong: negotiations in the World Trade Organization. Int Negot 8 (1): 79 – 109

European Commission (2004) Report to the Trade Barriers Regulation Committee – TBR proceedings concerning Turkish practices affecting trade in pharmaceutical products

European Commission (2013) Q&A on Access to Medicines for EU – India Free Trade Agreement Negotiations

European Commission (2019) EU – Mercosur trade agreement: The Agreement in Principle and its texts

Fergusson R (2015) Trade promotion authority (TPA) and the role of Congress in trade policy. Congressional Research Service

Holzer S (2012) Regulatory data protection of medicinal products from a Swiss perspective. Bio – Sci Law Rev 12 (5): 184 – 191

Kennedy M (2017) WTO Dispute Settlement and the Trips Agreement: applying intellectual property standards in a trade law framework. Cambridge University Press, Cambridge

Labonté R, Gleeson D, McNamara CL (2020) USMCA 2.0: a few improvements but far from a 'healthy' trade treaty. Glob Health 16: 1 – 4

Lehman BA (1993) Intellectual property under the Clinton administration. Georgetown J Int Law Econ 27: 395

Olson M (1965) The logic of collective action. Harvard University Press, Cambridge

Reichman JH (2009) Rethinking the role of clinical trial data in international intellectual property law: the case for a public goods approach. Marquette Intellect Prop Law Rev 13 (1): 1

Roffe PR, Vivas – Eugui D (2007) A shift in intellectual property policy in US FTAs? Bridges 11 (5): 15 – 16

Sell SK (2010) TRIPS was never enough: vertical forum shifting, FTAs, ACTA, and TPP. J Intellect Prop Law 18: 447

Shaikh OH (2016) Access to medicine versus test data exclusivity: safeguarding flexibilities under international law. Springer, Berlin

Spina Alì G (2017) Article 39 (3) TRIPS: understanding the obligations, exploiting the flexibilities. The University of Hong Kong

Spina Alì G (2018) The 13th Round: Article 39 (3) TRIPS and the struggle over "Unfair Commercial Use". J World Intellect Prop 21 (3 – 4): 201 – 242 't Hoen E（2002）TRIPS, pharmaceutical patents, and access to essential medicines: a long way from Seattle to Doha. Chic J Int Law 3: 27

USTR（1995a）The Protection of Undisclosed Test Data in Accordance with TRIPs Article 39. 3

USTR（1995b）1995 Special 301 Report

USTR（1996）1996 Special 301 Report

USTR（2004）2004 Special 301 Report

USTR（2007）A new trade deal for America

USTR（2010）2010 Special 301 Report

USTR（2011）2011 Special 301 Report

USTR（2016）2016 Special 301 Report

USTR（2017）2017 Special 301 Report

USTR（2018）2018 Special 301 Report

USTR（2019）2019 Special 301 Report

Vaterlaus S, Suter S, Fischer B（2011）The importance of the pharmaceutical industry for Switzerland. Interpharma/BAK Economics AG

Yu PK（2017）The RCEP and Trans-Pacific intellectual property norms. Vand J Transnat'l L 50: 673

Yu PK（2018）Data exclusivities in the age of big data, biologics, and plurilaterals. Tex A&M Law Rev Arguendo 6: 22-33

译者注

[1] 原文疑似有误，原文为"…made us of…"。译者按"…made use of…"翻译。

[2] 原文疑似有误，此处原文与表 5. 4 相关内容以及本书对应内容不一致，可能应为"2004"。译者按原文处理。

[3] 原文疑似有误，此处原文与表 5. 5 相关内容以及本书对应内容不一致，可能应为"2006"。译者按原文处理。

[4] 原文疑似有误，此处原文与表 5. 5 相关内容以及本书对应内容不一致，可能应为"2007"。译者按原文处理。

[5] 原文疑似有误，此处原文与表标题不一致。译者按原文处理。

[6] 原文疑似有误，此处原文与表标题不一致。译者按原文处理。

[7] 原文疑似有误，此处原文与表标题不一致。译者按原文处理。

[8] 原文疑似有误，此处原文与表标题不一致。译者按原文处理。

[9] 原文疑似有误，此处原文与表标题不一致。译者按原文处理。

[10] 原文疑似有误，此处原文与表标题不一致。译者按原文处理。

[11] 原文疑似有误，此处原文与表中相关内容不一致。译者按原文处理。

[12] 原文疑似有误，此处原文与表 5. 1 以及本书相应内容不一致，此处可能为"2006"。译者按原文处理。

［13］原文疑似有误，此处原文与表 5.1 不一致，译者按原文处理。此外，在本书原著中，关于欧洲自由联盟贸易 – 韩国贸易协定的年份，有的脚注标注是 2004 年，有的脚注标注是 2005 年，译者全部按原文处理，不再赘述。

［14］原文为 "Included in basic term for CO & EU；explicitly excluded for PE & EC"。

［15］原文疑似有误，此处原文与 111 页脚注❷不一致。译者按原文处理。

6　保护提交的试验数据的实施方法

　　摘　要　本章将探讨不同司法管辖区保护提交的药品试验数据的实施方法。本章首先将研究不提供试验数据独占权的司法管辖区如何保护提交的试验数据，然后通过分析26个司法管辖区的试验数据独占权条款来探讨实施试验数据独占权的不同方法。[1]

　　本章展开的分析首先表明，对于不提供试验数据独占权的司法管辖区，保护提交的试验数据通常采用以下方式之一：（a）该司法管辖区保护未披露信息的一般规定；（b）只保护提交的试验数据不被盗用的专门法律。其次，虽然试验数据独占权法律的细节在许多方面往往略有不同，但是，即使考虑到需要遵守自由贸易协定中的国际义务等情况，它们也非常一致。然而，一些国家合理地考虑了其自身的监管环境，并对这种知识产权进行了调整；这些调整在如何更好地实施保护提交的试验数据方面提供了经验教训。

6.1　引　言

　　前面章节已经探讨了试验数据独占权的起源及全球化，本章将对不同司法管辖区保护提交的试验数据的不同方法予以分析。分析结果表明，即使不是全部，大多数司法管辖区似乎都属于以下两类之一：第一类司法管辖区，其只保护提交的药品试验数据不被盗用（要么通过该司法管辖区关于未披露信息的一般法律，要么通过关于提交的试验数据的专门法律）；第二类司法管辖区，其提供试验数据独占权。似乎没有任何司法管辖区使用"替代"方式来保护提交的药品试验数据。

　　在提供试验数据独占权的司法管辖区中，其国内法律条款在一定程度上存在差异；然而，这些法律在许多方面都非常相似。这种相似甚至往往超出预料（由于大多数关于试验数据独占权的国内法都是对特定国际义务的回应，因此可以预料到这些国内法是相似的）。然而，许多司法管辖区已经实施了试验数据独占权法律的例外和限制，其目的是保障公共健康并促进药品获取，同时也仍然保护提交的试验数据。对于在保护提交的药品试验数据与更广泛的公共利益之间寻求平衡的其他司法管辖区，这些例外和限制也可能被证明是有用的。

6.2　保护提交的试验数据的非独占权方法

根据 TRIPS 协定第 39.3 条，除最不发达国家外，所有 WTO 正式成员都有义务保护提交的某些类型的试验数据不被用在不正当的商业使用中。如第 4 章所述，关于 TRIPS 协定第 39.3 条究竟要求什么有很大争议，从"只保护提交的试验数据不被盗用"到"实施试验数据独占权"。❶ 本书在第 4 章得出的结论是，根据 TRIPS 协定第 39.3 条，在简略申请中完全不受限制、无偿地使用提交的试验数据，可能构成不正当的商业使用，但 TRIPS 协定第 39.3 条并不要求成员提供试验数据独占权，可以使用一系列机制来保护提交的试验数据不被用在不正当的商业使用中，包括直接资助临床试验、强制责任制度和对仿制药征收附加税。第 4 章还得出这样的结论：TRIPS 协定第 39.3 条为确实提供试验数据独占权的国家提供了一系列灵活性，包括允许"间接"依赖、依赖外国批准以及有权强制实行客观而非相对的新颖性标准。可以预计到，TRIPS 协定第 39.3 条的模糊性及该条款赋予 WTO 成员的较大自由裁量权，将导致各成员采取多种方法来保护提交的试验数据。然而，事实并非如此。如第 4 章和第 5 章所述，自相矛盾的是，由于 TRIPS 协定第 39.3 条模糊不清，对于提交的试验数据，一种非常具体的保护形式得到了广泛的全球化。

未提供试验数据独占权的司法管辖区分为两类：第一类司法管辖区，其没有为提交的试验数据提供明确的保护；第二类司法管辖区，根据科雷亚关于 TRIPS 协定第 39.3 条的观点，其提供了某种明确的保护，保护提交的试验数据不被盗用。许多司法管辖区都有专门法律来保护提交的试验数据，但其实际方法尚不清楚；实际上，这些司法管辖区可能会遵循上述方法之一。没有证据表明，任何国家使用了对于提交的试验数据的任何替代保护机制（如第 2.5 节所述），至少在药品试验数据方面是如此。

---

❶　例如，此处两个极端参见科雷亚（2002）和美国贸易代表办公室（USTR）（1995）。

6.2.1　未制定监管框架来保护提交的试验数据的司法管辖区

在那些没有提供试验数据独占权的司法管辖区中，迄今为止最常见的做法是，不制定任何具体措施来保护提交的试验数据。自 TRIPS 协定生效近 30 年来，这或许是令人惊讶的状况。几乎可以肯定的是，即使对 TRIPS 协定第 39.3 条做出限制性最小的解释，[1] 没有制定具体框架来保护提交的试验数据也是违反 TRIPS 协定的。然而，应该忆及，截至 2023 年，约有 35 个 WTO 成员是最不发达国家，[2] 因此它们最早在 2034 年之前没有义务遵守 TRIPS 协定第 39.3 条（但是，如第 5.4 节所述，至少有两个自 21 世纪 00 年代中期加入 WTO 的最不发达国家已经承诺在 2034 年之前提供试验数据独占权）。[3] 此外，自 21 世纪 00 年代初美国－阿根廷争端以无结果告终以来，由于没有提起过有关 TRIPS 协定第 39.3 条的争端解决程序，因此，在提交的试验数据方面，一些非最不发达国家司法管辖区一直没有制定具体保护措施。有些司法管辖区与支持试验数据独占权的发达国家的贸易关系不够重要，没有必要就试验数据独占权进行非互惠协调；有些国家有资金抵制发达国家在贸易谈判中就保护提交的试验数据施加的压力；对于这些司法管辖区或国家，TRIPS 协定第 39.3 条的模糊性导致其在提交的试验数据方面没有制定具体的保护措施。

6.2.2　只保护提交的试验数据不被盗用的司法管辖区

少数司法管辖区并未限制后续申请人引用先前提交的试验数据的能力，但确实明确保护提交的试验数据不被盗用；它们本质上遵循了科雷亚对 TRIPS 协定第 39 条的解释（如第 4 章所述）。[4] 阿根廷就是一个最重要的例子，阿根廷数据保护法规定，应当保护提交的试验数据不被用在"不诚实的

---

[1]　例如，卡洛斯·科雷亚的论点是，TRIPS 协定第 39.3 条只要求保护提交的试验数据不被盗用；科雷亚（2002）。

[2]　WTO，最不发达国家 . https://www.wto.org/english/thewto_e/whatis_e/tif_e/org7_e.htm。访问日期：2023 年 1 月 26 日。

[3]　WTO，根据 TRIPS 协定第 66.1 条延长最不发达国家成员过渡期（2021 年 6 月 29 日）IP/C/88。正如我们在第 5 章所看到的那样，尽管柬埔寨和瓦努阿图都是最不发达国家，但它们都在其工作组报告中承诺提供试验数据独占权。

[4]　进一步参见科雷亚（2002）。

商业使用"中且不被"披露",但也明确规定,公共卫生机构可以批准或授权"类似产品"上市,无须提交全部临床试验数据。❶ 该法律的措辞表明,起草该法律的特定目的是指责"TRIPS 协定第 39.3 条要求正式提供独占权保护"的主张;考虑到美国和阿根廷之间在此问题上发生的冲突,这一做法并不奇怪。巴西对提交的人用药品试验数据也提供类似保护,❷ 但是巴西确实为兽药和农用化学品提供了试验数据独占权。❸

其他司法管辖区也可能陷入与阿根廷和巴西类似的处境,即使其国家立法中对此没有明确的规定。大多数司法管辖区都制定了与保护商业秘密和其他机密信息有关的一般法律,在某些情况下,这些一般法律也可能适用于提交的试验数据。但是这并不能得到保证,例如,印度既有商业秘密的一般普通法原则,也有官方保密法,但是,印度法院从未处理过政府实际披露提交的试验数据的案件,关于这两套规则是否会扩展至提交的试验数据,学术评论家们表示怀疑。❹

6.2.3　保护提交的试验数据的规定不明确的司法管辖区

许多其他司法管辖区制定的立法很明显旨在实施 TRIPS 协定第 39.3 条,但是,在提交的试验数据方面,保护方法仍然非常不明确。这些法律通常只是简单地重复 TRIPS 协定第 39.3 条的模糊措辞,规定应当保护提交的试验数据不被用在"不正当的商业使用"中,而没有解释其准确含义。❺ 在实践中,关于后续申请人引用原研数据的能力是否受到限制的问题,任何拥有药品简略审批制度的司法管辖区都不可能"不可知",因为试验数据独占权的运行是司法管辖区药品审批制度的自动功能:要么后续申请人在尝试引用先前提交的试验数据时会受到限制,要么不会受到限制。在一些司法管辖区,这最终将是国家药品监管机构或其他非立法机构的政策问题。在一些情况下,在保护提交给监管机构的试验数据方面,实施力度有所减弱,这在法律中有明确的体现,例如,菲律宾的相关法律规定:

❶ 阿根廷,《信息和产品保密法》(2011 年),第 24 号,第 766 号,第 5 条。
❷ 托龙特吉(Torronteguy)等(2022),第 68 页。
❸ 巴西,法律第 10603/02 号。
❹ 巴舍尔(Basheer)(2006),第 37 页;夏尔马(2007),第 109 页。
❺ 例如,参见菲律宾,《共和国法案》(修订本)1997 年第 8293 号,第 72.4 条;泰国,《商业秘密法》(修订本)第 2545 号,第 15 节。

为保护原专利持有人提交的数据不被用在《与贸易有关的知识产权协定》（TRIPS 协定）**第 39.3 条规定的不正当商业使用中，知识产权局经与有关政府机构协商，应当发布必要的适当规则和法规。**❶【强调标记是后加的】

这凸显了药品监管机构和其他监管机构在保护提交的试验数据方面的重要性。这种在政策上减弱保护力度在某些方面是有问题的；除透明度问题外，并不能明显看出非立法机构是确定新知识产权的范围和限制的合适机构。文献中没有任何内容表明，对于提交给国家组织的试验数据，任何以这种方式减弱其保护力度的司法管辖区，已经实施了试验数据的替代保护制度。

6.2.4　如果这些方法不遵守 TRIPS 协定第 39.3 条，有关系吗？

这些保护提交的试验数据的方法大部分不符合本书第 4 章对 TRIPS 协定第 39.3 条做出的解释。然而，鉴于 DSB 没有处理过涉及 TRIPS 协定第 39.3 条的争端案件，因此，即使对于 WTO 非最不发达国家成员来说，这些保护方法虽然不遵守 TRIPS 协定第 39.3 条，但似乎很大程度上也不会产生法律后果。其中有许多司法管辖区多年来甚至数十年来一直处于不遵守 TRIPS 协定第 39.3 条的状态，但几乎没有产生任何后果。因此，在贸易协定中，试图为提交的试验数据提供更大力度的保护似乎没有什么好处，但互惠协调情况除外，因为在这种情况下，相关司法管辖区至少有可能因此而获得一些让步作为回报。

尽管如此，但并不意味着，不遵守 TRIPS 协定第 39.3 条完全不会产生任何后果。事实上，从长远来看，不遵守 TRIPS 协定第 39.3 条可能会使司法管辖区更有可能采用试验数据独占权。如第 5 章所述，在过去 20 年里，一个明显的趋势是，未制定具体框架来保护提交的试验数据的司法管辖区，承诺提供试验数据独占权。几乎所有自 2004 年以来加入 WTO 的大型经济体都承诺提供试验数据独占权，发达国家继续通过贸易协定成功地传播了试验数据独占权。欧洲自由贸易联盟与印度尼西亚之间的协定就说明了这一点；印度尼西亚是一个大型司法管辖区，以前似乎没有任何立法规定专门涉及保护提交的试验数据，但在该协定中，印度尼西亚承诺只有在国内法律法规规定的期限后才"处理后续申请并授予上市许可"。❷

---

❶ 菲律宾，《共和国法案》（修订本）1996 年第 8293 号，第 72.4 条。
❷ 《欧洲自由贸易联盟－印度尼西亚自由贸易协定》（2018 年），附件 XVII，第 6 条。

如第 4 章和第 5 章所述，TRIPS 协定第 39.3 条在这一趋势中发挥了重要作用。未制定框架来保护提交的试验数据的司法管辖区，由于没有采取任何措施来遵守 TRIPS 协定第 39.3 条规定的国际义务，因而很容易受到批评；因此，如果它们希望签订贸易协定或加入 WTO，在拒绝为提交的试验数据提供保护时就处于弱势地位，除了采用试验数据独占权作为遵守 TRIPS 协定第 39.3 条义务的解决方案，它们别无选择。

阿根廷等只提供试验数据独占权保护的司法管辖区在某种程度上处于更为安全的地位。虽然"TRIPS 协定第 39.3 条仅要求保护试验数据不被盗用"这种解释存在第 4 章所述的缺陷，但是在 DSB 没有对 TRIPS 协定第 39.3 条做出权威解释的情况下，这种解释仍然是一种合理的方法，可以用来解释条约中无可争议地模糊的条款，因此，处于这种地位的国家更容易抵抗要求采用美国和欧洲试验数据独占权模式的压力。然而，遗憾的是，除试验数据独占权外，似乎没有司法管辖区实施替代方法来保护药品原研数据不被用在"不正当"的药品简略审批中。正是由于缺乏其他可行的模式来保护提交的试验数据，因此才采用试验数据独占权。例如，印度尼西亚最近的经历所表明，即使是迄今为止一直反对试验数据独占权的大型司法管辖区，也可能无法无限期地反对下去。

6.3　国家层面的试验数据独占权

如前所述，至少有 50 个司法管辖区（几乎包括所有大型医药市场）提供试验数据独占权，作为保护提交的试验数据的主要方式。20 世纪 80 年代末以来，提供试验数据独占权的司法管辖区的数量稳步增长，这种试验数据独占权全球化在很大程度上源于贸易协定中或加入 WTO 期间做出的承诺，如第 5 章所述。近年来这种增长似乎有所放缓，部分原因是除 TPP（其试验数据独占权条款现已被放弃）和 USMCA（北美自由贸易协定重新谈判的结果）外，美国牵头签署的新贸易协定少之又少，还有一个原因是，很少有大型医药市场不提供试验数据独占权。试验数据独占权全球化的关注点，已经从"扩张到新的司法管辖区"转向"在国际协定中提高保护标准"。

如下面的分析所显示，将不同司法管辖区的这些不同的试验数据独占权条款视为单一连贯的知识产权，是非常正确的。虽然这些试验数据独占权条款在制定和表达方式上各不相同，但它们都有一个共同特征：这些试验数据独占权规定了一个期限，原研药品获得批准后，在该期限内，阻止后续申请人使用药品简略审批制度。然而，除这一重要特征外，这些司法管辖区的试验数据独占权条款在一系列细节上有所不同，包括期限长度、提交的受保护试验数据的类型，以及是否存在试验数据独占权的限制和例外。在下一节，本书将从国家层面更深入地探讨试验数据独占权的具体细节。

6.4 实施试验数据独占权的国家方法

本节精选了26个司法管辖区（包括欧盟和欧洲经济区，它们涵盖了另外30个国家/地区）❶，并对它们的试验数据独占权条款加以研究，以便深入地了解试验数据独占权在遍及全球不同法律体系的过程中是如何得到发展的。本节首先阐述本次调查研究的方法，然后对这些司法管辖区的试验数据独占权条款加以概述和总体评述，最后，更为详细地论述这些试验数据独占权法律。

本节将特别分析试验数据独占权的基本保护期限和范围、保护标准以及授权前评估制度或授权后挑战制度、为提交的"其他"形式数据（例如，提交的有关新适应证或生物制剂的数据）提供的保护、提交的试验数据的披露方法，以及规定的任何试验数据独占权例外。

6.4.1 方法论

本节所研究的26个司法管辖区是，澳大利亚联邦❷、巴林王国❸、加拿大❹、中华人民共和国❺、智利共和国❻、哥伦比亚共和国❼、哥斯达黎加共

---

❶ 英国在2020年退出欧盟后也保留了欧盟/欧洲经济区关于试验数据独占权的规则；英国，2018年《退出欧盟法案》，第3条。

❷ 澳大利亚，1989年《治疗用品法案》。

❸ 巴林，2003年《商业秘密法》第（7）号。

❹ 加拿大（注：原文疑似有误，原文为"USA"，与正文被标注内容不一致。译者按"Canada"处理），《食品与药品条例》（修订本）。

❺ 中国，《中华人民共和国药品管理法实施条例》（2002年）。

❻ 智利，《工业产权法》（修订本）第19.039号。

❼ 哥伦比亚，2002年法令第2085号。

和国❶、欧盟和欧洲经济区（在本节中统称为欧盟）❷、萨尔瓦多共和国❸、日本❹、约旦哈希姆王国❺、哈萨克斯坦共和国❻、马来西亚❼、毛里求斯共和国❽、新西兰❾、阿曼苏丹国❿、秘鲁共和国⓫、俄罗斯联邦⓬、沙特阿拉伯王国⓭、塞尔维亚共和国⓮、新加坡共和国⓯、瑞士联邦⓰、特立尼达和多巴哥共和国⓱、土耳其共和国⓲、美国⓳和越南社会主义共和国。⓴在所有情况下，均从官方来源（通常是 WIPOlex 或国家法律法规数据库）查阅了有关试验数据独占权的相关法律法规或实施条例副本。由于英语是一些司法管辖区的国家语言，或相关司法管辖区已提供英文翻译，因此，在大多数情况下，可以获取法律法规的英文版本;㉑在少数不易获取英文翻译的情况下，可以依赖 WIPOlex 的机器翻译功能。

在选择不同的司法管辖区方面，此分析旨在代表众多不同规模、发展水

---

❶　哥斯达黎加，《未披露信息法条例》，行政令 2008 年 11 月 28 日第 34927 号。

❷　欧盟，第 726/2004 号法规和第 2001/83 号法令。

❸　萨尔瓦多，《知识产权促进与保护法》，法令 1993 年第 604 号，经立法令 2005 年第 912 号第 103 条修正。

❹　日本，《药事法》（1960 年）。

❺　约旦，《不正当竞争和商业秘密法》（2000 年）。

❻　哈萨克斯坦，哈萨克斯坦共和国《关于哈萨克斯坦共和国加入世界贸易组织的某些立法法令修正和补充》第 365 – V 号法律（2015 年）。

❼　马来西亚（注：原文疑似有误，原文为"EU"，与正文被标注内容不一致。译者按"Malaysia"翻译），《数据独占权法令》（法令 2011 年第 2 号），根据 1984 年《药品和化妆品管制条例》第 29 条颁布。

❽　毛里求斯，《反不正当竞争保护法案（工业产权法案）》（2002 年）。

❾　新西兰，《药品法》（1981 年），经 1994 年《药品修正案》修正。

❿　阿曼，颁布《工业产权法》的皇家法令第 67/2008 号。

⓫　秘鲁，法令 2008 年第 1072 号和最高法令第 002 – 2009 – SA 号。

⓬　俄罗斯联邦，《关于药品流通的联邦法》2010 年第 61 – FZ 号，经联邦法 2014 年第 429 – FZ 号修正。

⓭　沙特阿拉伯，《机密商业信息保护条例》（2005 年）。

⓮　塞尔维亚，关于药品和医疗器械的法律（2010 年）。

⓯　新加坡，《药品法》（1975 年）。

⓰　瑞士，《联邦药品和医疗设备法案》（2000 年《治疗产品法案》，TPA）。

⓱　特立尼达和多巴哥，《反不正当竞争保护法案》第 27/1996 号，经《知识产权法案（杂项修正案）》2000 年第 18 号修正。

⓲　土耳其，《人用药品许可条例》（2005 年）。

⓳　美国，《药品价格竞争和专利期限恢复法案》（1984 年），21 USC § 355，《生物制剂价格竞争与创新法案》（BPCIA）（2009 年），42 USC § 262。

⓴　越南，《知识产权法》和 2011 年第 17/2011/TT – BNNPTNT 号通知。

㉑　应该指出的是，如果英语不是官方语言的司法管辖区提供了此类翻译，则该翻译通常仅用于指导目的。

平和地理位置的国家或地区，涵盖近 30 亿人口。值得注意的是，非洲国家（毛里求斯除外）不在受调查国家名单中，其原因有两点：第一，似乎很少有非洲国家拥有试验数据独占权法律（这并不奇怪，大多数非洲国家被列为最不发达国家，因而免除它们遵守 TRIPS 协定第 39.3 条的义务，而且美国、欧盟和欧洲自由贸易联盟与非洲国家签署的贸易协定也很少）；第二，众所周知，诸如摩洛哥和突尼斯等非洲国家已经在自由贸易协定中承诺提供试验数据独占权，但是很难找到其国内法律的权威文本。❶

第 5 章已经论述了自由贸易协定中的试验数据独占权条款，因此，能够对不同条款进行准确的比较；就贸易协定中的条款而言，这种方法相对简单，因为这些条款往往是基于相似的模式，涵盖相似的一般要点，（就美国、欧盟和欧洲自由贸易联盟达成的条款而言）通常有官方英文翻译。但国家法律并非如此。因此，本节采用更为通用的方法来讨论不同国家或地区法律中存在的普遍趋势。

这种方法确实有局限性。司法解释、管辖范围内与试验数据独占权规定有关的其他相关法律，以及管理试验数据独占权的监管机构的做法会有细微差别，分析试验数据独占权法律文本时会不可避免地忽略这些细微差别。此外，虽然在数据收集过程中已尽力确保准确性，但某些国家的法律记录有可能（确实很可能）不准确、出现翻译错误或根本已经过时。在撰写本书时，中国正在考虑一项有关国家试验数据独占权法律的改革提议；2018 年，中国国家药品监督管理局（National Medical Products Administration，NMPA）发布了一份有关国家药品法律修改的征求意见稿，将为提交的生物制剂相关数据提供 12 年的保护期，也引入了儿科药物和"孤儿药"独占权（但是，在撰写本书时，该项法律尚未实施，因此，本节的分析仅考虑中国现行的试验数据独占权法律）。❷

如果本节的目的是清楚、准确地概述受调查司法管辖区的试验数据独占权法律，那么，如这些局限性所示，这无疑是无法实现的。然而，本节的目的并不在于此，而是让人们了解这些司法管辖区在保护提交的试验数据方面履行国际义务所采取的不同方法。

---

❶ 这是因为目前尚不清楚是这些国家违反了其国际义务，还是仅仅因为法律副本不易获取。谢赫在研究国家试验数据独占权法律期间也无法获取这些法律副本；谢赫（2016），第 195 页。

❷ 国家药品监督管理局（2018）。

6.4.2　总体评述

在更详细地讨论受调查司法管辖区的试验数据独占权的具体方面之前，先在以下方面做出总体评述，提供一些见解：（a）贸易谈判中的非互惠协调、效仿在试验数据独占权扩张方面发挥的作用；（b）发达国家和发展中国家在试验数据独占权实施方法上存在的差异。

此次分析中的大多数司法管辖区都在国际层面做出了提供试验数据独占权的具体承诺，如第 5 章所述。在受调查的司法管辖区中，只有毛里求斯没有在贸易协定中或通过入世条款承诺提供试验数据独占权。当然，应该指出的是，至少在其中一些情况下，有关试验数据独占权的国家措施要先于任何关于提供此类权利的国际承诺，例如，20 世纪 90 年代末，澳大利亚通过了试验数据独占权条款，几年后其与美国缔结了自由贸易协定。此外，新西兰和马来西亚共同签署的包含试验数据独占权条款的唯一协定是 TPP，但在美国退出该协定后，该协定的试验数据独占权条款暂停。尽管如此，本节所分析的司法管辖区几乎都做出了提供试验数据独占权的国际承诺，这说明了两点：第一，国际贸易与试验数据独占权扩张之间存在联系；第二，大多数具有试验数据独占权条款的司法管辖区就该问题制定法律的权利，现在至少在某种程度上会受到国际承诺的限制。

如第 5 章所指出，这些国际承诺往往不明确，因此，虽然这些国际承诺要求提供比 TRIPS 协定第 39.3 条更为具体的保护，但是关于如何实施试验数据独占权的规则，司法管辖区仍然有较大的自由裁量权。谢赫在 2016 年的研究中评论说，许多国家的试验数据独占权法律的限制性实际上比遵守任何相关自由贸易协定条款所需的限制性更强，❶ 因此，此次对国家或地区法律的调查研究证实"许多司法管辖区在实施试验数据独占权条款时没有利用为其提供的灵活性"，就不令人惊讶了。当然，一些司法管辖区在试验数据独占权方面负有多项国际义务，其中一些国际义务比其他国际义务更具限制性，例如，虽然约旦与美国的自由贸易协定没有规定应当为提交的 NCE 相关数据

---

❶　谢赫（2016），第 207 页。

提供多长的试验数据独占期，❶ 但是，约旦在该协定之前加入 WTO 期间承诺提供 5 年的独占期。❷ 然而，许多司法管辖区已经实施的试验数据独占权条款比其任何国际义务所要求的更具限制性。这既包括一些司法管辖区不实施相关国际义务未提及的措施（如针对强制许可的例外），也包括在某些情况下不实施在贸易协定中专门商定的灵活性。例如，哥伦比亚分别与美国和欧盟签订的自由贸易协定中均纳入了所谓的"同期规则"，但哥伦比亚似乎并未在其国家试验数据独占权条款中使用该规则。目前尚不清楚这是由于担心遭到报复、国家层面的游说或法律制定者没有认识到这个问题所致，还是通过措施而不是国家法律来实施该政策。❸ 有趣的是，在某些情况下，受调查司法管辖区的法律提供的保护似乎要弱于其国际协定所要求的保护，例如，约旦和澳大利亚都在与美国签订的自由贸易协定中承诺为新临床信息提供 3 年独占权，❹ 但两国的国内法似乎都没有这样做。❺

　　试验数据独占权的国内法往往比相关国际义务的条款更具限制性，或者在某些情况下可能不符合这些国际义务，这说明虽然贸易政策或许是试验数据独占权全球化的主要方式，但其他机制在确定国家试验数据独占权法律的具体细节方面也发挥着重要作用。效仿显然在试验数据独占权全球化中发挥了重要作用，在许多情况下，这种效仿是普遍的。例如，迄今为止最常见的期限是 5 年，甚至在没有具体承诺提供 5 年保护的国家中也是如此，这表明许多国家效仿了美国在试验数据独占权方面的做法；许多司法管辖区遵循欧盟的做法，将试验数据独占权保护范围扩展至生物药品，它们做出的决定也是效仿欧盟的做法。然而，在某些情况下，效仿是非常具体的，例如，新西兰和新加坡的试验数据独占权法律特别相似，实际上在某些地方是相同的。❻在空间、文化或语言上接近的司法管辖区之间的效仿往往更为明显，❼ 这在

---

❶　《美国－约旦自由贸易协定》（2000 年），第 22 条。

❷　WTO，《关于约旦哈希姆王国加入世界贸易组织工作组报告》，WT/ACC/JOR/33（1999 年 12 月 3 日）。

❸　《美国－哥伦比亚 TPA》（2006 年）；《欧盟－哥伦比亚－秘鲁－厄瓜多尔自由贸易协定》（2012 年）；哥伦比亚共和国，法令 2002 年第 2085 号。

❹　《美国－约旦自由贸易协定》（2000 年）第 22 条；《美国－澳大利亚自由贸易协定》（2004 年）第 17.10 条。

❺　参见约旦《不正当竞争和商业秘密法》2000 年第 15 号；澳大利亚，1989 年《治疗用品法案》（修订本）。

❻　新西兰，1981 年《药品法》，经 1994 年《药品修正案》修正；新加坡，1975 年《药品法》（修订本）。

❼　布雷思韦特和德拉霍斯（2000），第 583 页。

受调查的司法管辖区普遍得到证实：瑞士和塞尔维亚完全效仿了欧盟的做法；秘鲁、哥伦比亚和智利都在其国内法中对试验数据独占权设置了极为相似的限制；如已提到的，新加坡和新西兰（都是富裕的英语小国）的法律实际上是相同的。在其他情况下，效仿有不同的动机。尽管中美之间存在很大差异，但第6.4.1节提到的中国试验数据独占权法律修改提议，很明显是以美国《Hatch－Waxman法案》为蓝本的；在这种情况下，效仿的动机似乎是中国领导层希望中国成为"创新"经济体而不是"模仿"经济体。❶

虽然司法管辖区在区域和文化方面有所不同，但迄今为止，本节所介绍的各司法管辖区在试验数据独占权实施方法上存在的最大区别是，发达国家和发展中国家采取的做法不同。例如，在受调查的国家或地区中，很明显试验数据独占权条款的制定有两种模式：要么将试验数据独占权作为药品审批制度的一个方面，要么作为一项独立的知识产权。虽然这本身并不影响司法管辖区的实质性试验数据独占权规定，但这是一种更广泛的趋势。发达国家或多或少倾向于采用前一种做法。例如，美国和欧盟并没有明确规定提交的试验数据应当在特定期限内受到保护，但是，在申请人可以使用参考原研产品的药品简略申请之前的一段期限内，产生试验数据独占权。❷ 其他司法管辖区确实明确提及了具体的试验数据独占期，在药品立法中也的确这样做了。日本将"药品审批制度"发挥到了极致；如前几章所述，日本通过"上市后监督期"来限制使用简略审批制度，在此期间，新药的其他形式可能不会获得批准。❸

发展中国家倾向于将试验数据独占权表述为，一种涉及保护提交的数据的单独知识产权，但也有例外，特别是在欧洲及其周边地区的发展中国家，如俄罗斯、土耳其和塞尔维亚。❹ 这种做法在发展中国家的司法管辖区占主导地位，这说明这些司法管辖区大多数采用了试验数据独占权，以遵守自由

---

❶ 进一步参见 Yu（2019）。

❷ 美国，21 USC § 355；欧盟《理事会关于共同体法典有关人用药品的指令》，2001年第2001/83/EC号。

❸ 日本，《药事法》第14－4条。虽然药品上市后监管是许多司法管辖区的标准做法，但与原研药品独占权相关联并不常见。理论上，这是一项旨在保障公共健康的措施，但在实践中，它的运行方式几乎与标准试验数据独占权相同［谢赫将其描述为"事实上的数据独占权"；谢赫（2016），第6页］。实际上，随着时间的推移，日本式方法背后的基本原理似乎已经转向美国式试验数据独占权；例如，在日本，"孤儿药"有更长的"上市后监管期"，而在韩国，独立产生的数据可用于在上市后监管期内批准新药；这两项政策更符合激励创新而非保护公共健康的目的。

❹ 俄罗斯，《药品流通法》，2010年联邦第61－FZ号，第18条；塞尔维亚，《药品和医疗器械法》（2010年）第31条；土耳其，《人用药品许可条例》（2005年）第9条。

贸易协定或入世协定规定的国际义务，而不是自行制定条款或直接效仿另一个发达国家的做法。

与采用第一种方法的司法管辖区相比，采用第二种方法的司法管辖区更有可能在试验数据独占权方面提供有意义的例外和限制。目前尚不清楚这在多大程度上是因果关系，而不仅仅是相关性；将试验数据独占权制定为知识产权，这也许凸显了其作为政策选择的地位，除了其声称的好处，还降低了实际成本；但是，发展中国家也可能更倾向于从一开始就限制知识产权，以利于获取药品。

毫无疑问，发达国家总体上倾向于制定限制性更强的试验数据独占权条款，例如，保护期限更长，另外还对 NCI、儿科制剂和生物制剂提供保护。这并不令人奇怪，因为发达国家最有可能拥有研究型制药公司，如果加强药品知识产权保护，那么这些公司就是直接受益者；而发展中国家则相反，如果它们对外国研究型制药公司开发和销售的产品加强知识产权保护，则意味着财富会从本国被转移走。

最后，应该注意的是，受调查的司法管辖区中试验数据独占权条款在篇幅上有很大差异；不同国家的法律在篇幅上各不相同，从俄罗斯的几句话❶到秘鲁的几页条款。❷ 当然，冗长的法律不一定就是好法律，但很短的法律条款可能会缺乏细节上的规定。

6.4.3　基本的试验数据独占权保护

本节首先将探讨所调查司法管辖区中的"基本"试验数据独占权保护期限，然后研究基本试验数据独占权保护的性质和保护标准。本节中，"基本"试验数据独占权是指原研产品可获得的一般性试验数据独占权保护，而不是为提交的有关新适应证或生物药品数据提供的更为专门的保护形式。

6.4.3.1　期限

在所调查的司法管辖区中，试验数据独占权基本期限为 5～10 年，但在某些情况下，某些类型的数据可以获得更长或更短的保护期限，例如提交的有关新适应证或生物制剂的数据（参见下文）。迄今为止，最常见的基本保

---

❶ 俄罗斯，联邦《药品流通法》，2010 年第 61－FZ 号，第 18 条。
❷ 秘鲁，立法令 2008 年第 1072 号和最高法令第 002－2009－SA 号。

护期限是 5 年；在所调查的 26 个国家或地区中，有 17 个国家或地区规定了 5 年的基本试验数据独占期。❶ 其他受调查司法管辖区采用更长的基本试验数据独占期：中国、俄罗斯、哈萨克斯坦、土耳其均使用 6 年的期限；日本、加拿大均使用 8 年的基本保护期；而欧盟、瑞士和塞尔维亚则实行 10 年的保护期。

此外，一些司法管辖区允许授予比该基本保护期更长或更短的独占权。特立尼达和多巴哥、阿曼、沙特阿拉伯和毛里求斯的法律规定，保护期限应当"至少"或"最少"为 5 年，理论上允许更长的保护期限；另外，马来西亚将 5 年期限视为上限，允许授予更短的保护期限。❷ 秘鲁仅规定，保护期限"通常"为 5 年，这表明在某些异常情况下保护期限可能不为 5 年。❸ 目前尚不清楚实际有多少国家或地区授予更长或更短的保护期；马来西亚国家药品监管局和秘鲁卫生部的数据显示，实际上，这些司法管辖区在 2010—2018 年对每个有资格获得试验数据保护的 NCE 至少授予了 5 年期限的保护（但通常是从外国批准之日起算，如下文所述）。❹

在 2004 年欧盟试验数据独占权制度修改之前，许多欧洲国家将试验数据独占权保护期限定在与所涉药品的专利保护期限内。❺ 然而，这种做法现在并不常见；这并不奇怪，因为正如第 5 章所述，21 世纪 00 年代中期以来几乎所有美国主导的自由贸易协定都明确禁止这种做法。在所调查的国家或地区中，只有土耳其将独占期限定在相关药品的专利期限内。❻

显然，试验数据独占期越长，对仿制药进入市场的时间的影响就越大，但应该指出的是，如第 2.3.1.1 节所述，这种影响在发展中国家可能会更大。然而，如上文所述，大多数受调查的司法管辖区都将基本的试验数据独占权保护期限设定为期限范围下限，即 5 年或 6 年，只有少数司法管辖区提供了明显更长的期限。5 年是最常见的基本保护期，这并不足为奇；美国

❶ 这些国家包括澳大利亚、巴林、智利、哥伦比亚、哥斯达黎加、萨尔瓦多、约旦、马来西亚、毛里求斯、新西兰、阿曼、秘鲁、沙特阿拉伯、新加坡、特立尼达和多巴哥、美国和越南。

❷ 特立尼达和多巴哥，《反不正当竞争保护法》第 27/1996 号，经第 18 号法案修正；阿曼皇家法令第 67/2008 号：颁布《工业产权法》，第 65 条；沙特阿拉伯，《商业机密信息保护条例》（2005 年）第 5 条；毛里求斯，《反不正当竞争保护法（工业产权法）》（2002 年），第 9 条；马来西亚，《数据独占权指令》（2011 年第 2 号指令）第 4.6 条。

❸ 秘鲁，立法令 2008 年第 1072 号，第 3 条。

❹ 参见附录 A。

❺ 欧盟，理事会指令第 87/21/EEC 号。使用 6 年数据独占期的国家可以选择将数据独占期限定在专利期限内，如果各国使用 10 年以上的数据独占保护期，那么就不可能采用这种方式。

❻ 土耳其，《人用药品许可条例》（2005 年）第 5 条。

《Hatch – Waxman 法案》最初规定药品试验数据独占权保护期为 5 年完全是任意的；但是，许多司法管辖区都遵循了美国的做法，要么是因为其与美国达成了贸易协定（在拥有 5 年基本期限的 18 个司法管辖区中，有 11 个已与美国签署自由贸易协定，承诺提供至少 5 年的试验数据独占权），❶ 要么是因为效仿了美国的做法。如第 5 章所述，那些提供 6 年保护期的司法管辖区之所以这样做，是因为要履行与发达国家谈判所达成的国际义务（就中国、俄罗斯和哈萨克斯坦而言，其在加入 WTO 过程中做出过承诺）以及争端解决的结果（就土耳其而言，是其与欧盟之间的争端解决结果）。❷ 保护期限明显更长的司法管辖区主要是加拿大、日本和欧盟等发达国家（但是，塞尔维亚也提供了 10 年保护，这显然是直接效仿欧盟做法的结果，如上文所述）。

（1）保护期限计算

在大多数受调查的司法管辖区，保护期限从相关药品在国内获得批准之日起算。但也有一些例外：新西兰、特立尼达和多巴哥以及毛里求斯似乎是从提交数据之日起计算独占权期限，❸ 这显然缩短了有效保护期限（新加坡对机密支持性信息的保护期限是从提交之日起算，❹ 安全性数据和有效性数据的保护期限是从注册之日起算）。❺

一些司法管辖区从外国批准日期起计算该期限。秘鲁使用其分别与美国和欧盟签订的自由贸易协定中的所谓"同期规则"；❻ 当原研药品在 6 个月内获得批准时，独占期将从"卫生监督管理严格的国家"的批准之日起算，而不是从本国注册之日起算❼（有趣的是，尽管哥伦比亚分别与美国和欧盟签订的贸易协定中都包含了这一事项，❽ 但哥伦比亚似乎没有就此问题制定任何国内规定，即使这些规定可能在实践中适用）。马来西亚从产品在"原产

---

❶　这些国家包括澳大利亚、巴林、智利、哥伦比亚、哥斯达黎加、萨尔瓦多、阿曼、秘鲁、新加坡、特立尼达和多巴哥以及越南。

❷　欧盟委员会（2004）。

❸　新西兰，《药品法》（1981 年），经《药品修正案》（1994 年第 s23A 号）修正；特立尼达和多巴哥，《反不正当竞争保护法》第 27/1996 号，经《知识产权法案（杂项修正案）》2000 年第 18 号修正，第 9 条；毛里求斯，《反不正当竞争保护法（工业产权法）》（2002 年），第 9 条。

❹　新加坡，《药品法》（1975 年）（修订本），第 26 条。

❺　新加坡，《药品法》（1975 年）（修订本），第 29 条。

❻　《美国 – 秘鲁 TPA》（2006 年），第 16.10 条；欧盟与秘鲁和哥伦比亚之间的协定（2012 年），第 231 条。

❼　秘鲁，立法令 2008 年第 1072 号，第 3 条。

❽　《美国 – 哥伦比亚 TPA》（2006 年），第 16.10 条；欧盟与秘鲁和哥伦比亚之间的协定（2012 年），第 231 条。

国或任何被认可并认为合适的国家"首次批准之日起计算保护期，❶ 无论马来西亚处理原研药品申请的速度有多快，这种规定都适用（秘鲁的同期规则是在贸易协定中与美国达成妥协的结果，但马来西亚与美国之间没有这样的协定）。土耳其根据《欧盟－土耳其关税同盟》从首次批准之日起计算保护期限，❷ 而塞尔维亚则从塞尔维亚、欧盟或"具有相同或类似要求的国家"首次批准之日起计算保护期限；❸ 事实上，这意味着该期限实际上总是从欧盟首次批准之日起计算，因为药品在土耳其或塞尔维亚注册很少会先于在西欧国家注册。

（2）从外国批准之日起计算保护期限所产生的影响

从申请日起计算保护期限会明显缩短独占权的有效期，因为审批过程本身需要花费时间。目前尚不清楚以这种方式缩短试验数据独占权的有效期限，是否就是这些司法管辖区的意图。然而，从外国批准之日起计算保护期限似乎确实是一项有目的的政策决定，旨在防止试验数据独占权带来负面影响，导致产品在司法管辖区推迟上市（如第 2.4.1.1 节所述）；以这种方式计算保护期限确实可以激励更快地在相关的司法管辖区推出产品。从外国批准之日起计算保护期限在实践中有多大影响？秘鲁和马来西亚批准某些药品的一些数据与试验数据独占权授予相关，在此提供了一些见解。❹

2010 年 1 月—2018 年 6 月，秘鲁政府对 58 种新化学实体授予了试验数据独占权。虽然在秘鲁被授予试验数据独占权的所有产品均可获得 5 年（60个月）的保护期，但对于每种产品而言，有效保护期短于潜在完整保护期；对于 2009 年 12 月—2019 年 6 月被授予试验数据独占权的药品而言，平均保护期限为 38.4 个月（为潜在完整保护期的 64%）。

2012 年 1 月—2019 年 4 月，马来西亚对 32 种新化学实体授予了试验数据独占权。与秘鲁一样，被授予试验数据独占权的所有产品都获得了 5 年（60 个月）的保护期，但在马来西亚，在所有情况下有效保护期都短于 5 年，平均有效期限为 38.6 个月（为潜在完整保护期的 64.4%）。马来西亚还为新化学适应证授予了 3 年（36 个月）的试验数据独占权，其在 2012 年 6 月—2018 年 11 月批准了 8 种新化学适应证，它们名义上全部被授予了 3 年保护期。但在马来西亚，试验数据独占权的平均有效保护期限为 22.5 个月（为潜

---

❶ 马来西亚，《数据独占性指令》（2011 年），第 4.6 条。
❷ 土耳其，《人用药品许可条例》（2005 年），第 9 条。
❸ 塞尔维亚，《药品和医疗器械法》（2010 年），第 31 条。
❹ 根据附录 A 提供的数据进行计算。

在完整保护期的 62.5%）。

这些结果代表的是，"从外国批准之日起计算试验数据独占期"仅在两个司法管辖区、在相对较短的时间内所产生的影响。然而，这些数据表明，这种政策明显缩短了试验数据独占期。值得注意的是，在这两个司法管辖区，缩短试验数据独占权潜在完整保护期限的程度几乎相同。秘鲁和马来西亚都是中高收入国家，人口数量差不多，这也许可以解释为什么这两个司法管辖区在保护期缩短程度上如此相似；其他司法管辖区可能会发现这种政策对有效试验数据独占期有不同的影响。

6.4.3.2　数据独占权与市场独占权

如第 2 章所述，试验数据独占权可以采取数据独占权形式（也就是说，一种寻求依赖或使用先前提交的数据的简略申请在独占期内根本不会得到处理）或市场独占权形式（也就是说，此类申请可以在独占期内得到处理，但只有在独占期终止后才能获得批准）。理论上，相较于数据独占权本身，市场独占权的限制性更小；在独占期内，监管机构仍然可以使用提交的原研数据来处理简略申请，保护期限一结束就批准这些申请。相比之下，根据数据独占权，相竞争的潜在仿制药必须等到保护期到期，然后开始进行申请，从而进一步推迟了产品进入市场。例如，在美国，虽然新化学实体的试验数据独占权期限本身为 5 年，但由于处理简略新药申请需要花费时间，因此实际上独占期接近 7.5 年。[1]

一般来说，仅凭管辖立法的措辞很难确定司法管辖区提供的是数据独占权还是市场独占权；成文法律可能只禁止在独占期结束前批准简略申请，但国家监管机构的做法可能是只有在独占期结束后才接收简略申请，反之亦然。然而，许多司法管辖区相当明确地提供了一定期限的数据独占权，并补充更长的市场独占期。俄罗斯、加拿大、欧盟、瑞士和塞尔维亚都采用这种方法；俄罗斯提供 4 年期限的数据独占权，与 6 年的市场独占期并行；[2] 加拿大提供 6 年期限的数据独占权，与 8 年的市场独占期并行；欧盟、瑞士和塞尔维亚提供 8 年期限的数据独占权，与 10 年的市场独占期并行。

这种方法背后的逻辑是，确保申请在独占权保护的最后期限内能够得到

---

[1]　谢赫（2016），第 101 页。

[2]　这对于生物药品来说有所不同，如下文所述。

处理，以便在试验数据独占权到期后，让仿制药品尽快进入市场，其方式类似于专利法中所谓的"Bolar"豁免或提前实施豁免，即为了开展监管部门审批所需的试验，允许使用专利药品；❶ 这有助于确保原研药品的有效独占期最终不会明显长于法律规定的期限。虽然从促进药品获取的角度来看，这是受欢迎的，但应该指出的是，大多数采用这种方法的司法管辖区从开始就有明显更长的保护期，在许多情况下，对于提供 5 年数据独占权的司法管辖区而言，保护期超过了可能的实际独占期。

6.4.3.3　保护资格

如第 2.4.1.4 节所述，关于试验数据独占权的担忧之一是，由于试验数据独占权保护比专利权保护更容易获得，也更难受到挑战，因此它有可能破坏药品知识产权通常应当受到的制衡。要获得专利权，请求保护的发明应当满足严格的新颖性、创造性和工业实用性标准，这些标准在正式审查过程中被评估，第三方可以通过异议和无效程序对它们提出挑战；这种机制减少了不当授予专利权的机会。TRIPS 协定第 39.3 条仅要求保护提交的与新化学实体相关的未披露试验数据，并且该数据应是通过巨大努力取得的；而许多司法管辖区甚至不使用所有这些标准。此外，试验数据独占权通常会因药品获得批准而自动产生，许多司法管辖区没有提供正式途径来挑战这种保护。

除俄罗斯外❷，所有受调查的司法管辖区都要求，提交的数据应当与新药品有关，才有资格获得基本期限的保护；这些司法管辖区要么采用直接方式（即明确要求提交的数据应当涉及新药品），要么采用间接方式（仅在该司法管辖区首次批准药品后一段时间内，限制进入简略申请程序）。❸ 如第 4章所述，关于新颖性是应当与所有现有药品进行对比来评价（"世界新颖性"），还是仅与在相关的司法管辖区获得批准的产品进行对比来评价（"本国新颖性"），存在一些争议。实际上，大多数受调查的司法管辖区都采用本国新颖性标准。然而，一些司法管辖区采用的方法或多或少与这种方法有所不同。中国似乎采用了世界新颖性标准，仅对在世界范围内是新的药品授予

---

❶　进一步参见特里迪科（Tridico）等（2014）。

❷　俄罗斯，《药品流通法》（联邦 2010 年第 61 – FZ 号），第 18 条。

❸　例如，美国仅对通过新药申请获得批准的产品（该产品必须是新的）的相关数据，授予试验数据独占权；21 USC §355。

独占权，❶ 美国贸易代表办公室特别 301 条款多年来一直批评这种做法❷（中国大陆地区新拟议的药品法律将推动其采用本国新颖性标准）。❸ 智利、越南和马来西亚均要求：为了获得试验数据独占权，在向本司法管辖区提交上市审批申请之前，产品已在另一个司法管辖区注册的时间不得超过一定期限。就马来西亚而言，该期限为 18 个月；就越南和智利而言，该期限为 12 个月。❹ 与从外国司法管辖区批准之日起计算独占权期限的司法管辖区一样，这些措施有助于缓解"试验数据独占权可能会导致公司在特定司法管辖区推迟产品上市以最大化垄断期"这一问题（如第 2.4.1.1 节所述）。

大多数司法管辖区也要求，数据应当不被披露才有资格获得保护。只有少数主要发达国家没有在其试验数据独占权法律中明确规定这一要求，❺ 但是，即使在这些情况下，如果司法管辖区允许在简略申请中使用公开信息，那么，保密也可能是事实上的要求，美国"文献新药申请"就是这种做法。❻

迄今为止，TRIPS 协定第 39.3 条的标准中使用最少的是，数据通过"巨大努力"取得。在受调查的 26 个司法管辖区中，只有 12 个司法管辖区（全部是发展中国家）规定，数据应当通过巨大努力取得，才能获得保护。❼ 尚不清楚这一要求在实践中有何影响。首先，数据如果不需要通过"巨大努力"就能产生，很明显就不太有价值，因为竞争对手自行产生这些数据必然会更容易。其次，对于国家药品监管机构如何评估提交的数据是否需要通过"巨大努力"才能产生，或者是否所有国家监管机构实际上都进行了这种评估，目前尚不清楚。因此，许多司法管辖区在其国内法中删除了这一标准，也就不足为奇了。

在大多数受调查的司法管辖区中，试验数据独占权保护似乎随着药品申请的提交或批准而自动产生，但是马来西亚和越南都要求应当进行试验数据独占权申请才能获得保护；目前尚不清楚该申请过程是否涉及任何实质性评

---

❶ 巴尔扎诺（Balzano）（2022）。

❷ 例如，参见美国贸易代表办公室（2019）。

❸ 国家药品监督管理局（2018）。

❹ 马来西亚，数据独占权指令（2011 年），第 4.2 条；越南，2011 年第 17/2011/TT – BNNPT-NT 号通知，第 3 条；智利，《工业产权法》（修订本）第 19.039 号，第 91 条。

❺ 这些国家或地区是美国、欧盟、瑞士、土耳其、俄罗斯、塞尔维亚、日本和加拿大。

❻ 美国，21 USC § 355。

❼ 萨尔瓦多、哥斯达黎加、哥伦比亚、秘鲁、智利、沙特阿拉伯、约旦、马来西亚、越南、巴林、特立尼达和多巴哥以及毛里求斯。

估，或者是否只是一个形式。❶ 更有趣的是，越南和秘鲁还明确规定了一种机制，即如果试验数据独占权被不当授予，那么可将其撤销。越南规定，"任何组织和个体"都可以请求终止试验数据独占权保护，包括以数据不符合保护要求为由。❷ 秘鲁规定，在提交新药申请后 15 天内，在《秘鲁人报》上公布与试验数据独占权授予有关的详细信息，允许任何拥有"合法利益"的一方反对授予试验数据独占权保护。❸ 此外，秘鲁法律规定，如果行政程序确定试验数据独占权保护被不当授予，则可以"依职权或应一方请求"将其撤销。❹

至少在其他一些司法管辖区，可以通过普通司法审查制度或行政法的其他方面来挑战试验数据独占权授予。然而，制定具体措施来挑战试验数据独占权，更有可能撤销被不当授予的保护。此外，秘鲁有关公布和可以反对试验数据独占权授予的制度提高了透明度，否则试验数据独占权制度将可能因为不透明而无任何益处。这类机制可以防止试验数据独占权破坏更广泛的知识产权制度应当受到的制衡。

6.4.4　保护提交的其他类型试验数据

TRIPS 协定第 39.3 条仅要求，提交的有关新化学实体的数据应当得到保护。然而，一些司法管辖区（主要是发达国家）还为"其他"类型数据提供保护，如先前批准的活性成分的新适应证、有关儿科研究的数据或提交的有关生物药品的数据。这些司法管辖区显然属于少数，但是，为其他数据提供保护已成为贸易协定中越来越常见的特征，并可能代表试验数据独占权扩展的下一个主要领域。

本节将详细介绍所调查的司法管辖区为提交的非新小分子药物数据以及提交的生物制品数据提供的保护方法。

---

❶　马来西亚，数据独占权指令（2011 年），第 4.2 条；越南，2011 年第 17/2011/TT – BN-NPTNT 号通知，第 3 条。

❷　越南，2011 年第 17/2011/TT – BNNPTNT 号通知，第 11 条和第 14 条。

❸　秘鲁，《与药品有关的试验数据和其他未披露数据保护条例》，立法令 2009 年第 1072 号（经最高法令第 002 – 2009 – SA 号批准），第 7 条、第 8 条。

❹　秘鲁，《与药品有关的试验数据和其他未披露数据保护条例》，立法令 2009 年第 1072 号（经最高法令第 002 – 2009 – SA 号批准），第 20 条。

6.4.4.1 保护提交的有关小分子药物非新用途的数据

许多司法管辖区还为新适应证、儿科适应证和/或"孤儿药"提供保护。这些为其他数据另外提供的保护采取如下形式：（a）提供这些其他数据时延长基本保护期限；（b）为这些相关数据提供完全独立的试验数据独占期。❶

欧盟、塞尔维亚、美国和加拿大均规定延长独占期。如果在前8年独占期内，与获得批准的现有疗法相比，新治疗适应证被认为具有"显著的临床益处"，则欧盟和塞尔维亚会为新治疗适应证另外提供1年市场独占权。❷ 如果原研者提交的临床试验结果涉及该药品在儿科人群中的使用，加拿大将另外授予6个月市场独占权。❸ 美国还为提交儿科研究的上市许可持有人延长6个月期限的独占权，但是，这适用于涉及相关药品的任何独占权，包括相关专利权或"孤儿药"独占权，❹ 因此并不纯粹是试验数据独占权规定。❺

在所调查的司法管辖区中，授予新的独占期更为常见。美国为新化学适应证（NCI）提供3年市场独占权。❻ 阿曼和马来西亚也为提交的有关NCI的数据提供3年独占权；❼ 与对提交的NCE相关数据的要求类似，马来西亚要求，NCI申请应当在首次国际批准后12个月内提出，并且相关数据应当是通过巨大努力取得的。❽ 日本授予"孤儿药"和儿科药物6～10年事实上的独占权，为新适应证授予4～6年独占权。❾ 瑞士为有关新适应证、给药方式、剂型或剂量的相应信息授予3年独占权；但如果与现有疗法相比，新信息预计会产生显著的临床益处，并且得到广泛临床试验的支持，则授予10年独占

---

❶ 延长现有的试验数据独占权期限或设立新的数据独占期，不应与美国和欧盟等司法管辖区存在的相似但不同的"孤儿药独占权"概念相混淆，第2.3.1.3节讨论了这一概念。尽管试验数据独占权条款限制了后续申请人在简略审批中引用原研数据的能力，但这些条款禁止批准同一药品的任何其他形式用于相关疾病（但仍然允许批准用于其他目的）。

❷ 欧盟，理事会指令第2001/83/EC号；塞尔维亚，《药品和医疗器械法》（2010年），第31条。

❸ 加拿大，《食品与药品条例》（修订本）C.08.004.1（2）。

❹ 美国，§ 21 USC 301。

❺ 赫莱德（2015），第327页。

❻ *Bristol‑Myers Squibb Co. v Donna E. Shalala* 案 91 F.3d 1493（1996年）确立了这种保护本质上是市场独占权而不是数据独占权。

❼ 阿曼，皇家法令第67/2008号：颁布《工业产权法》，第65条；马来西亚，《数据独占权指令》（2011年）。

❽ 阿曼，皇家法令第67/2008号：颁布《工业产权法》，第65条；马来西亚，《数据独占权指令》（2011年）。

❾ 日本，《药事法》，第14-4条。

权。瑞士还为"专门"用于儿科的产品授予 10 年试验数据独占权，为"重要的孤儿药品"授予 15 年试验数据独占权。❶

在所调查的司法管辖区中，相较于"基本"试验数据独占权保护，为其他形式数据提供的保护显然有很大的差异，从保护期延长 6 个月到另外提供 15 年保护期。提供此类保护的司法管辖区大多是发达国家。发展中国家不太可能提供此类保护；秘鲁、哥伦比亚、智利和哥斯达黎加的国内法明确规定，提交的有关先前批准产品的新适应证、剂量、给药方式等数据不被授予独占权。❷ 一些非发达国家之所以提供本节所述的这种保护，是因为他们在自由贸易协定中承诺提供此类保护（以阿曼为例）❸，或几乎完全效仿美国或欧盟的相关法律（以马来西亚和塞尔维亚为例）。值得注意的是，本节中提到的两个司法管辖区——约旦❹和澳大利亚❺，曾在与美国的自由贸易协定中承诺为 NCI 提供 3 年的试验数据独占权保护，但其成文法中似乎并未提供此类保护；目前尚不清楚这是否属于违规行为，或者国家药品监管机构的法律或政策的其他方面是否提供了这种保护。

这些方法呈现出多样化趋势，此外，除发达国家外，普遍未对提交的其他形式试验数据提供保护，这些都反映出这种措施显然是"TRIPS +"措施；对于提交的有关先前获批化学实体的其他数据，无须保护它们不被用在不正当的商业使用中，这是 TRIPS 协定第 39.3 条少数几个明确方面之一。然而，如第 5 章所述，最近达成的一些自由贸易协定都包含了 NCI 保护条款。预计在未来几年，试验数据独占权会扩展到这一领域。

---

❶ 瑞士，2000 年联邦《药品和医疗器械法（治疗产品法）》（2016 年修订本），第 11 条、第 12 条。

❷ 秘鲁，立法令 2008 年第 1072 号；哥伦比亚，法令 2002 年第 2085 号，第 1～5 条；智利，《工业产权法》（修订本）第 19.039 号，第 89 条；哥斯达黎加，《未披露信息法条例》2008 年 11 月 28 日行政令第 34927 号，第 12～15 条。

❸ 《美国－阿曼自由贸易协定》（2006 年），第 15.9 条。

❹ 《美国－约旦自由贸易协定》（2000 年），第 22 条。

❺ 《美国－澳大利亚自由贸易协定》（2004 年），第 17.10 条。在《美国－澳大利亚自由贸易协定》要求为 NCI 提供 3 年保护的条款中，用脚注规定，"如果一方在本协定生效时**建立了一项制度，即对于使用先前获批的化学成分制造的药品，应当保护**在其审批过程中提交的**信息不被用在不正当的商业使用中**，那么，尽管有本条款规定的义务，但该方可以保留该制度作为本条款的替代条款"（脚注 17～26，强调标记是后加的）。然而，澳大利亚试验数据独占权法律明确规定，只有在"包含或含有该活性成分的其他治疗产品未注册"时，试验数据独占权才可用，因此，排除了先前获批产品的新适应证［《澳大利亚治疗用品法案》（1989 年），第 25A（c）（i）条］。

6.4.4.2 保护提交的有关生物药品的数据

在 TRIPS 协定生效后的头 10 年左右，提交的有关生物制剂的试验数据是否应当受到保护这一问题在很大程度上是学术性问题。如第 2.5 节所述，生物制剂包含的原子数量更多，制造过程更加复杂，因此，实际上不可能有效创造原研药品的精确复制品；❶此外，生物药品相对较为新颖，这意味着大多数主要司法管辖区根本不存在"生物仿制药"的简略审批流程。

这种状况在 21 世纪 00 年代中期发生了变化，如第 2.5.1 节所述，在生物产品专利到期浪潮之后，第一个生物制剂简略审批途径应运而生；❷应如何保护提交的有关生物制剂的试验数据（如果有的话）这个问题，第一次变得有意义。欧盟作为第一个设置生物制剂简略审批途径的司法管辖区，也是第一个处理"如何保护提交的创新生物制剂相关数据"这个问题的司法管辖区。欧盟选择使用与小分子仿制药审批相同的立法基础来审批生物仿制药；由于试验数据独占权是欧盟简略审批程序的基本特征（如上文所述），因此生物制剂受到与传统药品相同制度的保护，即 8 年数据独占权与 10 年市场独占权并行（对于重要的新治疗适应证，可能将市场独占期延长 1 年）。❸

美国以 2009 年《生物制剂价格竞争与创新法案》（Biologics Price Competition and Innovation Act，BPCIA）的形式，为生物仿制药审批途径建立了一套全新的立法基础，这意味着必须对试验数据独占权问题单独进行考虑。在BPCIA 通过之前，讨论了许多不同期限的独占权，其中包括亨利·韦克斯曼（《Hatch‑Waxman 法案》的共同发起人之一）提出的一项不给予生物制剂独占期的提案，❹以及一项要求提供 14 年独占期的提案。❺最终，规定生物制剂的试验数据独占期为从原研产品获得批准之日起共 12 年，❻分为 4 年数据独占期（在此期间，FDA 不能接收生物仿制药申请）和并行的 12 年市场独占期（在此期间，FDA 不能批准生物仿制药）。❼与美国的其他独占权一样，

---

❶ 马修斯（2017），第 106 页。

❷ 欧盟，指令第 2001/83/EC 号，第 10 条。

❸ 欧盟，指令第 2001/83/EC 号，第 10（1）～（5）条；法规第 2309/93 号，第 13（4）条；法规第 726/2004 号，第 14.11 条。

❹ 格拉博夫斯基（2008），第 479 页。

❺ 格拉博夫斯基（2008），第 479 页。

❻ 美国，42 USC § 262（k）。

❼ 美国，42 USC § 262（k）。

如果还另外提交儿科试验信息，那么，两个保护期都可以再延长 6 个月，❶ 但是，与小分子药物试验数据独占权不同，不为新适应证、新剂型等另外提供保护。与《Hatch – Waxman 法案》中对小分子药物的规定不同，对于生物制剂，要获得试验数据独占权并不要求"新颖性"；通过标准的非生物仿制药申请获得批准的任何产品，都将获得独占权保护，即使之前相同的产品已获得批准。之所以这样，可能是因为生物制剂结构复杂，很难确定其先前是否已获得批准；实际上，所有生物药品都是不同的，因此在某种程度上都是"新颖的"。此外，这可能是为了处理先前已获批生物药品（其被用作简略申请的"后门"）的再次上市产品的后续 s262（a）申请。谢赫表示，相较于小分子药物，这种非简略后续申请对于生物制剂而言可能更为常见，其原因是：第一，生物仿制药的开发成本比小分子药物仿制药的更高，并且与小分子药物相比，品牌药和生物仿制药品之间的价格差更小，因此，公司可能会在原研药品独占期内，为自己已上市产品的其他版本产品提出原创生物制品许可申请（BLA）；第二，医生在开处方时，如果选择另一种生物制剂而不是通过生物仿制药途径批准的药品，可能会更有把握。❷

美国决定将小分子药物和生物制剂分开处理，一部分源于历史因素。生物制剂受 1944 年《公共卫生服务法案》而不是 1938 年《联邦食品、药品和化妆品法案》监管。因此，生物制剂不包含在《Hatch – Waxman 法案》范围内。然而，生物制剂和小分子药物在试验数据独占期方面的实质性差异，主要是美国各利益相关方成功发起运动的结果，他们认为，为了在商业上可行，生物制剂要求获得比小分子药物更长期限的试验数据独占权保护。如第 2 章所述，显然情况并非如此。美国决定将生物制剂试验数据独占期设定得比小分子药物试验数据独占期长很多的做法，遭到了很多批评，其中包括奥巴马政府，该政府试图修改生物制剂独占期，将其缩短为 7 年，但未成功。❸

其他司法管辖区为提交的有关生物制剂数据提供的保护方法，还不太清楚。这仍然是一个相对较新的事物，因此，特别是在发展中司法管辖区，这个问题可能还没有出现。对于某些司法管辖区，这个问题将取决于国内法律条款的措辞。例如，新西兰法律明确将可能产生试验数据独占权的药品定义为包含"化学或生物实体"的药物，❹ 这几乎无疑表明，试验数据独占权将

---

❶ 马修斯（2017），第 107 页。
❷ 谢赫（2016），第 108 页。
❸ 马修斯（2017），第 110 页。
❹ 新西兰，《药品法》（1981 年），经《药品修正案》（1994 年）修正，第 23A 条。

扩展到提交的有关生物制剂数据。在其他情况下，一些国家在自由贸易协定中承诺提供生物制剂试验数据独占权，《欧洲自由贸易联盟－土耳其自由贸易协定》以及欧盟分别与哥伦比亚和加拿大达成的自由贸易协定，都包含有关生物试验数据保护的承诺，如第5章所述。除这些例子外，此类国际承诺并不常见，但是这种情况将来可能会发生变化，如第5章所述。一些司法管辖区似乎都拒绝接受"为提交的生物制剂数据提供试验数据独占权"这种观念；智利和秘鲁（以及墨西哥和以色列）因为没有为提交的生物制剂数据提供试验数据独占权，先前曾遭到美国生物技术创新组织[2]（Biotechnology Innovation Organization，BIO，PhRMA 的生物技术对应机构）的痛斥。❶ 值得注意的是，智利和秘鲁后来都在 TPP 中承诺提供生物制剂试验数据独占权（尽管有很长的过渡期），❷ 墨西哥在 USMCA 中承诺提供此类保护；❸ 虽然以上两项承诺最终暂停或从它们各自的协定中被删除，但这确实表明，从长远来看，很少有国家会将生物试验数据排除在试验数据独占权法律范围之外。在本节所介绍的发达司法管辖区中，迄今为止最受欢迎的方法是，扩展现有的基本试验数据独占权保护范围，涵盖提交的有关生物制剂的数据；澳大利亚、加拿大、日本、新西兰和瑞士都已采取这种方法。❹ 鉴于许多司法管辖区已经效仿了欧盟开创性的生物仿制药监管方法的其他元素，这也许是可以预料的。

似乎很少有国家采用美国的方法——为提交的生物制剂数据单独提供更长期限的保护。俄罗斯分别为生物制剂和小分子药物提供的试验数据独占权保护方法略有不同，授予小分子药物4年数据独占权以及随后的2年市场独占权，授予生物制剂3年数据独占权和随后的3年市场独占权；然而，这两种方法差异很小。❺ 如已经指出的那样，USMCA 最初要求给生物制剂单独提供10年保护期，而给小分子药物提供5年保护期，❻ TPP 中现已暂停的试验

---

❶ 例如，参见美国贸易代表办公室（2016，2017，2018）。

❷ TPP（2016年），第18.51条。

❸ USMCA（2018年），第20.49条。

❹ 澳大利亚，1989年《治疗用品法案》s25A；加拿大，《食品与药品条例》，第 C.08.004.1 节；吉特（Gitter）（2013），第231－232页；瑞士，2000年联邦《药品和医疗器械法（治疗产品法，TPA）》（2016年修订本），第11~12条。

❺ 俄罗斯，联邦《药品流通法》第61－FZ号（2010年），第18条。

❻ USMCA（2018年），第20.49条。

数据独占权条款要求给生物数据提供 8 年保护；❶ 考虑到美国在促进小分子药物试验数据独占权保护方面的关键作用，美国推动为生物数据提供更长保护期限可能会产生重要影响。此外，第 6.4.1 节提到的中国法律提案，规定为创新生物制剂提供 12 年独占权，这种方法效仿了美国的做法；如果中国确实实施这一法律提案，那么世界上最大的医药市场之一就与美国的做法保持一致。❷

马修斯将欧盟政策与美国政策进行比较后，较为赞同欧盟的做法，他指出：欧盟的做法"更简单"，也证明为小分子药物和生物制剂提供不同的试验数据独占权保护方法，并非不可避免。❸ 从促进药品获取的角度来看，欧盟的做法肯定优于美国的做法；虽然欧盟本身拥有世界上最长的试验数据独占权保护期限，但如上文所述，大多数司法管辖区的保护期限要短得多，遵循欧盟做法将意味着生物仿制药会更快进入市场。然而，保护提交的有关生物制剂的试验数据也是"TRIPS＋"措施；虽然有证据表明，有人对"提交的生物制剂数据应当获得更长的保护期"这一观点持反对态度，但令人失望的是，通过将保护扩展到 TRIPS 协定未涵盖的整套数据，为提交的试验数据提供的保护水平已经得到提高，而关于这一做法的政策优点却几乎没有得到讨论。

6.4.5　披露提交的试验数据

TRIPS 协定第 39.3 条要求各成员保护提交的试验数据不被披露，除非"为保护公众所必需"或"保护数据不被用在不正当的商业使用中"。如第 4 章所述，如果司法管辖区使用试验数据独占权来保护提交的试验数据不被用在不正当的商业使用中，那么，只要建立了某种机制防止数据的不正当使用（例如，在试验数据独占期限内阻止后续申请人依赖此信息），该司法管辖区就有权披露该信息。

尽管如此，大多数受调查的司法管辖区确实禁止披露提交的试验数据，

---

❶　TPP（2016 年），第 18.51 条。请注意，TPP 还允许各缔约方提供 5 年保护，代替提供 8 年保护的方法，前提是他们可以使用"其他措施"（包括市场环境）达到"类似的市场效果"。

❷　国家药品监督管理局（2018）。

❸　马修斯（2017），第 116 页。

并将其作为试验数据独占权立法的一部分；❶ 然而，大多数司法管辖区也允许在某些情况下披露数据。❷ 法律规定的这些情况通常与 TRIPS 协定第 39.3 条本身的例外相同：为保护公众所必需，或者已采取措施保护数据不被用在不正当的商业使用中。❸ 许多司法管辖区已经实施了"保护公众所必需"这种保护例外，这一点有点儿意思，正如第 4 章所述，这种例外可能会成为在公共健康出现紧急情况时绕过试验数据独占权的一种手段，因为不需要保护在这类情况下披露的数据不被用在不正当的商业使用中。然而，这只是推测，文献中没有记载发生过这样的事件。

"采取措施保护数据不被用在不正当的商业使用中"这种要求有些多余，因为所有相关司法管辖区都已经采取此类措施，通常采用相同条款来规定；虽然纳入具体措施防止此类不正当的商业使用合乎情理，但此处重复 TRIPS 协定第 39.3 条的措辞的逻辑尚不清楚。在许多情况下，这可能是由于国际义务（如自由贸易协定或 WTO、WPR 承诺）中使用了"国内法正在实施"这类措辞。许多受调查的司法管辖区禁止披露提交的试验数据，除非保护该数据不被用在不正当的商业使用中，虽然这种规定本身没有特别大的影响，但多此一举；这说明，在许多情况下，在国家层面制定试验数据独占权是较为艰难、缓慢的。由于许多国家政府没有深入理解其国际义务，或者希望力求遵守承诺，因此他们以这种冗余的方式实施试验数据独占权。

有趣的是，欧盟和美国都规定披露提交的试验数据。欧盟 EMA 根据"关于发布人用药品临床数据的政策"，积极发布根据其集中式上市程序提交的临床数据。❹ 欧盟仍然禁止信息的"不正当商业使用"，EMA 与临床试验数据提交者合作，确定哪些信息是"商业机密信息"（提交的信息满足以下条件，就定义为"商业机密信息"：（a）"不属于公共领域或不可公开获取的"；（b）"如果被披露，则可能会损害申请人合法经济利益的"），然后将这些"商业机密信息"从发布的报告中删除。❺ 几乎没有人讨论过 TRIPS 协

---

❶ 一些司法管辖区没有在试验数据独占权法律中明确禁止披露提交的试验数据，这些司法管辖区包括欧洲经济区、瑞士、土耳其、塞尔维亚、美国、加拿大、澳大利亚、哥伦比亚、沙特阿拉伯和马来西亚。

❷ 俄罗斯和巴林不允许披露数据。

❸ 新西兰、新加坡、越南和智利仅在保护公众所必需时才允许披露数据。萨尔瓦多、中国、阿曼、约旦、特立尼达和多巴哥、哥斯达黎加、毛里求斯和秘鲁在采取措施保护数据不被用在不正当的商业使用中时允许披露数据。日本禁止披露数据，除非有"正当理由"。

❹ 欧洲药品管理局（2019）。

❺ 欧洲药品管理局（2019）。

定第 39.3 条对 EMA 政策的影响，但是，考虑到向原研药品提供的数据独占权和市场独占权不受该政策影响（以及 EMA 另外采取措施防止披露"商业机密信息"），因此，没有理由认为这项政策会违反 TRIPS 协定第 39.3 条。❶2018 年 12 月，EMA 由于实施业务连续性计划第三阶段，暂停发布临床数据，业务连续性计划是 EMA 为应对英国脱欧后从伦敦搬迁造成的干扰而采取的策略；截至 2023 年初，由于与新冠疫情相关的业务连续性计划正在进行，EMA 仍暂停发布临床数据。❷

　　美国允许在某些情况下，依请求向公众披露在 NDA 中提交的"安全性和有效性数据"。这些情况包括：（a）申请未获批准且所有申诉均已用尽；（b）简略申请已经或可能获得批准（本质上，试验数据独占权和其他独占权到期）。在任何情况下，如果出现"特殊情况"，那么将拒绝信息披露；这些特殊情况包括相关信息仍然具有"竞争价值"。❸

6.4.6　试验数据独占权的例外

　　例外是任何知识产权制度的一个重要方面。理想情况下，例外会给相关权利带来细微差别，也增加其灵活性；至少它们应该能减轻相关权利可能造成的最严重危害，就试验数据独占权而言，这尤其有价值，因为试验数据独占权会产生明显的成本以换取不确定的利益。许多司法管辖区规定了试验数据独占权条款的例外。这些例外都采取暂停或提前终止试验数据独占权保护的形式，这是由于为提交的试验数据提供的独占权保护的本质所致；这种权利只是限制进入药品简略审批途径，提交的数据本身永远不会被潜在的"使用者"直接获取，因此，其他类型知识产权的例外（如公平交易或实验使用）不适用（一些司法管辖区将"原研者可以允许他人在独占期内使用其提交的数据"视为"例外"，但这并不是真正的独占权例外，就像"专利持有人可以许可其专利"不是专利保护的例外一样）。❹

　　如果相关产品在注册后未在司法管辖区内商业化，有一些受调查的司法管辖区则停止提供试验数据独占权。如果相关"创新药品"未在加拿大销

---

❶　谢赫（2016），第 127 页。

❷　EMA，EMA 发布的临床数据，https：//www. ema. europa. eu/en/human – regulatory/marketing – auth-orisation/clinical – data – publication#timelines – for – publication – section。访问日期：2023 年 1 月 26 日。

❸　美国，21 USC § 355 (1) (1)。

❹　这些司法管辖区包括澳大利亚、智利、俄罗斯、瑞士、中国。

售，加拿大根本就不使用试验数据独占权。❶ 智利和哥伦比亚都有相应的条款规定，如果相关药品在注册 1 年内未在本国境内销售，则独占权保护不适用。❷ 哈萨克斯坦的法律规定，如果"药品供应在注册之日起 12 个月内不足以满足人口需求"，则将暂停试验数据独占权。❸ 而沙特阿拉伯规定，如果产品在"注册机构确定的合理期限内"未在沙特阿拉伯境内商业化，主管机构可以允许第三方使用提交的试验数据。❹ 虽然这类条款没有解决试验数据独占权推迟产品上市的问题，但是它们确实鼓励将相关药品实际推向市场，防范了药品未上市但试验数据独占权却有效阻止仿制药替代品进入市场的情况。

大多数其他例外涉及一些特殊情况，即出于公共利益的原因暂停或终止试验数据独占权。正如已经讨论的那样，关于试验数据独占权，主要的担忧之一是，试验数据独占权条款可能会阻碍药品强制许可；如果根据强制许可生产的仿制药无法通过简略审批程序参考原研药数据，那么，通过强制许可应对国家紧急情况的能力将受到严重削弱，因为根据强制许可生产的产品无法上市。许多司法管辖区每当授予强制许可时，都会明确规定试验数据独占权的例外：秘鲁、智利、马来西亚、哈萨克斯坦和越南均明确规定，如果相关药品获得强制许可，则暂停试验数据独占权。❺ 秘鲁、智利和哈萨克斯坦还规定，如果违反竞争法的行为涉及提交的试验数据，则试验数据独占权不适用。❻ 反竞争行为会对国家批准的任何垄断构成潜在风险，而事实上，需要纠正竞争滥用行为是强制许可条款存在的理由之一。❼ 虽然秘鲁、智利和哈萨克斯坦都在无论出于任何原因（可能包括竞争滥用）而授予强制许可的情况下暂停试验数据独占权，但是，"出于反竞争行为的原因暂停试验数据独占权"这种规定，适用于没有专利而只有试验数据独占权是相关垄断权的情形。

许多司法管辖区出于一般原因规定了试验数据独占权的例外。新西兰、

---

❶ 加拿大，《食品与药品条例》（修订本）C. 08. 004. 1 (2)。

❷ 智利，《工业产权法》（修订本）第 19. 039 号，第 91 条；哥伦比亚，法令 2002 年第 2085 号，第 1 条。

❸ 哈萨克斯坦，《哈萨克斯坦共和国法典》2009 年第 193 - IV 号，第 71 (21) 条。

❹ 沙特阿拉伯，《商业机密信息保护条例》（2005 年），第 6 条。

❺ 秘鲁，最高法令第 002 - 2009 - SA 号；智利，《工业产权法》（修订本）第 19. 039 号，第 91 条；马来西亚，数据独占权指令（2011 年）；哈萨克斯坦，《哈萨克斯坦共和国法典》2009 年第 193 - IV 号，第 71 条；越南，2011 年第 17/2011/TT - BNNPTNT 号通知，第 3 条。

❻ 秘鲁，立法令 2008 年第 1072 号；智利，法律第 19. 039 号；哈萨克斯坦，《哈萨克斯坦共和国法典》2009 年第 193 - IV 号，第 71 条。

❼ 达特菲尔德（2008），第 107 - 112 页。

新加坡和哥伦比亚都允许在保护公共健康所必需的情况下使用数据，这是一项一般性规定，可能包括在出于公共健康原因而授予强制许可的情况下使用提交的数据。❶ 其他司法管辖区规定的例外更为普遍。就秘鲁和哈萨克斯坦而言，除保护公共健康外，在一般"紧急情况"下也允许使用提交的试验数据。❷ 就沙特阿拉伯而言，如果"满足紧迫需求所需"，则允许使用提交的试验数据；就越南而言，如果"为保护公共健康和满足社会紧急需求所必需"，则将终止试验数据独占权。❸ 智利和马来西亚规定的一般例外都极为宽泛；对于智利，如果"出于公共健康、国家安全、非商业性公共用途、国家紧急状态或主管机构宣布的其他极端紧急情况的原因，有理由终止保护"，则可以准予例外❹；而对于马来西亚，独占权条款不会阻止"政府出于公共健康、国家安全、非商业性公共用途、国家紧急状态或主管机构宣布的其他极端紧急情况的原因，采取任何必需行动"；或者独占权条款适用于实施措施以满足保护公共健康、确保所有人获取药品的需要。❺

因此，与发达司法管辖区相比，受调查的发展中司法管辖区更有可能拥有强有力的试验数据独占权例外。然而，应该指出的是，美国和欧盟都规定了试验数据独占权例外，尽管这些例外有限。对于美国，当涉案药品相关专利被成功无效或被判决未侵权时，将把 NCE 试验数据独占期从 5 年缩短至 4 年。❻ 欧盟制定了法律，允许使用提交的试验数据，以便根据 WTO 在 2003 年 8 月 30 日做出的决定促进强制许可，该决定旨在围绕《多哈宣言》第 6 段提出的一些国家因国内能力不足而出现的强制许可问题，制定解决方案。❼ 2003 年 8 月 30 日的这项决定，在 2017 年成为 WTO 协定的第一个修正案，成为 TRIPS 协定第 31 条之二，❽ 豁免 TRIPS 协定第 31（f）条的要求（即使用

---

❶ 新西兰，《药品法》（1981 年），经《药品修正案》（1994 年）s23A 修正；新加坡，《药品法》（1975 年）（修订本），第 19A 条；哥伦比亚，法令 2002 年第 2085 号，第 1～5 条。

❷ 秘鲁，立法令 2008 年第 1072 号；哈萨克斯坦，《哈萨克斯坦共和国法典》2009 年第 193－IV 号，第 7 条。

❸ 沙特阿拉伯，《商业机密信息保护条例》（2005 年）；越南，2011 年第 17/2011/TT－BNNPT-NT 号通知。

❹ 智利，《工业产权法》第 19.039 号。

❺ 马来西亚，《药品和化妆品管制条例》（1984 年）第 29 条，4.7（Malaysia, Regulation 29 of the Control of Drugs and Cosmetics Regulations 1984, 4.7.）。

❻ 美国，21 USC § 355（c）（3）（f）。

❼ WTO，《关于 TRIPS 协定与公共健康的宣言》，WT/MIN（01）/DEC/2（2001 年 11 月 20 日）。

❽ TRIPS 协定第 31 条之二。

任何强制许可"主要是为了供应授权此类使用的成员的国内市场"），❶ 允许各国授予强制许可，以向制药行业生产能力不足或没有生产能力的另一个国家供应经许可生产的产品。为促进这项决定实施，欧盟通过了法规第816/2006 号，该法规规定：根据该制度进行强制许可的申请人可以利用 EMA 的科学意见程序（或类似的国家程序），来评估专门用于欧盟以外市场的药品质量、安全性和功效，欧盟的试验数据独占权规则不适用于这种情况。❷

虽然这些例外的范围极其有限，但它们确实表明，这两个司法管辖区作为试验数据独占权的主要支持者，原则上并不拒绝试验数据独占权例外。因此，令人困惑的是，这些发达司法管辖区很容易出现试验数据独占权滥用，而更为一般的例外才正是为了防止这种滥用而设计的。至少欧盟意识到了这个问题；正如已经讨论的那样，欧盟委员会在 2006 年承认，欧盟法律不包含"允许豁免或暂停与国内药品审批有关的试验数据独占权规则"的条款。❸ 埃伦·霍恩（Ellen 't Hoen）、帕斯卡尔·博莱特（Pascale Boulet）和布鲁克·贝克（Brook Baker）在 2017 年建议，欧盟应根据法规第 816/2006 号引入国内试验数据独占权豁免，❹ 他们在新冠疫情背景下再次提出了此建议。❺

应该指出的是，一些司法管辖区可能制定了一些规定，其功能实际上可能与试验数据独占权的例外类似。例如，一些地区在某些情况下（包括"紧急公共健康情况"）允许药品进口和销售，无须通过正常监管渠道，理论上来讲，这样就无须引用原研数据，因此可以避免试验数据独占权阻碍强制许可的问题（但是，从公共健康的角度来看，证明仿制药与原研药具有生物等效性似乎比这种方式更可取）。这种"一般"法律原则可能为试验数据独占权提供事实上的例外，但面临更复杂、法律不太确定的问题。

本章所调查的司法管辖区存在一系列试验数据独占权例外。这些例外在某些情况下非常强有力，几乎涵盖了需要暂停或终止试验数据独占权的所有情形。然而，在某些情况下，例如在美国、加拿大或欧盟，试验数据独占权的限制极其狭窄。此外，几乎有一半受调查的司法管辖区似乎根本没有提供

---

❶ TRIPS 协定第 3（f）条。

❷ 欧盟关于强制许可专利以制造药品供出口到欧盟以外面临公共健康问题的国家的法规第 816/2006 号，第 18（1）~（2）条。

❸ 欧盟委员会（2006）。

❹ 霍恩等（2017）。

❺ 佩尔胡多夫等（2021），第 3 页。

试验数据独占权的具体例外，这引发了一个问题：即使在国家紧急情况下对药品专利进行强制许可，但在专利期限的很长一段时间内可能完全起不到作用。试验数据独占权法律缺乏例外或限制的情况在发达国家尤为常见，但是，事实上它们最不可能在更严格保护提交的试验数据方面受到国际压力。

6.5　结　论

在乌拉圭回合期间，提供试验数据独占权的要求未被采纳，取而代之的是一项较为模糊的一般性要求，即为提交的试验数据提供某种保护。尽管如此，TRIPS 协定生效以来近 30 年，根据 TRIPS 协定第 39.3 条为药品试验数据提供具体保护的司法管辖区在做法上却都非常相似。

正如已经讨论的那样，即使对 TRIPS 协定第 39.3 条做出限制性最小的解释，在保护提交的试验数据方面没有制定具体规定的司法管辖区中，也有许多司法管辖区可能不遵守该条款。然而，如果 DSB 不重新关注 TRIPS 协定第 39.3 条，那么这种情况不太可能很快改变。

本章对所调查的 26 个司法管辖区的国家试验数据独占权法律展开了分析，揭示了各司法管辖区采取的试验数据独占权保护方法的许多细节。将试验数据独占权称为一种连贯的知识产权是准确的。所有司法管辖区的试验数据独占权条款都有一个重要的共同特征，即权利持有人能阻止后续申请人在原研产品获得批准后一段时间内使用简略审批途径。此外，试验数据独占权条款在其他细节上也较为相似。在所调查的司法管辖区中，试验数据独占权法律的保护期限通常相对较短（通常为 5 年），仅涵盖提交的新药相关数据，也没有任何明显的限制或例外；这种试验数据独占权法律提供的保护稍微有限，它也缺乏灵活性或细微差别。许多司法管辖区是这种趋势的例外。所调查的发达司法管辖区，如欧盟、美国、日本、加拿大和瑞士，制定了限制性明显更强的试验数据独占权条款。这些司法管辖区占受调查司法管辖区人口较大比例，占全球药品市场绝大部分；如果中国确实通过了试验数据独占权法律改革提案，那么，一个拥有众多人口的主要新兴医药市场将加入这一行列。

许多司法管辖区已经实施试验数据独占权，对试验数据独占权设置了很多限制。在少数情况下，这通过某种机制得以实现，但这种机制会大大降低试验数据独占权在实践中的有效性；就中国而言，要求药品具有世界新颖性；❶ 就土耳其而言，将试验数据独占权限定在相关专利权期限内。❷ 在中国推出的许多药品在全球并不新奇，这种独占权因专利而无法获取，因此就无法提供专利权本身尚未实现的保护。虽然这类措施显然会大大降低"试验数据独占权对这些司法管辖区获取药品有不利影响"的机会，但这种情况不太稳定，因为发达国家可能会施加压力，要求提供更有效的保护。除了最大的发展中经济体，其他国家不太可能采取这种做法，这些经济体也可能无法无限期地维持这种做法。

　　然而，所调查的许多司法管辖区已经实施一些措施，以降低试验数据独占权带来的成本，同时又不破坏保护提交的试验数据的逻辑。试验数据独占权之所以合理，是因为它可以激励人们做出必需的探索以将药品推向市场，因此，只有在原研者实际将相关产品推向市场时，才应当为提交的试验数据提供保护。有些规则要求，为了获得试验数据独占权，原研产品应当在首次国际批准后一定时间内申请上市审批；一些规定要求，从外国批准之日起计算保护期限；一些规则要求，为了获得试验数据独占权，产品应当在司法管辖范围内实际销售；因此，所有这些规则或规定都符合知识产权的基本逻辑。提供市场独占权或在数据独占权期满后再提供短期的市场独占权，可以确保法律上的保护期限接近事实上的保护期限。此外，建立允许试验数据独占权受到挑战的特定制度，有助于确保只有应该得到保护的药品和数据才能真正受到保护。公开和异议制度，如秘鲁运作的制度，给试验数据独占权制度增加了透明度元素，但不妨碍试验数据独占权发挥作用。最后，强有力的试验数据独占权例外可以防止知识产权在特殊情况下危害公共利益。授予了强制许可或出现竞争滥用行为这些情况下的具体例外，可以确保试验数据独占权不破坏专利法中已有的例外。涉及公共利益的更宽泛例外，防范了不可预见的情况。

　　对于绝大多数具有试验数据独占权规定的司法管辖区来说，改变试验数据保护条款的能力，至少在某种程度上受到国际义务的限制。然而，在本章所调查的一些司法管辖区中，有些试验数据独占权限制和例外是经过深思熟虑的；这表明，即使司法管辖区在国际层面已承诺提供试验数据独占权，国家试验数据独占权法律中也可以增加这种细微的差别。这些例外和限制在如何更好地保护提交的试验数据方面提供了典范。

---

❶ 中国，《中华人民共和国药品管理法实施条例》（2002 年 8 月 4 日中华人民共和国国务院令第 360 号公布），第 35 条。

❷ 土耳其，《人用药品许可条例》（2005 年），第 9 条。

参考文献

Balzano JC（2022）China. In：Kingham R（ed）The life sciences law review. Law Business Research Ltd, London, pp 70 – 91

Basheer S（2006）Protection of regulatory data under Article 39. 3 of TRIPs：the Indian context. Intellectual Property Institute

Braithwaite J, Drahos P（2000）Global business regulation. Cambridge University Press, Cambridge

Correa C（2002）Protection of data submitted for the registration of pharmaceuticals：implementing the standards of the TRIPS agreement. South Centre, Geneva

Dutfield G（2008）Delivering drugs to the poor：will the TRIPS amendment help? Am J Law Med 34：107 – 124

EMA（2019）European Medicines Agency policy on publication of clinical data for medicinal products for human. EMA/144064/2019

European Commission（2004）Report to the Trade Barriers Regulation Committee – TBR proceedings concerning Turkish practices affecting trade in pharmaceutical products

European Commission（2006）Letter from the European Commission to Mr. Greg Perry, EGA – European Generic Medicines Association on the subject of Tamiflu application and data exclusivity in an emergency compulsory license situation

Gitter DM（2013）Biopharmaceuticals under the patient protection and affordable care act：determining the appropriate market and data exclusivity periods. Texas Intellect Prop Law J 21：213

Grabowski H（2008）Follow – on biologics：data exclusivity and the balance between innovation and competition. Nat Rev Drug Discov 7（6）：479 – 488

Heled Y（2015）Regulatory competitive shelters. Ohio State Law J 76：299

Matthews D（2017）Exclusivity for biologics. In：Matthews D, Zech H（eds）Research handbook on intellectual property and the life sciences. Edward Elgar, Cheltenham, pp 104 – 121

NMPA（2018）Implementation measures for drug trial data protection（interim）（draft for comments）

Perehudoff K, 't Hoen EFM, Boulet P（2021）Overriding drug and medical technology patents for pandemic recovery：a legitimate move for high – income countries, too. BMJ Glob Health 6（4）：e005518

Shaikh OH（2016）Access to medicine versus test data exclusivity：safeguarding flexibilities under international law. Springer, Berlin

Sharma A（2007）Data exclusivity with regard to clinical data. Indian J Law Technol 3：82

't Hoen EFM, Boulet P, Baker BK（2017）Data exclusivity exceptions and compulsory licensing to promote generic medicines in the European Union: a proposal for greater coherence in European pharmaceutical legislation. J Pharma Policy Pract 10 (1): 1 – 9

Torronteguy MAA, Ribas G, Avallone VHC (2022) Brazil. In: Kingham R (ed) The life sciences law review. Law Business Research Ltd, London, pp 54 – 70

Tridico A, Jacobstein J, Wall L (2014) Facilitating generic drug manufacturing: Bolar exemptions worldwide. WIPO Magazine 3: 17 – 20

USTR (1995) 1995 Special 301 Report

USTR (2016) 2016 Special 301 Report

USTR (2017) 2017 Special 301 Report

USTR (2018) 2018 Special 301 Report

USTR (2019) 2019 Special 301 Report

Yu PK (2019) China's innovative turn and the changing pharmaceutical landscape. Univ Pacific Law Rev 51: 593

译者注

[1] 由于涉及司法管辖权问题，本章删除了关于中国台湾地区的数据。

[2] 此处原文与缩略语部分原文不一致，虽然两处的缩写都是 BIO，但是缩略语部分原文的全称为 "Biotechnology Industry Organisation"，而此处原文的全称为 "Biotechnology Innovation Organisation"，即两处原文的缩写一致，但全称不一致。译者按原文处理。

7 试验数据独占权对美国简略新药申请的影响

摘 要 在美国，第一批简略新药申请（Abbreviated New Drug Application，ANDA）参考了 1999—2009 年取得试验数据独占权的新化学实体，本章将通过分析第一批简略新药申请来探讨试验数据独占权的影响的一个方面。分析结果表明，对于研究期间在美国获得批准的约 8% 新化学实体，试验数据独占权似乎会对其首个仿制药的批准日期产生影响。此外，试验数据独占权似乎也在推迟对原研药品提出专利挑战方面产生了影响。

7.1 引 言

本书讨论的所有关于试验数据独占权的争论都基于一个重要假设：无论好坏，试验数据独占权确实会影响原研药的仿制药进入市场。如果试验数据独占权不能在一定程度上阻止或推迟仿制药进入市场，那么它既不能像支持者所说的那样激励研究型公司，也不能像批评家所担忧的那样限制药品获取。试验数据独占权是否会产生这种影响，目前还不明显。本书讨论的所有司法管辖区中，试验数据独占权提供的保护期限明显短于专利权提供的最低 20 年保护期限，而专利权是获得药品市场垄断的主要手段。因此，正如普加奇在 2004 年评论的那样，似乎可以合理地认为，对于大多数药品而言，专利期限将完全包含试验数据独占期限。❶

本章和第 8 章旨在阐明试验数据独占权在实践中产生的影响。第 8 章侧重于试验数据独占权对旨在促进公共健康的措施（如强制许可）产生的影响，而本章研究试验数据独占权在美国对仿制药进入市场方面的影响。如分

---

❶ 普加奇（2006），第 118 页。

析所示，在少数但数量不容忽视的情况下，试验数据独占权可能在推迟仿制药进入市场方面起到了作用。此外，试验数据独占权似乎在推迟对药品专利提出挑战方面也发挥了作用。应该注意的是，这些结论是针对美国的；如下文所述，在其他司法管辖区，试验数据独占权在推迟首个仿制药获得批准方面的影响可能更大，而在推迟专利挑战方面的影响则较小。

7.2 试验数据独占权的潜在影响

试验数据独占权的影响问题本质上与试验数据独占权和药品专利权之间的关系有着密切的联系，如第 2.3.1.1 节所述。概括地说，试验数据独占权之所以会影响仿制药进入市场，主要是因为出于某种原因缺乏专利权保护。至少在三种情形下可能会出现这种情况：第一种情形是，药品从未获得专利权保护；第二种情形是，药品获得过一项专利权（或多项专利权）保护但专利权期限已届满；第三种情形是，药品专利权保护已取得但随后以某种方式受到损害，例如竞争对手对专利有效性提出挑战，或者专利权受到某种机制（如政府授予强制许可）的约束。本章的分析重点关注的是，对于没有专利权保护的药品、专利权保护已到期的药品以及专利权保护受到挑战的药品而言，试验数据独占权可能会发挥的作用；第 8 章将论述试验数据独占权对强制许可等措施的影响。

7.3 1999—2009 年试验数据独占权在美国的影响

之所以需要专门研究试验数据独占权在美国的影响，是出于以下几个原因。首先，美国是世界上最大的医药市场，因此美国对全球制药行业来说十分重要。其次，美国是首个对药品采用试验数据独占权法律的司法管辖区，自那以来，至少在 NCE 方面，监管状况基本保持不变，因此，似乎可以合理地认为，与试验数据独占权是较新事物的司法管辖区相比，在美国，制药公司会在更大程度上考虑试验数据独占权。最后，美国公布了大量与药品审批相关的数据，也许这是最重要的原因。美国监管制度的这种怪象（下面将对其进行详细讨论）意味着，可以从中得出一些关于试验数据独占权的影响的有意义结论。

很难确定试验数据独占权是否对特定药品所享有的整个独占期产生影响。无论是专利权保护、试验数据独占权还是其他形式的独占权，最终效果都相同，即不存在仿制药竞争。美国 FDA 确实在"橙皮书"（在美国获批的药品清单）中提供了与特定产品相关的专利权和其他独占权信息，如下文所述。❶然而，难以确定这些专利是否确实会阻止仿制药竞争。如艾丹·霍利斯（Aidan Hollis）所评论，由于评估哪些专利与哪些药品相关存在困难，因此 FDA 依靠原研公司提供要列出的专利的详细信息。❷ 仅凭一项专利被列入橙皮书的事实，并不能最终证明它会阻止仿制药竞争；事实上，关于列出的特定专利是否会阻止仿制竞争对手的纷争，经常以诉讼告终。

然而，FDA 确实提供了关于简略新药申请的提交日期和批准日期信息。此信息为确定试验数据独占权何时重要（或者更准确地说，何时不重要）提供了指导。在美国，在 NCE 的试验数据独占期届满之前，ANDA 实际上无法提交给 FDA，因此，如果第一个仿制竞争对手的申请是在试验数据独占权到期很久后才提交的，则充分表明试验数据独占权对仿制竞争对手进入市场几乎没有影响。如果仿制药申请的申办者直到试验数据独占期终止多年后才提交申请，那么相较于完全没有试验数据独占期的情况，他们也不太可能会更快提交上市许可申请。此外，由于 FDA 仅在所有相关专利权和其他独占权终止后才会完全批准 ANDA，因此，如果在试验数据独占权终止后不久提交的产品很快获得批准，则充分表明不存在其他独占权。

意识到此方法的局限性非常重要。即使仿制药申请在试验数据独占权终止后立即提出并很快获得批准，我们仍无法判断在没有试验数据独占权的情况下，申办者会提前多长时间提出申请；事实上，即使仿制药申请人可以早一天提出申请，他们也可能不会这样做。此外，值得强调的是，上市许可并不等同于市场进入，可能还会延迟一段时间，之后仿制药与原研药才真正展开竞争。尽管如此，关于在美国试验数据独占权通常如何影响仿制药进入市场，这仍然有指导意义。

7.3.1　美国药品审批制度详解

为了有意义地解读研究期间美国仿制药审批的数据，有必要了解美国药

---

❶　霍利斯（2001），第 14 页。
❷　霍利斯（2001），第 14 页。

品审批制度的细节。这些细节内容如下。

7.3.1.1　专利法

美国允许就产品、工艺和制造方法申请专利，包括与药品相关的产品、工艺和方法。❶ 一旦被授予专利权，专利权期限为自申请日起 20 年（240 个月）。美国可以延长专利权期限；《Hatch‑Waxman 法案》"专利权期限恢复"部分规定，对于需要监管部门批准的产品（或其用途或制造方法），其专利权可以延期；对于药品，期限延长的计算方法是产品试验时间（从开始人体试验时计算）的一半加上监管审查所花费的全部时间。最长延期 5 年（60 个月），包括延期在内的总专利权期限在监管审查后不得超过 14 年（168 个月）。

然而，即使延长了专利权期限，新药获得批准后，其专利权保护的"有效"期限也会大大缩短。亨利·格拉博夫斯基（Henry Grabowski）和约翰·弗农（John Vernon）开展的研究发现，1990—1995 年获批药品的平均有效专利保护期限（包括延期）为 11.7 年（约 140 个月）。❷ C. 斯科特·亨普希尔（C. Scott Hempill）和巴文·桑帕特（Bhaven Sampat）对后期（2001—2010年）批准数据的研究发现，有效专利期限为 12 年（144 个月），与平均有效专利保护期限 11.7 年几乎差不多。❸ 在美国，即使这种"有效"保护期限缩短了，但仍远超过试验数据独占权保护期限。

7.3.1.2　上市许可

为了在美国获得上市许可，"新"药申办者必须向 FDA 提交新药申请（New Drug Application，NDA）。❹ NDA 必须包含所涉药品的大量技术信息，包括确定产品安全性和有效性的临床试验结果。❺ 新药申请的申办者还必须提交与所涉药品有关的专利信息。❻ 这些信息以及其他相关独占权的详细信息都包含在橙皮书中。❼

仿制药申办者可以提交 ANDA。仿制药是"参比制剂（Reference Listed

---

❶　美国，35 USC § 101。
❷　格拉博夫斯基和弗农（2000），第 116 页。
❸　亨普希尔和桑帕特（2012），第 330 页。
❹　美国，FDCA s505（b）。
❺　美国，21 USC § 355。
❻　美国，21 USC § 355。
❼　美国，21 USC § 355。

Drug，RLD）"的生物等效性复制品，因此，在 ANDA 中，申办者不需要提交自己的安全性和有效性证据，而是依赖参比制剂提交的数据。❶ 一旦 RLD 的试验数据独占权到期，仿制药申请人就可以提出参考 RLD 的简略申请。然而，针对橙皮书所列的与 RLD 相关的每项专利，仿制药申请人必须进行四项申明之一。Ⅰ 段申明，声明未向 FDA 提交过此类专利；Ⅱ 段申明，声明所列专利已过期；Ⅲ 段申明，声明所列专利的到期日期，并申明仿制药产品在该到期日期之前不会上市；Ⅳ 段申明，声明所列专利无效，不能实施，或制造、使用或销售 ANDA 所涉及的药品不会侵犯所列专利的专利权。❷ 如果提交Ⅳ段申明，那么 ANDA 申办者必须将此情况通知 NDA 申办者/专利持有人；如果 NDA 申办者或专利持有人在 45 天内对仿制药公司提起专利侵权诉讼，那么 FDA 对仿制药产品的审批将自动停止 30 个月，或者在法院判决未侵犯专利权或者专利无效之前停止审批。❸

7.3.1.3 试验数据独占权

美国新化学实体的试验数据独占权现在被编纂为美国联邦法典第 21 篇第 355（c）（3）（f）条（USC§355（c）（3）（f））。这为使用上述简略新药申请创造了条件，如果一种药品在 NDA 中获得批准，且其活性成分此前未在美国获得批准，那么，自 NDA 获批之日起 5 年内（60 个月）不得提交 ANDA。如果所涉药品的专利已被成功宣告无效或判定未被侵权，则有例外，在这种情况下，可以在 4 年（48 个月）后提交 ANDA。

然而，应该注意的是，如果 Ⅳ 段申明是在 5 年独占权到期之前提交的，并且对 ANDA 申办者提起了专利侵权诉讼，那么就会提供 30 个月的遏制期，从而从最初的 NDA 批准之日起计算，独占期最长可达 7.5 年；换句话说，原来 5 年的试验数据独占期最后剩余的时间还可以另加上 30 个月遏制期。❹

此外，根据 1997 年 FDA 现代化法案，试验数据独占期也可以通过儿科

---

❶ 还存在其他授权形式；所谓的 505（b）（2）申请是一种 NDA/ANDA 组合形式，申请人部分依赖于他们自己的试验，也部分依赖于他们没有开展过的研究成果。这些研究成果可以是已发表的文献，或者可以是 FDA 先前所批准药品的安全性或有效性结果。此外，"请愿性 ANDA"，是指一种在剂型、给药途径、强度或（在组合产品的情况下）活性成分方面有所不同的仿制药 ANDA，这种申请根据 505（j）（2）（c）提交，根据 505（j）获得批准。

❷ 美国，21 USC § 314.94（a）（12）（i）（A）（1）～（4）。

❸ 美国，21 USC § 355（c）（3）（c）。

❹ 美国，21 USC § 355（c）（3）（c）。

独占权进行调整。❶ 因此，对于所列出的专利权、《Hatch – Waxman 法案》数据独占权、BPCIA 独占权以及与该产品相关的孤儿药独占权，它们的期限将全部延长 6 个月。因此，在美国 NCE 试验数据独占期可以为 4 ~ 5.5 年（48 ~ 66 个月）。

应该注意的是，ANDA 甚至要等到试验数据独占期终止后才能被接收，此外，FDA 审批相关产品需要花费时间，因此，原研产品所享有的市场垄断期被延长。2012 年 ANDA 平均审批时间为 31 个月，比 2003 年的平均审批时间（16 个月）要长。❷

7.3.1.4　其他形式的独占权

除专利法和新化学实体试验数据独占权外，美国还为药品提供了许多其他形式的独占权。

《Hatch – Waxman 法案》还授予仿制药 180 天（6 个月）的独占期，前提条件是：（a）所涉仿制药最早提交了基本完整的申请；（b）申请中包含并合法提出Ⅳ段申明，即声明一项或多项与原研药品相关的专利无效，不能实施，或制造、使用或销售 ANDA 所涉及的药品不会侵犯所列专利的专利权。❸ 1998 年，FDA 修改了 180 天独占权的规定，该权利不仅被授予那些在与专利权持有人的法庭诉讼中获胜的公司，还被授予那些通过法律诉讼与专利权所有人达成和解的公司。❹ 由于这一决策，从 1998 年起Ⅳ段申明的数量大幅增加。

如前几章所述，如果申请和补充材料中包含对审批至关重要的新临床研究，那么美国将授予 3 年（36 个月）市场独占权。❺

美国根据 1983 年《孤儿药法案》为孤儿药授予"孤儿药独占权"。这为罕见病治疗设立了 7 年（84 个月）独占期，但是，如果独占权持有人无法确保提供足够数量的药品，FDA 可能会在独占期内批准该疾病的治疗。❻ 本次分析并未收集孤儿药独占权的详细信息，但应记住，在授予孤儿药独占权的情况下，由于该独占权持续时间更长、范围更广，数据独占权必然会变得多余。

---

❶　1997 年 FDA 现代化法案。

❷　谢赫（2016），第 98 页。访问日期：2018 年 2 月 27 日。另参见伯姆（Boehm）等（2013），第 297 和 306 页。

❸　美国，21 USC § 355（j）（5）（B）（iv）（II）。

❹　格拉博夫斯基等（2017），第 34 页。

❺　美国，21 USC § 355（c）（3）（f）（iii）~（iv）。

❻　美国，21 USC § 360cc（a）（2）。

7.3.2 方 法

FDA 网站上保留了 1999 年以来 FDA 批准的所有"新分子实体"（New Molecular Entity，NME）清单，这些药品含有 FDA 先前未批准的活性成分。并非所有这些 NME 都有资格获得 HWA 规定的 5 年试验数据独占期，有些是含有先前获批的活性成分的组合产品（如克力芝（Kaletra），一种洛匹那韦（lopinavir）与先前批准的利托那韦（ritonavir）的组合产品），而有些是通过生物制品许可申请（Biologic License Application，BLA）而非新药申请（NDA）获批的生物制剂。排除掉这些产品，可以创建一份包含 239 种药品的清单，这些药品先前未获得批准，但在 1999—2009 年获得了试验数据独占权。

另外，还可以从 FDA 网站获取这些药品的仿制药的详细批准信息。1999—2009 年获得试验数据独占权的药品中，有 126 种药品至少有一种仿制药竞争产品是在 2019 年 7 月收集数据之前获批的。收集的数据涉及这些产品的首个获批仿制药的 ANDA 提交日期和批准日期；如果多个 ANDA 在几天内相继获得批准，则选择数据最完整的 ANDA；如果多个 ANDA 都具有完整数据，则选择最早提交的 ANDA。这些数据见附录 B。

首个获批的 ANDA 中，只有 91 项（占总数的 72.2%）提供了关于提交日期的数据。目前尚不清楚为什么其余 35 项 ANDA 的数据缺失，但是，基于原研药提交日期与首个获批 ANDA 批准日期之间的时间间隔，每组 ANDA 之间似乎相差无几：对于所有 ANDA，该时间间隔为 133.8 个月；对于提供了提交日期的 ANDA，该时间间隔为 134.2 个月；对于缺失提交日期的 ANDA，该时间间隔为 132.8 个月。可以看出，这三组之间似乎没有什么差异。因此，将这 91 项 ANDA 视为代表性样本，代表在该期间获得试验数据独占权的 NCE 的所有首个获批仿制药的 ANDA。

收集的数据用于确定自原研产品 NDA 批准之日起 48 个月（4 年）至 67 个月（5 年 7 个月）期间提交了哪些 ANDA，因此用于确定哪些 ANDA 是在 60 个月试验数据独占期终止前一年内提交的（可能是因为已提交第Ⅳ段申明），哪些 ANDA 是在 60 个月试验数据独占期终止后 7 个月内提交的。然后将这些 ANDA 分为三类：（a）提交后 36 个月（3 年）内获批的；（b）提交后 37～72 个月（3～6 年）内获批的；（c）提交后 73 个月或以上（6 年以上）获批的。有人认为，试验数据独占权最有可能会对以下两类 ANDA 所涉产品的市场进入产生影响：（a）在试验数据独占期终止后不久提交的 ANDA；（b）在提交后不久就获批的 ANDA。基于这种论点，对 1999—2009 年获得试验数据独占权并且这种独占权在推迟仿制药进入市场方面起到作用的 NCE 比例，进行了估算。

由于在 RLD 批准后 60 个月内提交 ANDA 的唯一方法是进行Ⅳ段申明，因此，这些数据还可以让人们深入了解试验数据独占权在推迟专利挑战方面起到的作用。

7.3.3 研究结果

在提供了提交日期信息的 91 项首个获批的 ANDA 中，有 50 项是在 RLD 获批后 48～67 个月内提交的，❶ 将此结果外推到所有首个获批的 ANDA，可以推断出，对于 1999—2009 年获得试验数据独占权的 69.07 种（28.9%）NCE 的首个获批仿制药，其 ANDA 是在试验数据独占期接近终止时提交的（表 7.1）。

表 7.1　1999—2009 年 FDA 批准新药后 67 个月内提交的首个获批仿制药的 ANDA（按从提交到批准的月数计）

	数据完整的 ANDA 数量	ANDA 数量（外推到所有首个获批的 ANDA）	在 1999—2009 年获得试验数据独占权的所有 NCE 中的占比（%）
RLD 获批后 48～67 个月内提交 ANDA	50	69.23	28.90
·提交后 36 个月内获批	14	19.89[1]	8.11
·提交后 37～72 个月内获批	21	29.08	12.17
·提交后 72 个月内获批	15	20.77	8.69

有趣的是，这些 ANDA 大多数（34 项）是在原研产品获批后 48～60 个月内提交的，这表明它们已针对与 RLD 相关的一项或多项所列专利提出了

---

❶　Razadyne（galantamine hydrobromide）这种药品的首个获批仿制药的 ANDA，是在原研药 NDA 批准后 48 个月期限结束前 10 天提交的。这似乎是 FDA 在行政上出现的一次意外，但被记录为是在原研产品获批 48 个月后提交的。自原研产品批准后 48 个月内未提交过其他 ANDA。

Ⅳ段申明挑战。将此结果外推到所有首个获批的 ANDA，可以推断出，1999—2009 年获得试验数据独占权的 NCE 中，有 57.08[2] 种（19.7%）NCE 的首个获批仿制药的 ANDA 是因为 Ⅳ 段申明挑战，在"通常"5 年试验数据独占期终止之前提交的。

有一种论点认为，如果在试验数据独占期已经终止很长时间后提交首个仿制药申请，那么试验数据独占权不产生任何影响，基于这种论点可以得出，分析期间已获得试验数据独占权的所有新药中，最多 28.9% 的新药的试验数据独占权可能会影响仿制药进入市场。然而，试验数据独占权不太可能在所有这些情况下都发挥重要作用，超出专利权和其他形式独占权所提供的保护。对于那些在试验数据独占期终止后很快就提交的 ANDA，从提交到批准花费的时间平均为 49 个月，明显长于 2003—2012 年 ANDA 批准花费的时间（16~31 个月），这表明在很多情况下，其他形式的独占权继续阻碍这些 ANDA 获批。

图 7.1 显示了研究期间原研产品获批后 67 个月内提交的 ANDA 从提交到批准的时间间隔（按月计）。将那些在提交后很快就获批的 ANDA 与那些在提交后 120 个月以上才获批的 ANDA 进行比较，很显然，试验数据独占权更可能推迟前者所涉产品进入市场。将这些 ANDA 分为三类：第一类是在提交后 36 个月内获得批准的 ANDA，对于这一类 ANDA 来说，试验数据独占权可能会影响首个仿制竞争对手进入市场；第二类是在提交后 37~72 个月内获批的 ANDA，对于这一类 ANDA 来说，试验数据独占权推迟仿制药进入市场的可能性较小；第三类是在提交后超过 72 个月才获批的 ANDA，对于这一类 ANDA 来说，试验数据独占权几乎不可能推迟仿制药进入市场。有 14 项 AN-DA 属于第一类，有 21 项属于第二类，有 15 项属于第三类。将此结果外推到所有首个获批的 ANDA，可以推断出，在分析期间获得试验数据独占权的 NCE 中，涉及第一类 ANDA 的 NCE 有 19.89 种，占比为 8.11%；涉及第二类 ANDA 的 NCE 有 29.08 种，占比为 12.17%；涉及第三类 ANDA 的 NCE 有 20.77 种，占比为 8.69%。

图 7.1　1999—2009 年 FDA 批准新药后 67 个月内提交的首个获批仿制药的 ANDA 从提交到批准的时间间隔（以月为单位）

7.3.4 讨 论

有 28.9% NCE 的首个获批仿制药的 ANDA，是在试验数据独占权到期后很快就提交的，这个数据代表了"分析期间试验数据独占权可能产生影响"这种情况的"最高"占比，这是因为试验数据独占权期满后数年或很久才提交的 ANDA 不太可能因为存在这种独占期而被延迟获批。有 8.11% NCE 的首个获批仿制药的 ANDA，是在试验数据独占权期满后 48 ~ 67 个月内提交、在提交后 36 个月内获批的，这个数据代表了"分析期间 NCE 试验数据独占权最可能影响仿制竞争对手进入市场"的 NCE 比例。这个比例虽然很小，但仍然很重要，特别是考虑到许多原研产品从未遇见有仿制竞争对手上市。

同样值得注意的是，对于获得试验数据独占权的近 20% 的 NCE，首个获批的竞争仿制药申请是在"通常"5 年（60 个月）试验数据独占期终止之前提交的，这一比例相对较高。事实上，在试验数据独占期终止后不久就提交的首个获批 ANDA 中，大多数是在通常的试验数据独占期终止之前提交的（50 项中有 34 项，或者有 64% 的首个获批的 ANDA 是在试验数据独占期临近终止时提交的）。[3] 如上文所述，"提前"提交这些 ANDA 可能是对有关 RLD 的部分或全部所列专利提出了Ⅳ段申明造成的结果，因为Ⅳ段申明将试验数据独占期限从 5 年（60 个月）缩短至 4 年（48 个月）。事实上，对于那些在参比制剂获批后 60 个月内提交的 ANDA，相关专利权保护不可能在试验数据独占期终止之前到期，之所以这样，是因为如果有这种情况，就不会有列出的专利可供进行Ⅳ段申明。值得注意的是，在通常的试验数据独占期限终止之前提交的 ANDA 中，大多数在提交后很长时间才获得批准，在某些情况下提交后超过 10 年才获批。这可能是因为，即使专利挑战成功，也需要花费数年时间，但是这也说明，180 天的独占期会带来较大的利益，足以激励仿制药公司提起专利挑战，即使在成功概率较低的情况下也是如此。❶ 因此，试验数据独占权在美国的一个重要影响是推迟对所涉药品的相关专利有效性提起挑战。

鉴于美国医药市场的独特地位以及美国监管制度的特殊性，美国以外地区的情况很可能会大不相同。药品通常先在美国上市，然后在其他市场上市，因此可以预计，专利权保护在试验数据独占权之前到期的情况在美国以外地

---

❶ 格拉博夫斯基等（2017），第 34 页。

区更为常见，尤其是在那些无法延长专利权期限的司法管辖区。考虑到美国医药市场的重要性，与其他司法管辖区相比，药品在美国更可能获得大量专利，但也更可能受到挑战，其原因在于，在申请人能够进入的市场中美国市场较为重要，此外，美国也提供了对药品专利提起挑战的激励措施。

此外，还应该指出的是，虽然在美国试验数据独占期通常为5年，但许多司法管辖区的期限比5年长，在某些情况下甚至更长。在欧洲，试验数据独占期为从原研产品获得批准起120～132个月（但是仿制药申请可以从96个月起提交）；对于1999—2009年在美国获得试验数据独占权的27.6%的NCE，其首个仿制竞争对手在参比制剂获批后132个月内获得批准，因此，如果美国的试验数据独占权期限与欧盟的类似，那么这些仿制竞争对手会受到影响。即使与美国一样拥有5年试验数据独占期的司法管辖区，几乎都没有采用像IV段申明这样的机制来缩短试验数据独占期限。

7.4　结　论

本章的分析结果表明，至少在美国，试验数据独占权对少数新化学实体（其比例虽小但很重要）的首个竞争仿制药的批准日期有影响，并且对推迟药品专利挑战有更大的影响。据推测，在美国以外的地区，试验数据独占权对推迟首个仿制药获得批准的影响可能更大，而对专利挑战的影响可能更小，造成这种情况的因素有很多，包括其他国家（主要是发达国家）提供的独占权期限比美国更长、在非美国市场药品通常在专利权期限内较晚上市；药品在美国以外地区（尤其在发展中国家）获得专利权的可能性较小；美国医药市场的规模和美国提供的监管激励措施更可能会导致提起专利挑战。这是令人担忧的，因为正如在第6章中所看到的那样，试验数据独占权法律表现出高度相似性，如果试验数据独占权在美国产生的影响与在其他司法管辖区产生的影响明显不同，那么，在许多情况下，广泛效仿美国为提交的试验数据提供的保护方法可能不太适合当地环境。

参考文献

Boehm G，Yao L，Han L，Zheng Q（2013）Development of the generic drug industry in the US after the Hatch－Waxman Act of 1984. Acta Pharm Sin B 3（5）：297－311

Grabowski H，Vernon JM（2000）Effective patent life in pharmaceuticals. Int J Technol Manag

19 （1 - 2）：98 - 120

Grabowski H，Brain C，Taub A，Guha R（2017）Pharmaceutical patent challenges：company strategies and litigation outcomes. Am J Health Econ 3（1）：33 - 59

Hemphill CS，Sampat BN（2012）Evergreening，patent challenges，and effective market life in pharmaceuticals. J Health Econ 31（2）：327 - 339

Hollis A（2001）Closing the FDA's Orange Book. Regulation 24（4）：14 - 17

Pugatch M（2006）Intellectual property，data exclusivity，innovation and market access. In：Roffe P，Tansey G，Vivas - Eugui D（eds）Negotiating health：intellectual property and access to medicine. Earthscan，London，pp 97 - 132

Shaikh OH（2016）Access to medicine versus test data exclusivity：safeguarding flexibilities under international law. Springer，Berlin

译者注

[1] 原文疑似有误。按照原文中提供的数据，经计算，数据"19.89"疑似为"19.38"。译者仍按原文处理。

[2] 原文疑似有误。原文为"…57.08…"，但是译者经计算，应该为"…47.08…"，按照"47.08"计算，原文中的"19.7%"与译者的计算结果一致，因此有可能是原著作者笔误所致。此处译者仍按原文处理。

[3] 原文疑似有误。原文为"the majority of first approved ANDAs filed soon after the end of the test data exclusivity period were filed before the usual end of the test data exclusivity period（34 out of 50，or 64% of the first approved ANDAs filed close to the end of test data exclusivity）"，此处与原文相关内容"Of the 91 first ANDAs for which information on submission data was available，50 were submitted between 48 and 67 months of the approval of the RLD""the majority of these ANDAs（34）were submitted between 48 and 60 months from the approval of the originator products…"表达的含义不一致（具体疑似有误之处已用加粗标注），可能原文想表达的意思是"the majority of first approved ANDAs filed between 48 and 67 months of the approval of the RLD were filed before the usual end of the test data exclusivity period（34 out of 50，or 64% of the first approved ANDAs filed close to the end of test data exclusivity）"（在 RLD 获批后 48 ~ 67 个月内提交的首个获批 ANDA 中，大多数是在通常的试验数据独占期终止之前提交的（50 项中有 34 项，或者有 64% 首个获批的 ANDA 是在试验数据独占期临近终止时提交的））。此外，关于数据"64%"，疑似应该为"68%"。译者仍按原文处理。

8　试验数据独占权对公共健康保护措施的影响

　　摘　要　本章将研究试验数据独占权如何影响旨在保护公共健康的措施，如强制许可。本章首先将探讨 TRIPS 协定签署以来试验数据独占权与强制许可使用之间的一般关系，然后具体分析试验数据独占权在应对新冠疫情方面的作用。

　　本章的分析结果表明，虽然有证据表明试验数据独占权可能对强制许可的使用产生寒蝉效应，但目前还没有公知的例子直接表明，在后 TRIPS 时期试验数据独占权主动妨碍使用旨在保护公共健康的措施。然而，这并不能证明试验数据独占权与保护公共健康的措施之间不存在冲突。实际情况是，许多司法管辖区的试验数据独占权法律仍然未规定暂停或豁免为提交的试验数据提供的保护，如果将来要对知识产权法律旨在促进公共健康的灵活性更充分地加以利用，那么，必须修改试验数据独占权法律以促进公共健康。

8.1　引　言

　　如第 2.4.1.2 节所述，关于试验数据独占权，已经提出的一个主要担忧是，此类权利可能会妨碍有效地利用知识产权制度中的公共健康保障措施，特别是强制许可，原因在于，如果不能暂停试验数据独占权保护，就不可能通过简略药品审批程序来批准根据此类公共健康措施生产的药品。❶ 事实上，有一种观点认为，自由贸易协定中不断涌现试验数据独占权条款，其背后的原因可能是，希望阻碍此类有关药品的公共健康措施的使用。❷ 考虑到要应

---

❶　例如，参见科雷亚（2002）、钱德勒（2020）和洛库格等（2006）。

❷　阿博特（2004）。

对新冠病毒感染疫情，这个问题再次受到关注。

8.2 试验数据独占权与公共健康保护措施

如第 4.4.3.1 节所述，为促进强制许可，TRIPS 协定第 39.3 条本身不太可能禁止使用提交的试验数据。TRIPS 协定对此问题完全避而不谈，关于禁止对机密信息进行强制许可的提议在乌拉圭回合期间未被采纳；2022年《关于〈TRIPS 协定〉的部长级决定》现已承认，TRIPS 协定第 39.3 条不会阻止根据该决定生产的新冠病毒疫苗快速获得批准。此外，如第 5 章所述，没有贸易协定明确禁止在强制许可情况下使用提交的试验数据，其中一些贸易协定包含的条款规定，签署方可以根据 TRIPS 协定和《多哈宣言》采取措施保护公共健康，这表明只要遵守 TRIPS 协定，就允许试验数据保护的例外。❶

然而，如第 6 章所指出，虽然马来西亚、智利和越南等少数司法管辖区做了全面规定，允许在某些情况下暂停试验数据独占权，但大多数司法管辖区的试验数据独占权法律没有规定允许在紧急情况下使用提交的、受保护的试验数据。❷ 如前文所述，一个臭名昭著的例子是，欧盟委员会于 2006 年承认，由于欧盟试验数据独占权立法缺乏这种灵活性，因此，未经权利持有人允许，针对欧盟境内受试验数据独占权保护的药品授予的强制许可，无法获得上市批准。❸

以下各部分将分析后 TRIPS 时期，试验数据独占权对此类公共健康措施产生的影响；首先探讨 TRIPS 协定签署以来试验数据独占权在强制许可情况下的影响，然后研究试验数据独占权在新冠疫情下的影响。

---

❶ 例如，USMCA（2018 年）第 20.6（b）和 20.48（3）条以及欧盟与秘鲁和哥伦比亚之间的贸易协定（2012 年）第 197（2）条。

❷ 越南；智利法律第 19.039 号，第 91 条；马来西亚，数据独占权指令（2010 年），第 4.7 条。

❸ 欧盟委员会（2006）。正如霍恩等（2017）所评论的那样，欧盟颁布了一项试验数据独占权例外，目的是批准根据 TRIPS 协定第 31 条之二核准供出口的药品。

8.2.1　后 TRIPS 时期的药品强制许可与试验数据独占权

如果要考虑试验数据独占权与强制许可之间的关系，首先需要考虑 TRIPS 协定签署以来强制许可的普遍使用情况。必须认识到，强制许可的"使用"超出了实际授予此类许可的范围。例如，比较著名的例子是，巴西政府在 2001—2009 年威胁要授予强制许可，就一些专利药品进行大幅折扣展开谈判（2007 年，价格谈判失败，最终针对抗逆转录病毒药物依非韦伦（efavirenz）授予了强制许可）。❶ 因此，除了实际授予强制许可的情况外，强制许可"情形"还包括政府威胁或考虑要进行强制许可的情况。❷

然而，即使在这种宽泛的定义下，在后 TRIPS 时期药品的强制许可也并不常见。例如，在对 1995—2012 年的数据展开调查时，霍恩发现，有 24 种情况是对药品授予了强制许可，有 51 种情况是政府使用药品专利，有 9 种情况是即将对药品授予强制许可，这比全球每年发生强制许可"事件"的次数（5 次）要少。❸ 关于强制许可为什么如此少见的问题，人们提出了一系列与独占权无关的理由，包括：担心发达国家和研究型制药公司报复；国内缺乏生产药品的能力；制定了促进专利药品获取的替代措施（如自愿许可和专利池）；❹ 即使专利权保护被免除，活性成分的价格仍然很高；药品专利在许多发展中司法管辖区相对不太常见。❺

显然，尽管后 TRIPS 时期发生的强制许可事件数量有限，但试验数据独占权没有对大多数这些强制许可事件产生任何影响。1995 年以来使用强制许可的国家中，很少有国家制定了试验数据独占权法律，或者这些国家至少在授予强制许可时没有此类法律。这在某种程度上反映出，在 TRIPS 协定之后，大多数强制许可行动都出现在发展中国家，而大多数发展中国家要么从未制定过试验数据独占权法律，要么最近才通过试验数据独占权法律，这表明所有强制许可很可能是在该国开始保护提交的试验数据之前授予的。

即使只关注在相关时间已制定试验数据独占权法律的司法管辖区的强制许可事件，也很难找到明显的例子来证明后 TRIPS 时期试验数据独占权条款

---

❶　霍恩（2016），第 55 页。

❷　比尔和库恩（Kuhn）（2012），第 3 页。

❸　霍恩（2016），第 57 页。

❹　比尔和库恩（2012），第 2 - 6 页。

❺　阿塔兰和吉莱斯皮 - 怀特（Gillespie - White）（2001），第 1889 页。

干扰了强制许可。一些强制许可事件发生时，关于试验数据独占权是否阻碍强制许可，在同时期似乎没有得到任何探讨。在 9·11 后的炭疽恐慌期间，美国和加拿大考虑对氢氧化环丙沙星（ciprofloxacin hydroxide）授予强制许可。❶ 当这起强制许可事件发生时，关于试验数据独占权是否阻碍强制许可，没有得到任何探讨。在所有这些情况下，没有任何药品是根据强制许可实际生产的，这可能解释了为什么没有人探讨试验数据独占权保护是否可行（当然，也有可能相关产品从未得到试验数据独占权保护，或者保护期限已届满）。

其他强制许可事件的具体详情表明，试验数据独占权从未阻碍强制许可的使用。意大利和德国在竞争法背景下授予药品强制许可就是这种情况：意大利在 2005 年对亚胺培南/西司他丁（imipenem/cilastatin）❷、2006 年对舒马普坦（sumatriptan）❸、2007 年对非那雄胺（finasteride）❹ 授予了强制许可；德国在 2017 年对拉替拉韦（raltegravir）授予了强制许可。❺ 意大利对亚胺培南/西司他丁和舒马普坦授予强制许可的主要目的是，允许这些药品在意大利生产，然后出口到专利权保护已到期的其他欧洲市场；❻ 在德国，强制许可的受益人也是药品原研者，这意味着不需要使用简略审批流程。❼

2007—2008 年，加拿大和卢旺达合作关系，向卢旺达提供 TriAvir（一种针对艾滋病毒的药物）❽；由于此事件的特殊情况，同样试验数据独占权也不是问题。这次合作是第一次（也是迄今为止唯一的一次）使用所谓的"第六段解决方案"，❾ 这是 WTO 在《多哈宣言》之后引入的机制，允许成员免除 TRIPS 协定第 31（f）条的要求，以便成员根据强制许可生产药品，旨在将药

---

❶ 主要参见穆林（Mullin）（2002）。

❷ KEI（2014），第 2 页。

❸ KEI（2014），第 2 页。

❹ KEI（2014），第 2 页。

❺ KEI，《德国联邦最高法院宣布关于艾滋病药物的强制许可》（2012 年 7 月 13 日）；https：//www. keionline. org/23403. 访问日期：2023 年 1 月 26 日。

❻ AGCM（2005）。

❼ KEI，《德国联邦最高法院宣布关于艾滋病药物的强制许可》（2012 年 7 月 13 日）；https：//www. keionline. org/23403. 访问日期：2023 年 1 月 26 日。

❽ WTO，根据《2003 年 8 月 30 日关于实施"关于 TRIPS 协定和公共健康的多哈宣言"第六段的决定》第 2（a）段的通报，Doc. IP/N/9/RWA/1（2007 年 7 月 19 日）。

❾ WTO，《TRIPS 协定修正案》WT/L/641（2005 年 12 月 8 日）。

品出口到相关产品生产能力不足或缺乏的国家。❶ 人们普遍认为，加拿大 – 卢旺达事件在促进药品获取方面是失败的。❷ 然而，这次失败并不是试验数据独占权造成的。由于原本不打算在加拿大市场销售该药品（相当重要的原因是加拿大专利仍然有效），因此该药品不需要在加拿大获得批准，而卢旺达与大多数最不发达国家一样，之前没有（现在也没有）制定试验数据独占权法律。

　　然而，这并不意味着试验数据独占权对强制许可没有任何影响。马来西亚和罗马尼亚政府在索非布韦（sofosbuvir）（一种丙型肝炎治疗药物）强制许可方面的经历形成了鲜明对比，但这些经历均表明，试验数据独占权法律可能会对强制许可的使用产生寒蝉效应。马来西亚政府于 2017 年对索非布韦授予了强制许可，❸ 虽然当时索非布韦［商品名为索华迪（Sovaldi）］的试验数据独占期在马来西亚仍然有效，但这并没有造成问题，之所以这样，是因为如第 6.4.6 节所述，马来西亚的试验数据独占权法律规定，保护不适用于已针对相关药品授予了强制许可的情况。❹ 就在马来西亚授予强制许可前几周，对索非布韦拥有权利的吉利德公司宣布，将其对索非布韦的自愿许可计划扩展到马来西亚，做出这一决定似乎是为了预先制止马来西亚政府授予强制许可。❺ 在做出授予强制许可决定之前，美国贸易代表办公室曾与马来西亚政府进行过谈判，在谈判期间，吉利德和美国贸易代表办公室代表之间的通信表明，吉利德曾试图依靠试验数据独占权以及 TRIPS 协定第 39.3 条来使拟议的强制许可决定不起作用，❻ 但是试验数据独占权实际上不能用来阻止马来西亚的强制许可，[1] 这似乎为确保马来西亚政府获得有利的结果起到了重要作用。马来西亚的此次事件与罗马尼亚的经历形成了鲜明对比，2016

---

　　❶ 第六段解决方案在获得 2/3WTO 成员同意后，成为 2017 年生效的第一个 WTO 协定修正案；WTO，修改 WTO 知识产权规则，以方便贫穷国家获得负担得起的药品，https://www.wto.org/english/news_e/news17_e/trip_23jan17_e.htm. 访问日期：2023 年 1 月 26 日。

　　❷ 进一步参见阿莫洛（Amollo）（2009）。

　　❸ 卫生政策观察，马来西亚纳入吉利德自愿许可——强制许可压力的产物（2017 年 8 月 24 日），https://healthpolicy – watch.news/malaysia – inclusion – gilead – voluntary – licence – product – compulsory – licence – pressure/. 访问日期：2023 年 1 月 26 日。

　　❹ 马来西亚，数据独占权指令（指令 2011 年第 2 号），第 5 条。

　　❺ 卫生政策观察，马来西亚纳入吉利德自愿许可——强制许可压力的产物（2017 年 8 月 24 日），https://healthpolicy – watch.news/malaysia – inclusion – gilead – voluntary – licence – product – compulsory – licence – pressure/. 访问日期：2023 年 1 月 26 日。

　　❻ 进一步参见 KEI，2017—2018 年 5 月期间吉利德与美国贸易代表办公室关于马来西亚 HCV 专利强制许可的通信（2018 年 11 月 28 日），https://www.keionline.org/29257/. 访问日期：2023 年 1 月 26 日。

年罗马尼亚政府曾考虑对索非布韦授予强制许可，然而，由于欧盟没有任何机制可以规避试验数据独占权，考虑到在欧盟有关索非布韦的试验数据独占期要到 2024 年才届满，因此此类许可将不起作用。❶ 最终，罗马尼亚政府没有授予强制许可，吉利德也没有将索非布韦的自愿许可扩展到罗马尼亚。❷

8.2.2　试验数据独占权与应对新冠病毒感染

作为 21 世纪迄今为止也许是最重大的公共健康危机，新冠疫情引起了人们对知识产权与药品获取之间关系的广泛关注。即使是高收入国家，政府也难以确保能供应所需的充足物资来应对这场疫情，为了预防或治疗新冠病毒感染，各国尝试暂停、豁免或以其他方式废除相关的专利权，评论家和政治领导人开始认真考虑，试验数据独占权阻碍这些尝试或使这些尝试复杂化的可能性。❸ 这些关注集中在应对这场疫情的两种具体措施上：关于 TRIPS 协定某些条款的豁免提案，以及各国政府使用的强制许可。

8.2.2.1　试验数据独占权与 TRIPS 协定（某些条款）豁免提案

2020 年 10 月 2 日，即 WHO 宣布新冠病毒感染为全球疫情 7 个月后，WTO 发布了一份印度和南非联合提交的提案，提议豁免 TRIPS 协定的某些条款，以预防、遏制和治疗新冠病毒感染。❹ 这份豁免提案将在有限但不固定的时间期限内，暂停 WTO 成员实施或应用 TRIPS 协定第 Ⅱ 部分中与预防、遏制或治疗新冠病毒感染相关的某些方面的义务，这些方面是第 1 节（版权和相关权利）、第 4 节（工业设计）、第 5 节（专利）和第 7 节（未披露信息）。豁免相关义务的支持者认为，TRIPS 协定中现有的灵活性，如第 31 条中所包含的灵活性，不足以解决新冠疫情这样严重的健康危机，因为即使授予单个强制许可，也相当复杂并存在实际困难。❺ 此外，这份豁免提案涉及的是知

---

❶ 霍恩（2022），第 191 – 192 页。
❷ 无国界医生组织（MSF）（2020），第 23 页。
❸ 佩尔胡多夫等（2021），第 2 页。
❹ WTO，《豁免 TRIPS 协定的某些条款以预防、遏制和治疗新冠病毒感染》，印度和南非的来文，IP/C/W/669（2020 年 10 月 2 日）。
❺ WTO，《豁免 TRIPS 协定的某些条款以预防、遏制和治疗新冠病毒感染》——问题答复，玻利维亚、斯威士兰、印度、肯尼亚、莫桑比克、蒙古国、巴基斯坦、南非、委内瑞拉和津巴布韦的来文，IP/C/W/672（2021 年 1 月 15 日）。

识产权，除了专利，还包括商业秘密和提交的试验数据，而提交的试验数据对本书而言最重要。

将提交的试验数据纳入豁免范围是谈判期间的一个争议点。尽管如前文所述，"TRIPS 协定第 39.3 条的要求可以阻止根据强制许可生产的药品获得批准，从而阻碍强制许可"这种论点一直都无说服力，但是发展中国家指出，历史上美国和其他发达国家曾援引 TRIPS 协定第 39.3 条来批评利用 TRIPS 协定灵活性（如强制许可）的 WTO 成员。因此，有人认为，将 TRIPS 协定第Ⅱ部分第 7 节纳入豁免范围，能让各国政府"在法律上确定"允许采取什么措施来应对这场疫情。

这份豁免提案很快得到了发展中国家的支持，● 但遭到包括美国在内的许多发达国家的反对，这是可以预见的。然而，美国在 2021 年 5 月改变了立场，宣布虽然美国政府坚信知识产权保护，但将支持豁免对新冠病毒疫苗的知识产权保护。● 在此公告发布后不久，印度、南非和 60 多个发起国共同提交了一份修订后的豁免提案，澄清了提案涵盖的主题范围，并规定，该豁免将持续"至少 3 年"有效，在此之后总理事会将决定是否应终止或继续该豁免。● 其他发达国家继续反对豁免，尤其是欧盟委员会认为，TRIPS 协定中现有的灵活性足以解决知识产权障碍来抗击这场疫情。● 然而，美国、欧盟、印度和南非之间的谈判于 2022 年 5 月产生了这份豁免提案的妥协版本。● 这份文件后来成了 2022 年 6 月 WTO 第 12 届部长级会议通过的《关于〈TRIPS

● WTO，TRIPS 协定理事会将继续讨论临时知识产权豁免，预计将于 5 月修订提案（2021 年 4 月 30 日），www. wto. org/english/news_e/news21_e/trip_30apr21_e. htm。访问日期：2023 年 1 月 26 日。

● USTR，戴琪（Katherine Tai）大使关于新冠病毒感染的 TRIPS 协定豁免的声明（2021 年 5 月 5 日），https://ustr. gov/about – us/policy – offices/press – office/press – releases/2021/may/statement – ambassador – katherine – tai – covid – 19 – trips – waiver/。访问日期：2023 年 1 月 26 日。

● WTO，《豁免 TRIPS 协定的某些条款以预防、遏制和治疗新冠病毒感染》，非洲集团、玻利维亚、埃及、斯威士兰、斐济、印度、印度尼西亚、肯尼亚、最不发达国家集团、马尔代夫、莫桑比克、蒙古国、纳米比亚、巴基斯坦、南非、瓦努阿图、委内瑞拉和津巴布韦的来文，IP/C/W/669/Rev. 1（2021 年 5 月 21 日）。

● 欧盟委员会，执行副主席瓦尔迪斯·东布罗夫斯基斯（Valdis Dombrovskis）在欧洲议会关于全球新冠病毒感染挑战的全体辩论上的开幕词（2021 年 5 月 19 日），https：//ec. europa. eu/commission/commissioners/2019 – 2024/dombrovskis/announcements/opening – statement – executive – vice – president – valdis – dombrovskis – europeanparliament – plenary – debate_en/。访问日期：2023 年 1 月 26 日。

● WTO，与贸易有关的知识产权理事会主席关于 TRIPS 新冠病毒感染的来文，WTO/IP/C/W/688（2018 年 5 月 3 日）。

协定〉的部长级决定》的基础。❶

最终的部长级决定与最初提案和修订提案有很大的不同。对部长级决定的深入探讨超出了本书的范围。然而，应该指出的是，该部长级决定因为与最初提案相差甚远而受到严厉批评，被描述为有限的例外，在某些情况下放宽了对供出口的强制许可的限制，但并未豁免 TRIPS 协定的每个相关方面。❷与预防、治疗或遏制新冠病毒感染的广泛类别产品和技术相关的第 1 节、第 4 节、第 5 节和第 7 节没有被暂停，而是允许有资格的 WTO 成员限制 TRIPS 协定第 28.1 条（该条明确规定了专利权所赋予的权利）规定的权利，做出如下授权："在应对新冠病毒感染疫情的必要限度内，无须得到权利持有人同意，可以使用为生产和供应新冠病毒疫苗所需的专利主题"。❸该部长级决定还承诺，各成员可以决定是否将该部长级决定扩展至新冠病毒感染诊断产品和治疗产品的生产与供应；截至撰写本文时，该决定的最初截止日期已延长，但尚未做出任何决定。❹"有资格的成员"被定义为"所有发展中国家成员"，但是，鼓励具有"现有生产新冠病毒疫苗能力"的发展中国家成员"做出关于不利用本决定的约束性承诺"。❺该决定还做出了一些澄清，其中最重要的也许是，有资格的成员可以豁免第 31（f）条关于强制许可主要用于供应国内市场的要求。❻

该部长级决定第 4 段涉及 TRIPS 协定第 39.3 条，做出如下说明："应理解为，本协定第 39.3 条并不妨碍有资格的成员快速批准使用新冠病毒疫苗"。❼如第 4.4.3.1 所述，这似乎说明 TRIPS 协定第 39.3 条并不妨碍药品强制许可的有效使用。❽

8.2.2.2　新冠疫情期间的强制许可

尽管 2022 年 6 月的决定对 TRIPS 协定第 39.3 条做出的说明受大家欢

---

❶　WTO，《关于〈TRIPS 协定〉的部长级决定》，部长级会议，第十二届会议，WT/MIN（22）/30，2022 年 6 月 22 日。

❷　墨丘利奥和乌普雷蒂（2022），第 6 页。

❸　WTO，TRIPS 协定部长级决定，部长级会议，第十二届会议，WT/MIN（22）/30，2022 年 6 月 22 日，第 1 段。

❹　南方中心（2023）。

❺　南方中心（2023），脚注 1。

❻　南方中心（2023），第 3（b）段。

❼　南方中心（2023），第 4 段。

❽　墨丘利奥和乌普雷蒂（2022），第 7 页。

迎，但直到疫情发生两年多后它才生效。此外，TRIPS 协定签署以来，国家立法中不断涌现出试验数据独占权条款，其中许多条款完全缺乏暂停试验数据独占权的机制，因此，药品强制许可始终可能会受到更严重的阻碍。随着包括加拿大、澳大利亚、智利和德国在内的许多国家政府在疫情初期采取行动，促进强制许可授予，❶ 一些评论家开始担心，强制许可的使用与不灵活的试验数据独占权法律之间，现在可能会发生特伯格信函中所强调的那种冲突。❷

在新冠疫情期间使用过少量的强制许可，它们分别是匈牙利政府对瑞德西韦（remdesivir）授予的强制许可❸、以色列政府对洛匹那韦/利托那韦授予的强制许可❹、俄罗斯政府对瑞德西韦授予的强制许可❺，以及厄瓜多尔政府对拉替拉韦授予的强制许可。❻ 目前尚不清楚试验数据独占权在这些强制许可事件中发挥了什么作用（如果有的话），尽管这四个国家全部都制定了试验数据独占权法律，但只有厄瓜多尔的法律明确规定，允许在紧急情况下使用提交的试验数据。❼ 即使试验数据独占权阻碍了匈牙利、以色列和俄罗斯的强制许可，这些问题似乎也没有被报道过。

除这些少量的强制许可事件外，很少有国家使用强制许可来应对新冠病毒感染。2021 年，玻利维亚向 TRIPS 理事会通报，如果加拿大政府根据 TRIPS 协定第 31 条之二的制度授予新冠病毒疫苗强制许可，则玻利维亚打算从加拿大 Biolyse 公司进口新冠病毒疫苗；❽ 安提瓜和巴布达也于 2021 年 5 月向 WTO 通报它们打算利用第 31 条之二的制度，但没有表明潜在的伙伴国。❾ 然而，截至 2023 年初，在这些事件中均未授予强制许可。

强制许可在应对新冠病毒感染方面之所以没有发挥更大的作用，可能有

---

❶ 佩尔胡多夫等（2021），第 2 页。

❷ 例如，参见钱德勒（2020）。

❸ Kluwer 专利博客，俄罗斯：第一个"公共安全"强制许可（2021 年 3 月 4 日），http：//patent-blog. kluweriplaw. com/2021/03/04/russia – first – public – security – compulsory – license/。访问日期：2023 年 1 月 26。

❹ KEI，以色列授予强制许可，允许政府进口克力芝仿制药（2020 年 3 月 23 日），https：//www. keionline. org/32503/。访问日期：2023 年 1 月 26。

❺ KEI，匈牙利对瑞德西韦授予的强制许可引起 BIO、PhRMA 和美国商会的轰动（2021 年 3 月 8 日），https：//www. keionline. org/35558/。访问日期：2023 年 1 月 26 日。

❻ KEI，厄瓜多尔对艾滋病治疗药物拉替拉韦授予强制许可（2021 年 3 月 4 日），https：//www. keionline. org/355099。访问日期：2023 年 1 月 26。

❼ 厄瓜多尔，《知识、创造力和创新社会经济组织法典》，第 509 条。

❽ WTO，根据修正后的 TRIPS 协定发出的通报（2021 年 5 月 11 日），IP/N/9/BOL/1。

❾ WTO，根据修正后的 TRIPS 协定发出的通报（2021 年 5 月 17 日），IP/N/8/ATG/1。

多种原因。该部长级决定在这场疫情开始两年多后才通过，其范围比 2020 年 10 月最初提出的豁免提案要有限得多，因此，评论家称其"范围太小、生效太晚"。❶ 也有人认为，疫情期间药品之所以短缺，更重要的原因是，原料供应有限、缺乏生产能力、涉及的生产工艺复杂，而强制许可无法解决这些问题。❷ 还有人指出，对于除专利权和试验数据独占权之外的知识产权，如制造过程中涉及的工业技术和商业秘密，很难迫使企业分享。❸ 然而，似乎能明显看出，在使用强制许可应对新冠病毒感染方面，试验数据独占权并不是主要限制因素，甚至不是特别重要的因素。尽管学术界对试验数据独占权阻碍强制许可使用的可能性展开了大量探讨，但这个问题很少受到主流群体的关注。似乎没有任何例子能证明，在新冠疫情期间拟议的强制许可中，试验数据独占权是让人极其担忧的问题，更不用说强制许可被授予后会受到试验数据独占权阻碍了。此外，即使在那些针对试验数据独占权制定了公共健康例外的司法管辖区（如马来西亚和智利），或者在那些实际上根本没有提供试验数据独占权的司法管辖区（如印度），也都没有大量使用强制许可来应对新冠疫情。

8.2.3　试验数据独占权对公共健康保护措施的影响

如上述分析所示，尽管马来西亚和罗马尼亚的不同经历均表明，试验数据独占权可能会对强制许可的使用产生寒蝉效应，但几乎没有直接证据能证明，在后 TRIPS 时期，试验数据独占权破坏了公共健康保护措施。当然，似乎也没有出现任何例子能证明存在评论者所设想的最夸张的情况，即虽然授予了强制许可，但根据强制许可生产的仿制药不能通过简略审批途径获得批准。许多评论家担忧，全球公共健康危机可能会导致试验数据独占权阻碍旨在保护公共健康的措施。但是，即使在新冠疫情这种全球公共健康危机中，也没有出现明显的例子能证明存在这种冲突。

然而，这并不意味着，"试验数据独占权可能会破坏旨在保护公共健康的措施"是无关紧要的。如美国贸易代表办公室关于马来西亚强制许可的通信所表明，试验数据独占权被视为一种防止未经授权情况下使用专利主题的机制，尽管这难以证明，但可以合乎逻辑地认为，就其他潜在的强制许可而

---

❶　例如，参见兰詹和古尔（2022）。

❷　希尔蒂（Hilty）等（2021），第 2 页。

❸　麦克马洪（McMahon）（2020），第 338 页。

言，也可以得出类似论点。此外，试验数据独占权与强制许可使用之间之所以没有直接冲突，至少部分原因是药品的强制许可在后 TRIPS 时期非常罕见，尤其是在最可能提供试验数据独占权的高收入和中上收入国家中。就药品而言，试验数据独占权可能不是阻止强制许可使用和其他公共健康措施的主要限制因素，但是，除国际政治压力、国内制造基础设施可能不足、可能需要与权利持有人进行漫长的谈判、法律挑战等因素外，试验数据独占权也是需要克服以便在许多情况下有效利用强制许可的一系列重叠因素之一。从这个意义上说，试验数据独占权与公共健康保护措施之间的关系，以及试验数据独占权在更广泛获取药品背景下的影响，两者并无不同，虽然试验数据独占权并不是药品获取不足的唯一原因，甚至不是主要原因，但它是相互关联和重叠的法律权利体系的一部分，这些权利共同造成药品成本居高不下，努力降低这些成本异常困难。

8.3　协调试验数据独占权和公共健康保护措施

虽然试验数据独占权与公共健康保护措施之间没有直接冲突，但这并不意味着政府会在这个问题上掉以轻心。如磺胺酏剂和沙利度胺悲剧背后的监管失误（如第 3 章所述）所显示，所有灾难在实际发生之前都只是在理论上存在。在新冠疫情后，很明显，即使在发达国家，也可能会发生重大的公共健康危机。关于试验数据独占权是否普遍合理，无论人们持何种看法，在发生公共健康灾难时，如果试验数据独占权不妨碍救生药品供应，那么很显然符合绝大多数缔约方的利益。

承诺提供试验数据独占权的政府应当制定法律，明确规定如果对相关药品授予了强制许可，或者为保护公共健康必须授予强制许可，则此类权利将自动暂停。这种例外的自动属性，使得不需要为使强制许可有效而寻求单独许可，既加快了紧急情况的应对处理，又消除了许可反对者采取其他手段阻碍强制许可的可能性。为了让政府按照公共利益行事，进一步广泛起草例外也很重要，除在公共健康紧急情况下授予药品强制许可外，还应涵盖试验数据独占权可能需要受到限制的其他不可预料情形。这正是马来西亚试验数据独占权法律所采取的方法，❶ 如上文所述，这种方法似乎已经让马来西亚政

---

❶ 马来西亚，数据独占权指令（2011 年），第 5 条。

府有效地利用了强制许可。

还应考虑将试验数据独占权与《多哈宣言》第六段制度（现在的 TRIPS 协定第 31 条之二规定了该制度）相协调。如果药品在出口成员国和进口成员国中仍受试验数据独占权限制，则可能会妨碍 TRIPS 协定第 31 条之二的使用。如前文所述，欧盟关于执行 2003 年 8 月 30 日 WTO 决定的法律文件，即"欧盟关于强制许可专利以制造药品供出口到面临公共健康问题的欧盟以外国家的规定"，在第 18 条中规定，药品强制许可申请人可以引用原研产品，指令第 2001/83/EC 号第 6 条规定的（试验数据独占权）"保护期"不适用于这种情况。❶ 霍恩、博莱特和贝克认为，此类规定应该扩展至欧盟内根据强制许可生产的药品，❷ 即使没有扩展，此类规定被再次使用时，也可以最大限度地减少试验数据独占权削弱"第六段制度"效力的风险；其他有能力生产药品供出口的司法管辖区应考虑采用类似的规定。

8.4 结 论

本书已经对 TRIPS 协定签署以来各国使用公共健康措施的经历展开了分析，分析结果表明，即使在新冠疫情之后，似乎也从未出现过试验数据独占权直接阻碍使用强制许可或类似措施的情况。然而，这并不意味着，"试验数据独占权与公共健康灵活性的使用之间存在冲突"这种风险是凭空想象出来的。试验数据独占权和强制许可之间没有直接冲突，这反映出在后 TRIPS 时期强制许可的使用十分罕见。此外，如马来西亚政府强制许可索非布韦的经历所表明，试验数据独占权已被用作反对使用公共健康灵活性的虚夸策略。罗马尼亚政府试图对同一产品授予强制许可的经历与马来西亚政府强制许可的经历形成了鲜明的对比，暗示着试验数据独占权可能会在幕后产生寒蝉效应。

试验数据独占权可能不是 TRIPS 协定签署以来，公共健康灵活性很少被使用的主要原因，但如果要更频繁地使用此类灵活性，试验数据独占权是必须要克服的众多因素之一。[2] 新冠疫情已经证明了在公共健康危机发生之前做好准备的重要性。马来西亚等国家关于在国内试验数据独占权法律中建立

---

❶ 理事会，《关于强制许可专利以制造药品供出口到面临公共健康问题的国家的条例》（EC），2006 年第 816/2006 号，第 18（2）条。

❷ 霍恩等（2017），第 23 页。

全面保障措施的做法，为其他司法管辖区在如何建立全面保障措施上提供了典范。

参考文献

Abbott FM（2004）The Doha Declaration on the TRIPS Agreement and Public Health and the contradictory trend in bilateral and regional free trade agreements. Quaker United Nations Office（QUNO）, Occasional Paper 14

AGCM（2005）Press release, pharmaceuticals: antitrust obliges Merck to license manufacture of the antibiotic Imipenem Cilastatin

Amollo R（2009）Revisiting the TRIPS regime: Rwanda – Canadian ARV drug deal tests the WTO General Council Decision. Afr J Int Comp Law 17: 240

Attaran A, Gillespie – White L（2001）Do patents for antiretroviral drugs constrain access to AIDS treatment in Africa? JAMA 286（15）: 1886 – 1189

Beall R, Kuhn R（2012）Trends in compulsory licensing of pharmaceuticals since the Doha Declaration: a database analysis. PLoS Med 9（1）: e1001154

Chandler DC（2020）Uh – Oh we are in trouble! Compulsory licences v data exclusivity in the EU: one more challenge to overcome in the race to find a COVID – 19 vaccine? Eur Intellect Prop Rev 42（9）: 539 – 547

Correa C（2002）Protection of data submitted for the registration of pharmaceuticals: implementing the standards of the TRIPS agreement. South Centre, Geneva

European Commission（2006）Letter from the European Commission to Mr. Greg Perry, EGA – European Generic Medicines Association on the subject of Tamiflu application and data exclusivity in an emergency compulsory license situation

Hilty R, Batista PHD, Carls S, Kim D, Lamping M, Slowinski PR（2021）COVID – 19 and the role of intellectual property: position statement of the Max Planck Institute for Innovation and Competition of 7 May 2021. Max Planck Institute for Innovation & Competition Research Paper No. 21 – 13

KEI（2014）KEI research note: recent European Union compulsory licenses

Lokuge B, Drahos P, Neville W（2006）Pandemics, antiviral stockpiles and biosecurity in Australia: what about the generic option? Med J Aust 184（1）: 16 – 20

McMahon A（2020）Patents, access to health and COVID – 19 – the role of compulsory and government – use licensing in Ireland. North Ireland Leg Q 71: 331

Mercurio B, Upreti P（2022）From necessity to flexibility: a reflection on the negotiations for a TRIPS waiver for Covid – 19 vaccines and treatments. World Trade Rev 21（5）: 633 – 649

MSF（2020）Voluntary licenses and access to medicines: Médecins Sans Frontières technical briefing document

Mullin TF（2002）AIDS, anthrax, and compulsory licensing：has the United States learned anything – a comment on recent decisions on the international intellectual property rights of pharmaceutical patents. ILSA J Int Comp Law 9：185

Perehudoff K, 't Hoen EFM, Boulet P（2021）Overriding drug and medical technology patents for pandemic recovery：a legitimate move for high – income countries, too. BMJ Glob Health 6（4）：e005518

Ranjan P, Gour P（2022）The TRIPS waiver decision at the World Trade Organization：too little too late！Asian J Int Law, 1 – 12

South Centre（2023）South Centre Statement on the extension of the TRIPS waiver for diagnostics and therapeutics for COVID – 19

't Hoen EFM（2016）Private patents and public health：changing intellectual property rules for access to medicines. Health Action International, Amsterdam

't Hoen EFM（2022）Protection of clinical test data and public health：a proposal to end the stronghold of data exclusivity. In：Correa C, Hilty RM（eds）Access to medicines and vaccines. Springer, Cham, pp 183 – 200

't Hoen EFM, Boulet P, Baker BK（2017）Data exclusivity exceptions and compulsory licensing to promote generic medicines in the European Union：a proposal for greater coherence in European pharmaceutical legislation. J Pharm Policy Pract 10（1）：1 – 9

译者注

［1］ 参见第 8.3 节第 2 段的内容。

［2］ 原文 "…over come…" 疑似有误，可能为 "…overcome…"。译者按 "…overcome…" 翻译。

9 结 论

摘 要 本章是最后一章，首先将总结本书的主要研究结果，然后探讨这些研究结果可能带来的一些影响，最后将对整本书做出总结。

9.1 本书的研究结果

短短几十年内，试验数据独占权已经从美国药品监管制度改革中最后一刻做出的政治权宜之计，演变成在拥有重要医药市场的国家的法律体系中几乎无处不在。这种全球化速度异常快，取决于非常特殊的历史环境和行为体。如果不是欧盟在 GATT 乌拉圭回合之前就效仿了这种方法，试验数据独占权可能仍然是美国监管制度的另一种怪象。此外，日本也建立了一种表面上与试验数据独占权类似的制度（尽管基于完全不同的政策目标），这些意味着，研究型制药行业的主要中心能够建立 "提交的试验数据应当受到 TRIPS 协定第 39.3 条保护" 的原则，即使它们无法准确地确定应如何（以及在哪些方面）保护提交的试验数据。

TRIPS 协定第 39.3 条对试验数据独占权全球化的影响起初并不明显。该条款含义非常模糊，没有通过 WTO 争端解决程序做出任何有意义的尝试来具体解释该条款。由于 TRIPS 协定后贸易谈判的原因，各国大多采用了试验数据独占权。然而，本书认为，TRIPS 协定第 39.3 条在试验数据独占权全球化方面发挥了重要作用，而不只是建立了 "提交的试验数据应当受到保护" 的原则。由于 TRIPS 协定第 39.3 条含义不确定，因此，如果就提交的试验数据建立一种遵守 TRIPS 协定的首创保护模式，政治成本将十分高昂，也会面临许多不确定性，事实上，除了保护提交的试验数据不被 "盗用" 外，还没有出现过替代保护模式。因此，当各国在与发达国家进行贸易谈判期间，迫于压力履行 "保护试验数据不被用在不正当商业使用中"的义务时，它们会被鼓励接受另一方所建议的模式，这种模式几乎总是试验数据独占权。

这也可以解释，为什么各国法律中试验数据独占权条款表现出高度相似性（甚至超出了相关国际义务的要求）。然而，由于各司法管辖区的政治、经济、社会、法律环境以及流行病学状况各不相同，因此，这些文本上相似的试验数据独占权条款很可能在不同的司法管辖区产生显著不同的影响。

在美国，试验数据独占权条款似乎可能推迟了少数但数量不容忽视的仿制药进入市场，并推迟了一些专利挑战（这是试验数据独占权的影响，它在文献中并未得到重视，可能需要进一步研究）。此外，虽然没有例子明显证实，试验数据独占权与使用旨在促进公共健康的措施（如强制许可）之间存在冲突，但有理由相信，至少在某些情况下，试验数据独占权对这类措施的使用产生了寒蝉效应。试验数据独占权绝非是更公平地获取药品的主要障碍，然而，它是复杂的法律和政治框架的一个组成部分，导致药品价格居高不下，并阻碍了旨在更广泛地获取药品的措施。

9.2 对未来的影响

无论试验数据独占权有什么优点，现在看来，如果当前贸易秩序以及20世纪90年代以来不断涌现的贸易协定的网络结构没有得到根本性调整，试验数据独占权仍将是大多数重要医药市场的一个特征。然而，也有机会对提交的药品试验数据的保护进行改革，而其他知识产权就不存在这样的机会，之所以这样，是因为关于保护提交的试验数据，在全球层面上缺乏详细的义务，使得各国政府在这方面拥有较大的自由裁量权。

尽管绝大多数拥有重要医药市场的司法管辖区现在都制定了试验数据独占权法律，但许多国家仍然没有制定试验数据独占权法律。在贸易谈判中迫于履行 TRIPS 协定第 39.3 条义务的压力而采用试验数据独占权的这些成员国，在没有替代方案出现的情况下，很可能会继续采用试验数据独占权法律。另外一种选择是，那些没有提供试验数据独占权但监管能力较强的国家（如阿根廷、巴西、印度和南非）可以相互协作，在提交的试验数据方面，制定和实施一种不同的保护方式；随着监管能力较弱的其他国家进一步发展并更加融入全球经济，这将是一种遵守 TRIPS 协定第 39.3 条的替代手段。然而，这种协作很困难。此外，正如《欧洲自由贸易联盟－印度尼西亚自由贸易协定》这个例子所表明的那样，即使一些经济规模较大的国家承诺提供试验数据独占权，但是它们多年来都忽视 TRIPS 协定第 39.3 条。

其他国家可能会对试验数据独占权做出调整，以更好地促进药品获取。即使对于许多已经签署了包含试验数据独占权条款的贸易协定的国家来说也是如此，因为这些条款往往含糊不清，允许许多灵活性。大多数拥有试验数据独占权条款的司法管辖区，并没有采取措施来防止此类独占权阻碍旨在保护公共健康的措施（如使用强制许可）。即使试验数据独占权在激励药物开发方面发挥了重要作用，但它阻碍人们做出努力缓解公共健康危机显然也不符合整个社会的利益。因此，马来西亚等司法管辖区出于公共利益的原因提供的试验数据独占权例外，应该在协调试验数据独占权和强制许可方面为其他司法管辖区提供了一种典范。❶

还有其他制衡措施也可以纳入有关保护提交的试验数据的国内法中。包括越南和秘鲁在内的一些司法管辖区制定了对试验数据独占权授予提出异议或挑战其有效性的制度。❷ 虽然这些制度在实践中的影响是未来研究的一个问题，但这种规定至少提供了一种机制来审查可能被不当授予保护的案件。也许更重要的是，像秘鲁和马来西亚那样，从药品在发达国家获批之日起计算试验数据独占权保护期限，对试验数据独占期具有重要的影响，同时也可以激励将新药及时推向市场。❸

将制衡措施纳入试验数据独占权中较为重要，因为即使是表面上相似的试验数据独占权条款，也可能在不同的司法管辖区产生不同的影响。例如，尽管第 7 章的分析结果得出的结论是，1999—2009 年，在美国试验数据独占权条款推迟了少数但数量不容忽视的仿制药进入市场，并推迟了大量专利挑战，但是在专利和专利挑战都不太常见的其他国家，相同的试验数据独占权条款会产生截然不同的影响。即使在发达国家，药品价格飙升，以及人口老龄化引起的医疗负担加重，也可能导致重新评估药品获取与试验数据独占权以及药品的其他知识产权之间的平衡。例如，英国工党的 2019 年宣言承诺，未来的贸易协定将不包括有关监管独占权（包括试验数据独占权）的条款，

---

❶ 马来西亚，1984 年《药品和化妆品管制条例》第 29 条，4.7。

❷ 秘鲁，《关于药品试验数据和其他未披露药品数据保护的条例》立法令第 1072 号（经最高法令第 002 - 2009 - SA 号批准）（2009 年），第 7、8 条；越南，第 17/2011/TT - BNNPTNT 2011 号通知，第 11、14 条。

❸ 秘鲁，2008 年立法令第 1072 号，第 3 条；马来西亚，数据独占权指令（2011 年），第 4.6 条。

放弃欧盟在保护提交的试验数据方面的做法。❶

虽然迄今为止关于试验数据独占权的大多数争论都集中于提交的小分子药物数据，但是，随着生物药物在制药行业中所占的份额越来越大，未来可能会更加关注提交的生物制剂试验数据。TPP 和 USMCA 都表明美国政府内部人士希望在生物试验数据独占权问题上采取更积极的立场，然而，迫于美国国内政治压力，这两项协定最终删除了试验数据独占权条款，这也暗示美国在监管全球化方面的影响力下降。尽管在过去 10 年中，欧盟和欧洲自由贸易联盟国家在试验数据独占权全球化方面比美国表现得更加积极，但它们的谈判能力却明显较弱。

要说明的最后一点是，自乌拉圭回合以来，以美国为首的发达国家在世界其他地区推行了一种特殊方法来保护提交的试验数据。这反映了冷战结束以来美国及其盟国采用地缘政治战略展开的更广泛统治。21 世纪剩下的时间可能会见证，从 20 世纪 90 年代以来占主导地位的既定世界秩序会转向更加多极化的世界。中国尤其可能在这种多极化世界秩序中发挥主导作用，如果是这样的话，那么，中国政府对拟议的试验数据独占权法律改革做出什么决定，以及中国在未来与经济伙伴的谈判中在保护提交的试验数据方面采取什么方法，将是关键。❷

9.3　结束语

正如经济学家托马斯·皮凯蒂（Thomas Piketty）所评论的那样，"什么可以作为财产拥有"这一概念，并不是一成不变的，而是反映了特定社会的发展状况和盛行的社会关系。❸ 在提交的药品试验数据方面存在知识产权当然也不例外。事实上，很难想象还有一种财产形式比试验数据独占权更取决于（地缘）政治和社会关系。

试验数据独占权全球化在拥有重要医药市场的司法管辖区已经如此彻底，以至于许多国家已经没有机会实施替代制度来保护提交的试验数据。鉴于大多数拥有重要医药市场的司法管辖区现在都制定了某种试验数据独占权法律，因此，在未来，试验数据独占权全球化将侧重于提高独占权保护标准，例如，

---

❶ 工党（2019）。

❷ 进一步参见 Yu（2019）。

❸ 皮凯蒂（2014），第 40 页。

将保护范围扩展至生物制剂。然而，还有另一种可能性。为支持药品获取，已经对试验数据独占权做出了一些限定和调整。随着新冠疫情的结束，世界各国政府考虑如何为下一次公共健康危机做好准备时，我们可以也应该从这些方法中吸取经验教训。过去30年来知识产权在提交的试验数据方面的这段历史，讲述了一段关于对制药公司投资的保护措施的全球化故事，作者希望未来几十年的故事将成为人类健康和人类生命保护措施全球化的故事。

参考文献

Labour Party（2019）Medicines for the many

Piketty T（2014）Capital in the twenty – first century. Harvard University Press，Cambridge

Yu PK（2019）China's innovative turn and the changing pharmaceutical landscape. Univ Pacific Law Rev 51：5

附录 A　表 A1、表 A2 和表 A3 包含第 6.4.3.1 节所用的数据，用于推算从药品在外国司法管辖区获批之日起计算试验数据独占期所产生的影响

表 A1　2010 年 2 月 22 日至 2018 年 6 月 7 日在秘鲁获得试验数据
独占权保护的 NCE 的试验数据独占期有效长度

药品名称	参照国注册日期	秘鲁注册日期	秘鲁试验数据独占权终止日期	秘鲁独占期长度（按月计）
Xarelto（Rivaroxaban）	2008 年 9 月 15 日	2010 年 2 月 22 日	2013 年 9 月 15 日	42
Multaq（Dronedarona）	2009 年 7 月 1 日	2010 年 2 月 22 日	2014 年 7 月 1 日	52
Ecalta（Anidulafungina）	2006 年 2 月 17 日	2010 年 4 月 13 日	2011 年 2 月 17 日	10
Effient（Prasugrel）	2009 年 2 月 25 日	2010 年 4 月 26 日	2014 年 2 月 25 日	45
Yondelis（Trabectedina）	2007 年 9 月 17 日	2010 年 6 月 26 日	2012 年 9 月 17 日	26
Onglyza（Saxagliptina）	2009 年 7 月 31 日	2010 年 6 月 30 日	2014 年 7 月 31 日	49
Resolor（Prucaloprida）	2009 年 10 月 15 日	2011 年 6 月 2 日	2014 年 10 月 15 日	40
Jevtana（Cabazitaxel）	2010 年 6 月 17 日	2011 年 6 月 16 日	2015 年 6 月 17 日	48
Pazopanib（Votrient）	2009 年 10 月 19 日	2011 年 7 月 21 日	2014 年 10 月 19 日	38

药品名称	参照国注册日期	秘鲁注册日期	秘鲁试验数据独占权终止日期	秘鲁独占期长度（按月计）
Revolade（Eltrombopag）	2008 年 11 月 20 日	2011 年 7 月 26 日	2013 年 11 月 20 日	27
Priligy（Dapoxetina）	2009 年 2 月 6 日	2011 年 8 月 3 日	2014 年 2 月 6 日	30
Brilinta（Ticagrelor）	2010 年 12 月 3 日	2011 年 11 月 15 日	2015 年 12 月 3 日	48
Gilenya（Fingolimod）	2010 年 9 月 21 日	2011 年 12 月 7 日	2015 年 9 月 21 日	45
Brinavess（Vernakalant）	2010 年 9 月 1 日	2012 年 4 月 20 日	2015 年 9 月 1 日	40
Eliquis（Apixaban）	2011 年 5 月 8 日	2012 年 8 月 20 日	2016 年 5 月 18 日	44
Edurant（Rilpivirina）	2011 年 5 月 20 日	2012 年 9 月 4 日	2016 年 5 月 20 日	44
Tayenta（Linagliptina）	2011 年 5 月 2 日	2012 年 9 月 13 日	2016 年 5 月 2 日	43
Xalkori（Crizotinib）	2011 年 8 月 26 日	2012 年 10 月 23 日	2016 年 8 月 26 日	46
Zytga（Abiraterona）	2011 年 4 月 28 日	2013 年 4 月 12 日	2016 年 4 月 28 日	36
Jakavi（Ruxolitinib）	2011 年 11 月 16 日	2013 年 5 月 31 日	2016 年 11 月 16 日	41
Onbrize（Indacaterol）	2009 年 11 月 30 日	2013 年 7 月 15 日	2014 年 11 月 30 日	16
Xeljanz（Tofacitinib）	2012 年 11 月 6 日	2013 年 7 月 25 日	2017 年 11 月 6 日	51
Inlyta（Axitinib）	2012 年 1 月 27 日	2013 年 10 月 11 日	2017 年 1 月 27 日	39
Stivarga（Regorafenib）	2012 年 9 月 27 日	2013 年 10 月 28 日	2017 年 9 月 27 日	46

药品名称	参照国注册日期	秘鲁注册日期	秘鲁试验数据独占权终止日期	秘鲁独占期长度（按月计）
Signifor（Pasireotida）	2012 年 4 月 24 日	2014 年 2 月 17 日	2017 年 4 月 24 日	38
Invokana（Canagliflozina）	2013 年 3 月 29 日	2014 年 3 月 10 日	2018 年 3 月 29 日	48
Giotrif（Afatinib）	2013 年 7 月 12 日	2014 年 6 月 27 日	2018 年 7 月 12 日	48
Lyxumia（Lixisenatide）	2013 年 2 月 1 日	2014 年 7 月 17 日	2018 年 2 月 1 日	42
Brintellix（Vortioxetina）	2013 年 9 月 30 日	2014 年 10 月 29 日	2018 年 9 月 30 日	47
Sovriad（Simeprevir）	2013 年 9 月 27 日	2014 年 12 月 1 日	2018 年 9 月 27 日	45
Sirturo（Bedaquilina）	2012 年 12 月 28 日	2014 年 12 月 13 日	2017 年 12 月 28 日	36
Imbruvica（Ibrutinib）	2014 年 2 月 12 日	2015 年 3 月 17 日	2019 年 2 月 12 日	46
Jardiance（Empagliflozina）	2014 年 4 月 30 日	2015 年 3 月 25 日	2019 年 4 月 30 日	49
Xtandi（Enzalutamida）	2012 年 8 月 31 日	2015 年 4 月 13 日	2017 年 8 月 31 日	28
Forxiga（Dapagliflozina）	2012 年 12 月 12 日	2015 年 6 月 23 日	2017 年 11 月 12 日	28
Striverdi（Olodaterol）	2013 年 6 月 11 日	2015 年 7 月 17 日	2018 年 6 月 11 日	34
Tivicay（Dolutegravir）	2013 年 8 月 12 日	2015 年 12 月 4 日	2018 年 8 月 12 日	32
Sunvepra（Asunaprevir）	2014 年 7 月 4 日	2015 年 12 月 21 日	2019 年 7 月 4 日	42
Daklinza（Daclatasvir）	2014 年 7 月 4 日	2015 年 12 月 21 日	2019 年 7 月 4 日	42

药品名称	参照国注册日期	秘鲁注册日期	秘鲁试验数据独占权终止日期	秘鲁独占期长度（按月计）
Adempas（Riociguat）	2013 年 9 月 19 日	2016 年 1 月 21 日	2018 年 9 月 19 日	31
Vargatef（Nintedanib）	2014 年 10 月 15 日	2016 年 2 月 29 日	2019 年 10 月 15 日	43
Anoro Ellipta（Umeclidinio + Vilanterol）	2013 年 12 月 18 日	2016 年 5 月 2 日	2018 年 12 月 18 日	31
Sovaldi（Sofosbuvir）	2013 年 12 月 6 日	2016 年 5 月 9 日	2018 年 12 月 6 日	30
Ibrance（Palbociclib）	2015 年 2 月 3 日	2016 年 5 月 10 日	2020 年 2 月 3 日	44
Cerdelga（Eliglustat）	2014 年 8 月 19 日	2016 年 6 月 30 日	2019 年 8 月 19 日	37
Cotellic（Cobimetinib）	2015 年 8 月 24 日	2016 年 6 月 30 日	2020 年 8 月 24 日	49
Zykadia（Ceritinib）	2014 年 4 月 29 日	2016 年 8 月 18 日	2019 年 4 月 29 日	32
Venclexta（Venetoclax）	2016 年 4 月 11 日	2017 年 4 月 6 日	2021 年 4 月 11 日	48
Lynparza（Olaparib）	2016 年 12 月 16 日	2017 年 4 月 6 日	2021 年 12 月 16 日	56
Zepatier（Grazoprevir + Elbasvir）	2016 年 4 月 16 日	2017 年 6 月 28 日	2021 年 4 月 16 日	45
Tafinlar（Dabrafenib）	2013 年 5 月 29 日	2017 年 9 月 26 日	2018 年 5 月 29 日	8
Ninlaro（Ixazomib）	2015 年 11 月 20 日	2017 年 9 月 28 日	2020 年 11 月 20 日	37
Aleneca（Alecfinib）	2015 年 12 月 11 日	2017 年 12 月 13 日	2020 年 12 月 11 日	35

药品名称	参照国注册日期	秘鲁注册日期	秘鲁试验数据独占权终止日期	秘鲁独占期长度（按月计）
Tagrisso（Osermertinib）	2015 年 11 月 13 日	2018 年 3 月 22 日	2020 年 11 月 13 日	31
Olumiant（Baricitinib）	2017 年 2 月 13 日	2018 年 5 月 2 日	2022 年 2 月 13 日	45
Maviret（Glecaprevir + Pibrentasbir）	2017 年 7 月 26 日	2018 年 5 月 15 日	2022 年 7 月 26 日	50
Zevetera（Ceftobiprol）	2013 年 11 月 20 日	2018 年 6 月 7 日	2018 年 11 月 20 日	5
Cresemba（Isavuconazol）	2015 年 3 月 6 日	2018 年 6 月 7 日	2020 年 3 月 6 日	20

表 A2　2012 年 9 月 21 日至 2019 年 4 月 4 日在马来西亚获得试验数据独占权保护的 NCE 的试验数据独占期有效长度

药品名称	参照国注册日期	马来西亚注册日期	马来西亚试验数据独占权终止日期	马来西亚独占期长度（按月计）
Gilenya（fingolimod hydrochloride）	2010 年 9 月 21 日	2012 年 1 月 19 日	2015 年 9 月 21 日	44
Victrelis（boceprevir）	2011 年 5 月 13 日	2012 年 3 月 29 日	2016 年 5 月 13 日	49
Halaven（Erbulin mesylate）	2010 年 11 月 15 日	2012 年 9 月 27 日	2015 年 11 月 15 日	37
Xalkori（crizotinib）	2011 年 9 月 26 日	2012 年 9 月 27 日	2016 年 9 月 27 日	47
Zinforo/Teflaro（Ceftaroline fosamil）	2010 年 10 月 29 日	2012 年 11 月 29 日	2015 年 10 月 29 日	35
Jakavi（Ruxolitinib phosphate）	2011 年 11 月 16 日	2013 年 2 月 28 日	2016 年 11 月 16 日	44

药品名称	参照国注册日期	马来西亚注册日期	马来西亚试验数据独占权终止日期	马来西亚独占期长度（按月计）
Stivarga（Regorafenib monohydrate）	2012 年 9 月 27 日	2013 年 6 月 27 日	2017 年 9 月 27 日	51
Inlyta（Axitinib）	2012 年 1 月 27 日	2013 年 11 月 6 日	2017 年 1 月 27 日	38
Forxiga（Dapagliflozin Propanediol）	2012 年 11 月 12 日	2014 年 1 月 23 日	2017 年 11 月 12 日	45
Fycompa（Perampanel）	2012 年 7 月 23 日	2014 年 3 月 27 日	2017 年 7 月 23 日	39
Xofigo（Radium - 223 Dichloride）	2013 年 5 月 15 日	2014 年 5 月 9 日	2018 年 5 月 15 日	48
Xeljanz（Tofacitinib citrate）	2012 年 11 月 6 日	2014 年 7 月 24 日	2017 年 11 月 6 日	39
Adempas（Riociguat）	2013 年 10 月 8 日	2014 年 11 月 24 日	2018 年 10 月 8 日	46
Brintellix（Vortioxetine hydrobromide）	2013 年 9 月 30 日	2015 年 4 月 30 日	2018 年 9 月 30 日	41
Tecfidera（Dimethyl fumarate）	2013 年 3 月 27 日	2015 年 8 月 20 日	2018 年 3 月 27 日	31
Sovaldi（Sofosbuvir）	2013 年 12 月 6 日	2015 年 9 月 28 日	2018 年 12 月 6 日	38
Jardiance（Empagliflozin）	2014 年 4 月 30 日	2015 年 12 月 22 日	2019 年 4 月 30 日	40
Entresto（Sacubitril/valsartan）	2015 年 7 月 7 日	2015 年 12 月 22 日	2020 年 7 月 7 日	54
Zykadia（Ceritinib）	2014 年 4 月 29 日	2016 年 1 月 21 日	2019 年 4 月 29 日	39

药品名称	参照国注册日期	马来西亚注册日期	马来西亚试验数据独占权终止日期	马来西亚独占期长度（按月计）
Opsumit （Macitentan）	2013 年 10 月 18 日	2016 年 6 月 7 日	2018 年 10 月 18 日	28
OFEV （Nintedanib esilate）	2014 年 10 月 15 日	2016 年 6 月 7 日	2019 年 10 月 15 日	40
Ibrance （Palbociclib）	2015 年 2 月 3 日	2016 年 6 月 7 日	2020 年 2 月 3 日	43
Lynparza （Olaparib）	2014 年 12 月 16 日	2016 年 6 月 30 日	2019 年 12 月 16 日	41
Zerbaxa （Ceftolozane sulphate）	2014 年 12 月 19 日	2016 年 12 月 22 日	2019 年 12 月 19 日	35
Farydak （Panobinostat lactate anhydrous）	2015 年 2 月 24 日	2017 年 2 月 24 日	2020 年 2 月 24 日	36
Tagrisso （Osimertinib mesylate）	2015 年 11 月 13 日	2017 年 4 月 28 日	2020 年 11 月 13 日	42
Duaklir Genuair （aclidinium bromide）	2014 年 11 月 19 日	2017 年 10 月 3 日	2019 年 11 月 19 日	25
Kryxana （Ribociclib succinate）	2017 年 3 月 13 日	2018 年 4 月 2 日	2022 年 3 月 13 日	47
Uptravi （Selexipag）	2015 年 12 月 21 日	2018 年 8 月 28 日	2020 年 12 月 21 日	27
Lusefi （Luseogliflozin hydrate）	2014 年 3 月 24 日	2018 年 12 月 4 日	2019 年 3 月 24 日	3
Epclusa （Velpatasvir and sofosbuvir, TDE granted for Velpatasvir only）	2016 年 6 月 28 日	2019 年 1 月 23 日	2021 年 6 月 28 日	29
Rydapt （Midostaurin）	2017 年 4 月 28 日	2019 年 4 月 4 日	2022 年 4 月 28 日	36

表 A3　2012 年 6 月 28 日至 2019 年 11 月 15 日在马来西亚获得试验数据
独占权保护的新适应证的试验数据独占期有效长度

药品名称	参照国注册日期	马来西亚注册日期	马来西亚试验数据独占权终止日期	马来西亚独占期长度（按月计）
Onglyza（Saxagliptin hydrochloride）	2011 年 12 月 16 日	2012 年 6 月 28 日	2014 年 12 月 16 日	29
Xarelto（rivaroxaban）	2012 年 12 月 2 日	2013 年 3 月 28 日	2015 年 11 月 2 日	31
Stivarga（Regorafenib monohydrate）	2013 年 2 月 25 日	2014 年 1 月 23 日	2016 年 2 月 25 日	25
Jardiance（Empagliflozin）	2016 年 12 月 2 日	2017 年 11 月 27 日	2019 年 12 月 2 日	24
Giotrif（Afatinib Dimaleate）	2016 年 4 月 15 日	2018 年 2 月 28 日	2019 年 4 月 15 日	13
Xalkori（Crizotinib）	2016 年 3 月 11 日	2018 年 5 月 31 日	2019 年 3 月 11 日	9
Zykadia（Ceritinib）	2017 年 5 月 26 日	2018 年 8 月 28 日	2020 年 5 月 26 日	20
Tagrisso（Osimertinib）	2018 年 4 月 18 日	2018 年 11 月 15 日	2021 年 4 月 18 日	29

附录 B　表 B1 包含第 7 章所用的数据，用于推算试验数据独占权对 1999—2000 年美国首个获批药品的首个仿制药批准日期的影响

表 B1 [1]　1999—2009 年在美国获得试验数据独占权且到 2019 年 7 月已成为至少一个 ANDA 参比制剂的 NDA 的关键日期以及这些 ANDA 中首个获批 ANDA 的关键日期

药品名称	NDA	NDA 批准日期	ANDA	ANDA 提交日期	ANDA 批准日期	从 NDA 批准至 ANDA 提交的月数	从 NDA 批准至 ANDA 批准的月数	ANDA 从提交至批准的月数
Pletal（Cilostazol）	N020863	1999 年 1 月 15 日	A077019	2003 年 12 月 19 日	2004 年 11 月 23 日	59	70	11
Ferrlecit（Sodium Ferric Gluconate Complex）	N020955	1999 年 2 月 18 日	A078215	2006 年 3 月 21 日	2011 年 3 月 31 日	85	145	60
Avandia（Rosiglitazone Maleate）	N021071	1999 年 5 月 25 日	A076747	2003 年 5 月 25 日	2013 年 1 月 25 日	48	164	116
Hectorol（Doxercalciferol）	N020862	1999 年 6 月 9 日	A091101	2008 年 11 月 25 日	2013 年 8 月 30 日	113	170	57
Zaditor（Ketotifen Fumarate）	N021066	1999 年 7 月 2 日	A077354	未知	2006 年 5 月 9 日	N/A	N/A	N/A
Actos（Pioglitazone Hydrochloride）	N021073	1999 年 7 月 15 日	A076798	2003 年 7 月 15 日	2012 年 10 月 26 日	48	159	111
Antagon（Ganirelix Acetate）	N021057	1999 年 7 月 29 日	A204246	未知	2018 年 11 月 30 日	N/A	N/A	N/A
Temodar（Temozolomide）	N021029	1999 年 8 月 11 日	A078879	2007 年 3 月 19 日	2010 年 3 月 1 日	91	126	35
Sonata（Zaleplon）	N020859	1999 年 8 月 13 日	A077237	2004 年 8 月 13 日	2008 年 6 月 6 日	60	105	45
Aciphex（Rabeprazole Sodium）	N020973	1999 年 8 月 19 日	A076822	2003 年 8 月 19 日	2013 年 11 月 8 日	48	170	122

药品试验数据知识产权：起源、全球化和影响

药品名称	NDA	NDA 批准日期	ANDA	ANDA 提交日期	ANDA 批准日期	从 NDA 批准至 ANDA 提交的月数	从 NDA 批准至 ANDA 批准的月数	ANDA 从提交至批准的月数
Ellence (Epirubicin Hydrochloride)	N050778	1999 年 9 月 15 日	A065289	未知	2007 年 6 月 27 日	N/A	N/A	N/A
Rapamune (Sirolimus)	N021083	1999 年 9 月 15 日	A201676	未知	2014 年 1 月 8 日	N/A	N/A	N/A
Tikosync (Dofetilide)	N020931	1999 年 10 月 1 日	A207058	未知	2016 年 6 月 6 日	N/A	N/A	N/A
Comtan (Entacapone)	N020796	1999 年 10 月 19 日	A078941	未知	2012 年 8 月 16 日	N/A	N/A	N/A
Aromasin (Exemestane)	N020753	1999 年 10 月 21 日	A077431	2004 年 12 月 8 日	2011 年 4 月 1 日	61	137	75
Tamiflu (Oseltamivir Phosphate)	N021087	1999 年 10 月 27 日	A202595	未知	2016 年 3 月 8 日	N/A	N/A	N/A
Keppra (Levetiracetam)	N021035	1999 年 11 月 30 日	A076919	未知	2018 年 11 月 4 日	N/A	N/A	N/A
Avelox (Moxifloxacin Hydrochloride)	N021085	1999 年 12 月 10 日	A076938	2003 年 12 月 10 日	2014 年 3 月 4 日	48	170	122
Tequin (Gatifloxacin)	N021061	1999 年 12 月 17 日	A079034	未知	2011 年 8 月 19 日	N/A	N/A	N/A
Precedex (Dexmedetomidine Hydrochloride)	N021038	1999 年 12 月 17 日	A202881	未知	2014 年 8 月 18 日	N/A	N/A	N/A
INOmax (Nitric Oxide)	N020845	1999 年 12 月 23 日	A207141	2014 年 5 月 20 日	2018 年 10 月 2 日	172	225	52
Targretin (Bexarotene)	N021055	1999 年 12 月 29 日	A203174	2011 年 6 月 3 日	2014 年 8 月 12 日	137	175	38
Evoxac (Cevimeline Hydrochloride)	N020989	2000 年 1 月 11 日	A091260	2009 年 2 月 27 日	2011 年 8 月 25 日	109	139	29
Trileptal (Oxcarbazepine)	N021014	2000 年 1 月 14 日	A077794	2005 年 7 月 8 日	2007 年 9 月 10 日	65	91	26
Protonix (Pantoprazole Sodium)	N020987	2000 年 2 月 2 日	A077056	2004 年 2 月 2 日	2007 年 8 月 2 日	48	90	42
Lotronex (Alosetron Hydrochloride)	N021107	2000 年 2 月 9 日	A200652	2009 年 10 月 14 日	2015 年 5 月 4 日	116	182	66
Zonegran (Zonisamide)	N020789	2000 年 3 月 27 日	A077647	2005 年 3 月 18 日	2005 年 12 月 22 日	59	68	9

药品名称	NDA	NDA 批准日期	ANDA	ANDA 提交日期	ANDA 批准日期	从 NDA 批准至 ANDA 提交的月数	从 NDA 批准至 ANDA 批准的月数	ANDA 从提交至批准的月数
Mobic（Meloxicam）	N020938	2000 年 4 月 13 日	A077921	2005 年 10 月 12 日	2006 年 7 月 19 日	65	75	9
Zyvox（Linezolid）	N021130	2000 年 4 月 18 日	A200222	2005 年 8 月 18 日	2009 年 8 月 31 日	64	112	48
Exelon（Rivastigmine Tartrate）	N020823	2000 年 4 月 21 日	A077131	2004 年 4 月 21 日	2007 年 8 月 22 日	48	88	40
Welchol（Colesevelam Hydrochloride）	N021176	2000 年 5 月 26 日	A091600	2009 年 7 月 1 日	2018 年 5 月 16 日	109	215	106
Acova（Argatroban）	N020883	2000 年 6 月 30 日	A091665	未知	2014 年 6 月 30 日	N/A	N/A	N/A
Colazal（Balsalazide Disodium）	N020610	2000 年 7 月 18 日	A077807	2005 年 7 月 18 日	2007 年 12 月 28 日	60	89	29
Abreva（Docosanol）	N020941	2000 年 7 月 25 日	A208754	2015 年 12 月 23 日	2018 年 11 月 19 日	184	219	34
Trisenox（Arsenic Trioxide）	N021248	2000 年 9 月 25 日	A208231	2015 年 8 月 11 日	2018 年 8 月 31 日	178	215	36
Mifeprex（Mifepristone）	N020687	2000 年 9 月 28 日	A091178	2009 年 2 月 3 日	2019 年 4 月 11 日	100	222	122
Angiomax（Bivalirudin）	N020873	2000 年 12 月 15 日	A090811	2008 年 8 月 15 日	2015 年 7 月 14 日	92	174	82
Starlix（Nateglinide）	N021204	2000 年 12 月 22 日	A077463	2004 年 12 月 22 日	2009 年 9 月 9 日	48	104	56
Cancidas（Caspofungin Acetate）	N021227	2001 年 1 月 26 日	A207092	2014 年 5 月 2 日	2017 年 9 月 29 日	159	200	40
Geodon（Ziprasidone Hydrochloride）	N020825	2001 年 2 月 5 日	A077565	2005 年 2 月 7 日	2012 年 3 月 2 日	48	132	84
Reminyl（Galantamine Hydrobromide）	N021169	2001 年 2 月 28 日	A077603	2005 年 2 月 18 日	2008 年 8 月 28 日	47	90	42
Travatan（Travoprost）	N021257	2001 年 3 月 16 日	A091340	未知	2013 年 3 月 1 日	N/A	N/A	N/A
Lumigan（Bimatopros）	N021275	2001 年 3 月 16 日	A201894	未知	2014 年 12 月 1 日	N/A	N/A	N/A
Axert（Almotriptan Malate）	N021001	2001 年 5 月 7 日	A078027	2005 年 12 月 7 日	2015 年 7 月 7 日	55	170	115
Gleevec（Imatinib Mesylate）	N021335	2001 年 5 月 10 日	A078340	2006 年 6 月 16 日	2015 年 12 月 3 日	61	174	113

续表

药品名称	NDA	NDA 批准日期	ANDA	ANDA 提交日期	ANDA 批准日期	从 NDA 批准至 ANDA 提交的月数	从 NDA 批准至 ANDA 批准的月数	ANDA 从提交至批准的月数
Zometa（Zoledronic Acid）	N021223	2001 年 8 月 20 日	A090018	未知	2013 年 3 月 4 日	N/A	N/A	N/A
Viread（Tenofovir Disoproxil Fumarate）	N021356	2001 年 10 月 26 日	A091612	2009 年 7 月 1 日	2018 年 1 月 26 日	92	195	102
Frova（Frovatriptan Succinate）	N021006	2001 年 11 月 8 日	A202931	未知	2014 年 8 月 28 日	N/A	N/A	N/A
Avodart（Dutasteride）	N021319	2001 年 11 月 20 日	A090095	2007 年 10 月 26 日	2010 年 12 月 21 日	71	109	37
Tracleer（Bosentan）	N021290	2001 年 11 月 20 日	A205699	2013 年 3 月 20 日	2019 年 4 月 26 日	136	209	73
Invanz（Ertapenem Sodium）	N021337	2001 年 11 月 21 日	A208790	2015 年 12 月 10 日	2018 年 4 月 16 日	168	196	28
Arixtra（Fondaparinux Sodium）	N021345	2001 年 12 月 7 日	A091316	2009 年 3 月 9 日	2011 年 7 月 11 日	87	115	28
Elidel（Pimecrolimus）	N021302	2001 年 12 月 13 日	A209345	2016 年 12 月 19 日	2018 年 12 月 27 日	180	204	24
Clarinex（Desloratadine）	N021165	2001 年 12 月 21 日	A078357	2006 年 6 月 21 日	2010 年 2 月 19 日	54	97	43
Faslodex（Fulvestrant）	N021344	2002 年 4 月 25 日	A210044	2016 年 12 月 28 日	2019 年 3 月 4 日	176	202	26
Benicar（Olmesartan Medoxomil）	N021286	2002 年 4 月 25 日	A078276	未知	2016 年 10 月 26 日	N/A	N/A	N/A
Remodulin（Treprostinil Sodium）	N021272	2002 年 5 月 21 日	A203649	2011 年 12 月 2 日	2017 年 11 月 30 日	114	186	71
Vfend（Voriconazole）	N021266	2002 年 5 月 24 日	A090547	2008 年 4 月 14 日	2010 年 4 月 22 日	70	94	24
Xyrem（Sodium Oxybate）	N021196	2002 年 7 月 17 日	A202090	2010 年 7 月 8 日	2017 年 1 月 17 日	95	174	78
Eloxatin（Oxaliplatin）	N021492	2002 年 8 月 9 日	A078813	2007 年 2 月 9 日	2009 年 8 月 7 日	54	83	29
Hepsera（Adefovir Dipivoxil）	N021449	2002 年 9 月 20 日	A202051	2010 年 6 月 7 日	2013 年 8 月 29 日	92	131	38
Inspra（Eplerenone）	N021437	2002 年 9 月 27 日	A078482	2006 年 9 月 27 日	2008 年 7 月 30 日	48	70	22

药品名称	NDA	NDA 批准日期	ANDA	ANDA 提交日期	ANDA 批准日期	从 NDA 批准至 ANDA 提交 的月数	从 NDA 批准至 ANDA 批准 的月数	ANDA 从提交 至批准 的月数
Zetia（Ezetimibe）	N021445	2002 年 10 月 25 日	A078560	2007 年 10 月 25 日	2015 年 6 月 26 日	60	152	92
Abilify（Aripiprazole）	N021436	2002 年 11 月 15 日	A202102	2010 年 6 月 18 日	2015 年 4 月 28 日	91	149	58
Strattera（Atomoxetine Hydrochloride）	N021411	2002 年 11 月 26 日	A079017	未知	2010 年 9 月 16 日	N/A	N/A	N/A
Relpax（Eletriptan Hydrobromide）	N021016	2002 年 12 月 26 日	A206409	2013 年 10 月 31 日	2017 年 6 月 16 日	130	173	43
Emend（Aprepitant）	N021549	2003 年 3 月 26 日	A090999	2008 年 10 月 31 日	2012 年 9 月 24 日	67	113	46
Factive（Gemifloxacin Mesylate）	N021158	2003 年 4 月 4 日	A090466	2008 年 3 月 4 日	2015 年 6 月 15 日	59	146	87
Boniva（Ibandronate Sodium）	N021455	2003 年 5 月 16 日	A078995	2007 年 5 月 16 日	2012 年 3 月 19 日	48	106	58
Uroxatral（Alfuzosin Hydrochloride）	N021287	2003 年 6 月 12 日	A079014	2007 年 6 月 12 日	2011 年 7 月 18 日	48	97	49
Reyataz（Atazanavir sulfate）	N021567	2003 年 6 月 20 日	A091673	2009 年 7 月 20 日	2014 年 4 月 22 日	73	130	57
Emtriva（Emtricitabine）	N021500	2003 年 7 月 2 日	A091168	2009 年 1 月 30 日	2018 年 7 月 2 日	66	180	113
Aloxi（Palonosetron Hydrochloride）	N021372	2003 年 7 月 25 日	A202521	2010 年 12 月 3 日	2015 年 10 月 13 日	88	146	58
Zavesca（Miglustat）	N021348	2003 年 8 月 12 日	A208342	2016 年 1 月 4 日	2018 年 4 月 17 日	149	176	27
Crestor（Rosuvastatin Calcium）	N021366	2003 年 8 月 19 日	A079167	未知	2016 年 7 月 19 日	N/A	N/A	N/A
Levitra（Vardenafil Hydrochloride）	N021400	2003 年 8 月 19 日	A091347	未知	2012 年 5 月 3 日	N/A	N/A	N/A
Cubicin（Daptomycin）	N021572	2003 年 9 月 12 日	A202857	2011 年 3 月 31 日	2014 年 9 月 12 日	90	132	41
Namenda（Memantine Hydrochloride）	N021487	2003 年 10 月 16 日	A090048	2007 年 10 月 16 日	2010 年 4 月 14 日	48	77	29
Elestat（Epinastine Hydrochloride）	N021565	2003 年 10 月 16 日	A090870	2008 年 10 月 10 日	2011 年 3 月 14 日	59	88	29
Cialis（Tadalafil）	N021368	2003 年 11 月 21 日	A090141	2007 年 11 月 21 日	2018 年 5 月 22 日	48	174	126

药品名称	NDA	NDA 批准日期	ANDA	ANDA 提交日期	ANDA 批准日期	从 NDA 批准至 ANDA 提交的月数	从 NDA 批准至 ANDA 批准的月数	ANDA 从提交至批准的月数
Sensipar (Cinacalcet Hydrochloride)	N021688	2004 年 5 月 8 日	A206125	2013 年 8 月 30 日	2018 年 3 月 8 日	113	168	54
Tindamax (Tinidazole)	N021618	2004 年 5 月 17 日	A201172	未知	2012 年 4 月 30 日	N/A	N/A	N/A
Vidaza (Azacitidine)	N050794	2004 年 5 月 19 日	A201537	2010 年 3 月 29 日	2013 年 9 月 16 日	70	111	41
Sanctura (Trospium Chloride)	N021595	2004 年 5 月 28 日	A091575	2009 年 5 月 28 日	2010 年 8 月 13 日	60	74	14
Campral (Acamprosate Calcium)	N021431	2004 年 7 月 29 日	A202229	2010 年 9 月 13 日	2013 年 7 月 16 日	73	107	34
Cymbalta (Duloxetine Hydrochloride)	N021427	2004 年 8 月 3 日	A090774	2008 年 8 月 4 日	2013 年 12 月 11 日	48	112	64
Fosrenol (Lanthanum Carbonate)	N021468	2004 年 10 月 26 日	A090978	未知	2017 年 8 月 11 日	N/A	N/A	N/A
Omacor (Omega - 3 - acid Ethyl Esters)	N021654	2004 年 11 月 10 日	A091028	2008 年 11 月 10 日	2014 年 4 月 7 日	48	112	64
Tarceva (Erlotinib Hydrochloride)	N021743	2004 年 11 月 18 日	A091002	未知	2014 年 6 月 11 日	N/A	N/A	N/A
VESIcare (Solifenacin Succinate)	N021518	2004 年 11 月 19 日	A091464	2009 年 4 月 9 日	2014 年 2 月 4 日	52	110	57
Lunesta (Eszopiclone)	N021476	2004 年 12 月 15 日	A091169	2008 年 12 月 15 日	2011 年 5 月 23 日	48	77	29
Enablex (Darifenacin Hydrobromide)	N021513	2004 年 12 月 22 日	A091190	未知	2015 年 3 月 13 日	N/A	N/A	N/A
Clolar (Clofarabine)	N021673	2004 年 12 月 28 日	A204029	2012 年 2 月 23 日	2017 年 5 月 9 日	85	148	62
Lyrica (Pregabalin)	N021446	2004 年 12 月 30 日	A091219	未知	2019 年 7 月 19 日	N/A	N/A	N/A
Mycamine (Micafungin Sodium)	N021506	2005 年 3 月 16 日	A207344	2014 年 6 月 16 日	2019 年 5 月 17 日	111	170	59
Baraclude (Entecavir)	N021797	2005 年 3 月 29 日	A202122	2010 年 6 月 14 日	2014 年 8 月 26 日	62	112	50
Tygacil (Tigecycline)	N021821	2005 年 6 月 15 日	A091620	未知	2015 年 5 月 27 日	N/A	N/A	N/A
Rozerem (Ramelteon)	N021782	2005 年 7 月 22 日	A091610	未知	2015 年 8 月 19 日	N/A	N/A	N/A

药品名称	NDA	NDA 批准日期	ANDA	ANDA 提交日期	ANDA 批准日期	从 NDA 至 ANDA 提交的月数	从 NDA 批准至 ANDA 批准的月数	ANDA 从提交至批准的月数
Exjade（Deferasirox）	N021882	2005 年 11 月 2 日	A203560	2011 年 10 月 28 日	2016 年 1 月 16 日	71	122	50
Ranexa（Ranolazine）	N021526	2006 年 1 月 27 日	A201046	2010 年 5 月 17 日	2013 年 7 月 20 日	51	89	38
Dacogen（Decitabine）	N021790	2006 年 5 月 2 日	A203131	未知	2013 年 7 月 11 日	N/A	N/A	N/A
Azilect（Rasagiline mesylate）	N021641	2006 年 5 月 16 日	A201823	未知	2013 年 1 月 7 日	N/A	N/A	N/A
Prezista（Darunavir ethanolate）	N021976	2006 年 6 月 23 日	A202118	2010 年 6 月 23 日	2017 年 11 月 21 日	48	136	88
Sprycel（Dasatinib）	N021986	2006 年 6 月 28 日	A202103	2010 年 6 月 28 日	2016 年 10 月 6 日	48	123	75
Invega（Paliperidone）	N021999	2006 年 12 月 19 日	A202645	2012 年 6 月 19 日	2015 年 8 月 3 日	66	103	37
Tekturna（Aliskiren hemifumarate）	N021985	2007 年 3 月 5 日	A206665	2013 年 12 月 13 日	2019 年 3 月 22 日	81	144	63
Torisel（Temsirolimus）	N022088	2007 年 5 月 30 日	A203153	2011 年 5 月 31 日	2018 年 7 月 30 日	48	134	85
Letairis（Ambrisentan）	N022081	2007 年 6 月 15 日	A208252	2015 年 2 月 9 日	2019 年 3 月 28 日	91	141	49
Ammonia N13（Ammonia）	N022119	2007 年 8 月 23 日	A203543	未知	2012 年 12 月 14 日	N/A	N/A	N/A
Kuvan（Sapropterin dihydrochloride）	N022181	2007 年 12 月 13 日	A207200	2014 年 6 月 5 日	2019 年 5 月 10 日	77	136	59
Bystolic（Nebivolol）	N021742	2007 年 12 月 17 日	A203741	2011 年 12 月 17 日	2015 年 6 月 24 日	48	90	42
Pristiq（Desvenlafaxine succinate）	N021992	2008 年 2 月 29 日	A204003	2012 年 2 月 29 日	2015 年 6 月 29 日	48	88	40
Treanda（bendamustine hydrochloride）	N022249	2008 年 3 月 20 日	A205574	2013 年 6 月 4 日	2016 年 5 月 19 日	62	97	35
Xenazine（Tetrabenazine）	N021894	2008 年 8 月 15 日	A206129	2013 年 8 月 30 日	2016 年 2 月 3 日	60	89	29
Rapaflo（Silodosin）	N022206	2008 年 10 月 8 日	A204726	2012 年 10 月 9 日	2017 年 3 月 31 日	48	101	53
Toviaz（Fesoterodine fumarate）	N22030	2008 年 10 月 31 日	A204827	未知	2015 年 12 月 10 日	N/A	N/A	N/A

药品名称	NDA	NDA 批准日期	ANDA	ANDA 提交日期	ANDA 批准日期	从 NDA 批准至 ANDA 提交的月数	从 NDA 批准至 ANDA 批准的月数	ANDA 从提交至批准的月数
Banzel（Rufinamide）	N021911	2008 年 11 月 14 日	A204988	未知	2016 年 5 月 16 日	N/A	N/A	N/A
Savella（Milnacipran hcl）	N022256	2009 年 1 月 14 日	A205071	未知	2016 年 1 月 27 日	N/A	N/A	N/A
Uloric（Febuxostat）	N021856	2009 年 2 月 13 日	A205421	未知	2019 年 6 月 1 日	N/A	N/A	N/A
Afinator（Everolimus）	N022334	2009 年 3 月 30 日	A206133	2013 年 9 月 30 日	2018 年 4 月 12 日	54	108	54
Fanapt（Iloperidone）	N022192	2009 年 5 月 6 日	A207231	未知	2016 年 11 月 28 日	N/A	N/A	N/A
Effient（Prasugrel）	N022307	2009 年 7 月 10 日	A205927	2013 年 7 月 10 日	2017 年 7 月 12 日	48	96	48
Livalo（Fitavastatin）	N022363	2009 年 8 月 3 日	A206015	未知	2016 年 12 月 20 日	N/A	N/A	N/A
Saphris（Asenapine）	N022117	2009 年 8 月 13 日	A206107	2013 年 8 月 13 日	2018 年 7 月 17 日	48	107	59
Sabril（Vigabatrin）	N020427	2009 年 8 月 21 日	A208218	2015 年 2 月 23 日	2017 年 4 月 27 日	66	92	26
Bepreve（Bepotastine besilate）	N022288	2009 年 9 月 8 日	A206066	2013 年 9 月 9 日	2019 年 3 月 5 日	48	113	65

译者注

[1] 原书为表 A4，因在附录 B 中，所以改为表 B1。